NICHOLAS ROMANOV

BESSER LAUFEN MIT DER POSE METHOD®

SCHNELLER WERDEN, AUSDAUER STEIGERN, VERLETZUNGEN VERMEIDEN, BEWEGLICHKEIT UND KOORDINATION VERBESSERN

Bibliografische Information der Deutschen Nationalbibliothek
Die Deutsche Nationalbibliothek verzeichnet diese Publikation in der Deutschen Nationalbibliografie.
Detaillierte bibliografische Daten sind im Internet über http://dnb.d-nb.de abrufbar.

Für Fragen und Anregungen
info@rivaverlag.de

Wichtige Hinweise
Dieses Buch ist für Lernzwecke gedacht. Es stellt keinen Ersatz für eine individuelle medizinische Beratung dar und sollte auch nicht als solcher benutzt werden. Wenn Sie medizinischen Rat einholen wollen, konsultieren Sie bitte einen qualifizierten Arzt. Der Verlag und der Autor haften für keine nachteiligen Auswirkungen, die in einem direkten oder indirekten Zusammenhang mit den Informationen stehen, die in diesem Buch enthalten sind.

Ausschließlich zum Zweck der besseren Lesbarkeit wurde auf eine genderspezifische Schreibweise sowie eine Mehrfachbezeichnung verzichtet. Alle personenbezogenen Bezeichnungen sind somit geschlechtsneutral zu verstehen.

2. Auflage 2022

Türkenstraße 89, 80799 München
Tel.: 089 651285-0, Fax: 089 652096

Die amerikanische Originalausgabe erschien bei Pose Method Publishing, Inc, Miami, Florida unter dem Titel *Pose Method® of Running*.

Text und Konzept: Dr. Nicholas Romanov
Bearbeitung: Lana Romanov, Severin Romanov
Übersetzung: Florian Kugler, Wieland Heiser
Redaktion: Ulrike Reinen
Umschlaggestaltung: Marc-Torben Fischer
Umschlagabbildung: shutterstock/lzf
Illustrationen: Andrew Pianzin, Ben Reid, Severin Romanov
Satz: Satzwerk Huber, Germering
Druck: Florjancic Tisk d. o. o., Slowenien
Printed in the EU

ISBN Print 978-3-7423-0520-6
ISBN E-Book (PDF) 978-3-7453-0070-3
ISBN E-Book (EPUB, Mobi) 978-3-7453-0069-7

Weitere Informationen zum Verlag finden Sie unter

www.riva-verlag.de

Beachten Sie auch unsere weiteren Verlage unter www.m-vg.de

NICHOLAS ROMANOV

BESSER LAUFEN MIT DER POSE METHOD®

- SCHNELLER WERDEN
- AUSDAUER STEIGERN
- VERLETZUNGEN VERMEIDEN
- BEWEGLICHKEIT UND KOORDINATION VERBESSERN

riva

INHALT

Kapitel 5: Die Praxis

Kapitel 6: Das Ziel

Epilog

»Ich hatte eine Verletzung am Fuß und sollte deswegen operiert werden. Nicholas riet mir von der Operation ab. Damit hat er meinen Fuß und wahrscheinlich meine Karriere gerettet. Die Ärzte sagten, wenn ich operiert worden wäre, hätte ein hohes Risiko bestanden, dass die Verletzung zurückgekommen wäre. Ich hatte seitdem keine Probleme mehr.«

Lisa Miller
Ehemalige Juniorenweltmeisterin
4 × 400 Meter

»Es macht so viel Freude, endlich mit Wissen anstatt mit Zweifeln zu laufen. Danke, Nicholas, dass du dein Leben der Suche nach den Antworten gewidmet hast, die wir Läufer gesucht haben.«

Debbie Savage
Bronzemedaille bei den australischen Meisterschaften über 800 Meter

»Die Pose-Methode war grundlegend für die Verbesserung meiner Laufleistungen.«

Tim Don
Weltmeister und Ironman-Weltrekordhalter

»Die Pose-Methode hat mich nicht nur von meinen Verletzungen befreit, sie war auch wesentlich für die kontinuierliche Steigerung meiner sportlichen Leistung verantwortlich. Mit 52 Jahren werde ich immer noch besser. Ein großer Bonus der Pose-Methode ist für mich die deutliche Verbesserung von Gesundheit und Kraft.«

Terry Roberts
28-maliger Teilnehmer am Ironman
und australische Ironman-Legende

»Die Pose-Methode gibt mir als langjährigem Trainer und Ausbilder ein Werkzeug an die Hand, mit dem ich meine Athleten und Kollegen schnell und präzise analysieren und im nächsten Schritt mit den richtigen Übungen entsprechend dem Lauftechnikstandard korrigieren kann. Kein anderes System ist in der Lage, das so einfach zu leisten, wie die Pose-Methode. Vielen Dank an Nicholas Romanov, der mir die Einfachheit der (Lauf-) Bewegung so nahegebracht hat!«

Wieland Heiser
Pose Method® Head-Coach

ÜBER DIE POSE METHOD®

Die Pose Method®, im Deutschen auch Pose-Methode genannt, ist ein System zur Vermittlung von menschlichen Bewegungen und sportartspezifischer Technik, das vom Sportwissenschaftler und zweifachen Olympiacoach Dr. Nicholas S. Romanov während seiner Lehrtätigkeit als Universitätsdozent für Biomechanik in der ehemaligen Sowjetunion entwickelt wurde. Der Name der Methode kommt von dem Wort »Pose« oder »Körperhaltung«.

Die Pose-Methode wurde 1977 entwickelt und war die erste Methode (oder Art zu unterrichten), die einen klaren Standard sowohl beim Lehren als auch beim Erlernen jeder sportartspezifischen Technik darstellte. Aufgrund der Popularität des Laufens und der im Vergleich zu anderen Sportarten paradoxerweise hohen Anzahl von Läufern, die sich jährlich verletzten, wurde die Lauftechnik der Pose-Methode zur beliebtesten unter allen Pose-Techniken.

Alle Sportarten – eine Methode

Die Pose-Methode kann auf jede menschliche Bewegung angewendet werden und bietet einen universellen Ansatz für alle Sportarten. Die Anwendung der Pose-Methode kann die Trainings- und Rennleistung dramatisch verbessern, Verletzungen vorbeugen und einen Wettbewerbsvorteil verschaffen.

Muster für Coaching, Physiotherapie und mehr

Menschen beizubringen, mit der Pose-Methode jede Bewegung auszuführen, führt zu weniger Abweichungen von den optimalen Parametern der als effizient geltenden Technik und Bewegungen, wodurch sie einfacher auszuführen, leichter zu replizieren und besser zu steuern sind. Das erleichtert es, Anweisungen zu erteilen, Fehler zu korrigieren, Verletzungen und Überlastungen zu vermeiden und Bewegungsanalysen durchzuführen, wodurch die Pose-Methode zu einem perfekten Werkzeug für Coaching, Analysen, Unterrichten, Physiotherapie und mehr wird.

Wussten Sie schon?

Es gibt über 30 Studien und wissenschaftliche Arbeiten, darunter fünf Dissertationen, über die Pose-Methode, die bisher in Russland, Südafrika, Großbritannien, Neuseeland, Kanada und den Vereinigten Staaten veröffentlicht wurden.

Die Pose-Methode des Laufens wird von den Mitgliedern der Streitkräfte weltweit verwendet und ist Teil des Fitnesstrainings des US-Militärs.

»Schmerzen und Behinderungen, die typischerweise mit CECS assoziiert sind, wurden für bis zu ein Jahr nach der Intervention stark reduziert. Chirurgische Interventionen wurden für alle Patienten vermieden.«

The American Journal of Sports Medicine, 40/5, 2012

»Durch den Pose-Start (Startblock) wurde eine deutlich größere horizontale Verschiebung nach 1s erreicht.«

Journal of Athletic Enhancement, 3/2, 2014

»Pose-Laufen wurde assoziiert mit (...) geringerer exzentrischer Arbeit und Kraftaufnahme am Knie im Vergleich zum Vorfuß- oder Fersenlauf.«

Medicine & Science in Sports & Exercise, 36/2, 2004

Weitere Informationen unter http://posemethod.com/research

VORWORT

»Bewegungen leben und entwickeln sich«, sagte ein hervorragender russischer Denker des 20. Jahrhunderts, Nikolai Bernstein, der Urheber der »Bewegungsphysiologie« und einer der Väter der Kybernetik, die als Wissenschaft der Bewegungsgenerierung und der Kontrolle komplexer Systeme bekannt ist. Seit Bernsteins Zeit wurde die Enthüllung der Geheimnisse von Bewegungen und die Formulierung der Regeln nicht kontroverser Kontrolle ihrer Entwicklungsprozesse Gegenstand der Forschung vieler Wissenschaftler weltweit und Traum zahlreicher Trainer.

Aber bekanntlich gibt die Natur ihre Geheimnisse nicht kostenlos preis und wählt vorsichtig diejenigen aus, die so ein Privileg verdienen. Denn wer Informationen besitzt, besitzt die Welt oder kann zumindest mehr erreichen als derjenige, für den Wissen nicht erreichbar ist oder der es leider nicht akzeptiert.

Was die Geheimnisse einer Bewegung wie dem Laufen angeht, scheint Nicholas Romanov so ein Auserwählter zu sein. Er scheint als Erster realisiert zu haben, dass die vermeintliche Einfachheit der Laufbewegung eine ziemlich vertrackte Sache ist und jegliche Versuche, eine Lauftechnik zu konstruieren in Übereinstimmung mit einigen vagen Postulaten der Sportbiomechanik und dem sprichwörtlichen »Mach es wie ich« des Trainers, häufig nicht erfolgreich sind.

Nicholas Romanovs Methode beruht auf wissenschaftlichen Erkenntnissen der Geheimnisse des Laufens in Harmonie mit der Natur und allgemeinen Gesetzen der Biomechanik menschlicher Bewegung. Ihre methodische Integrität und unumstrittene Grundlage wird bedingt durch einen rationalen Gebrauch der Gravitation als natürlichem Faktor im Kräftespiel der Laufbewegung sowie durch einen psychologisch-pädagogischen Algorithmus, der beim Lernenden ein klares Verständnis des Wesens des Laufens und vor allem ein Gefühl von Einfachheit und Ungezwungenheit des Laufens bei akzeptablen engergetischen Kosten schafft.

Die Universalität der Lehre dieser Lauftechnik, angeboten durch Dr. Romanov, liegt in der Tatsache, dass diese sowohl für Profisportler als auch für Amateure mit beinahe demselben Streben nach sportlichen Ergebnissen geeignet ist, also auch für die Läufer, die nur »für die Gesundheit« laufen. Alle Gruppen bekommen von dieser Technologie alles, was sie benötigen: Ergebnisse und Gesundheit.

Der einzige »Nachteil« dieser Methode ist ihre Inkompatibilität mit jeder Form des Dopings oder anderer verbotener Stimulanz zur Steigerung der sportlichen oder physikalischen Leistungsfähigkeit (Effizienz). Amateurläufer haben vielleicht einige Schwierigkeiten, sich von dem alten Glauben zu verabschieden, dass sie auf jede Weise laufen können, sogar indem sie mit der Ferse aufsetzen, mit dem Ziel, Herz, Kreislauf und Muskeln zu belasten. Sie werden einen sehr anderen »Laufstil« kennenlernen, mit einer anderen Technik und ganz anderen Vorteilen zur Steigerung von Wahrnehmung und Gesundheit.

Es sei nur kurz angemerkt, dass das verschenkte Erholungspotenzial, das diese neue Lehr- und Trainingsmethode bietet, für Länder wie die USA und Russland in Milliarden von Dollar und für die Familienbudgets ihrer Bürger in Hunderttausenden von Dollar gemessen werden kann.

Zum Schluss dieser Einleitung zu Nicholas Romanovs Buch ertappe ich mich dabei, ein bisschen neidisch auf die künftigen Leser zu sein, die noch glückliche Stunden vor sich haben, seinen Inhalt zu entdecken und zu genießen, was ich bereits hinter mir habe.

Prof. Vadim Balsevich,
Korrespondierendes Mitglied der Russischen Akademie für Erziehung und Bildung

PROLOG

Ich freue mich, dieses Buch der Laufszene in Deutschland präsentieren zu können. Während der vielen Jahre, in denen ich meine Freunde und Kollegen in Deutschland besuchte, um die Pose Method® vorzustellen, hatte ich immer das Gefühl, dass ohne dieses Buch etwas fehlte. Insbesondere, nachdem dieses Buch bereits in so viele Sprachen überall auf der Welt übersetzt worden war. Ich spürte, dass dieses Buch für eine enthusiastische und wundervolle Laufszene in Deutschland sehr nützlich sein würde. Ich wollte mein Wissen und meine Erfahrung mit dem Land teilen, das für seinen hohen Standard beim Lernen, seine Disziplin und sein Engagement bekannt ist und wo die Sprache der Methode genau diesen Eigenschaften entsprechen würde.

Viele Jahre, noch bevor dieses Buch 2002 in den USA veröffentlicht wurde, war ich unterwegs, um meine Entdeckung den Athleten auf der ganzen Welt zu vermitteln. Ich wusste, dass es nicht leicht werden würde, da die Pose Method® für das Laufen nicht in Einklang stand mit den verbreiteten Gedanken über Lauftechnik, aber ich wusste auch, dass es die Mühe wert sein würde, selbst wenn es nur dabei helfen würde, Verletzungen zu vermeiden.

Die Pose Method® sieht Gravitation als führende Kraft in der Laufbewegung im Gegensatz zur traditionellen Vorstellung, dass Muskeln die bewegende Kraft sind. Damit macht die Pose Method® Lauftechnik zu einem Mittel für eine effiziente Beziehung mit der Natur und ihren Kräften. Zusätzlich geht die Pose Method® davon aus, dass Lauftechnik für alle Menschen gleichbleibend ist, unabhängig von Alter, Geschlecht, Nationalität, Distanz, Geschwindigkeit oder Sportart. Dadurch wird ein Standard geschaffen, durch den wir Abweichungen von der richtigen Bewegungsausführung identifizieren und korrigieren können. Somit können wir den Sportlern mithilfe einer universellen Methode eine universelle Technik beibringen und auf alle und jeden anwenden und den Prozess wiederholen.

Ich beanspruche nicht, dass die Pose Method® die endgültige Wahrheit ist, aber ich denke, dass es ein deutlicher Schritt nach vorn auf der Suche nach der Wahrheit ist, die Leonardo da Vinci als »Tochter der Zeit« bezeichnete. Die Pose Method® und ihr Konzept wurden nicht in einem Vakuum entwickelt: Ich las die Werke zahlreicher Wissenschaftler, Trainer und Sportler, meiner Kollegen und Freunde, aus Vergangenheit und Gegenwart. Von 1970 bis heute gab mir meine kontinuierliche praktische Arbeit mit Athleten aller Niveaus, einschließlich mehrerer Nationalteams, und meine wissenschaftliche Arbeit mit vielen meiner Kollegen aus verschiedenen Ländern eine Fülle an Bestätigung und Unterstützung, um mit der Entwicklung der Pose Method® fortzufahren und dieses Wissen auf der ganzen Welt zu teilen.

Beim Lesen dieses Buches lernen Sie die Ursprünge der Pose Method® kennen, verstehen die ihr zugrunde liegenden Konzepte und realisieren die Vorteile, die sie mit sich bringt. Der Lernprozess wird mit einer Vielzahl von Übungen unterstützt, die Ihnen helfen werden, »aufzuwachen« und Ihre Sinne und Wahrnehmungen zu wecken, um Ihre effiziente Interaktion mit der Natur und ihren Kräften zu entwickeln. Voraussetzung ist, dass Sie ein aufgeschlossener Student sind, bereit, neues Wissen, neue Gefühle und neue Stufen der Wahrnehmung zu akzeptieren. Seien Sie fortwährend in den Prozess der Wahrnehmung, in die Analyse der Informationen und den Vergleich mit den Standards der Pose Method® einbezogen und seien Sie bereit, sich entsprechend zu ändern.

Ich kann keine Wunder oder magischen Tricks bieten – nur das praktische Wissen und das Versprechen, dass Sie mit der Zeit Fortschritte machen werden, aber das wird passieren. Tausende Läufer waren bereits erfolgreich und viele machen weiterhin Fortschritte und so auch Sie.

Dr. Nicholas Romanov

Januar 2018

KAPITEL 1

DIE ANFÄNGE

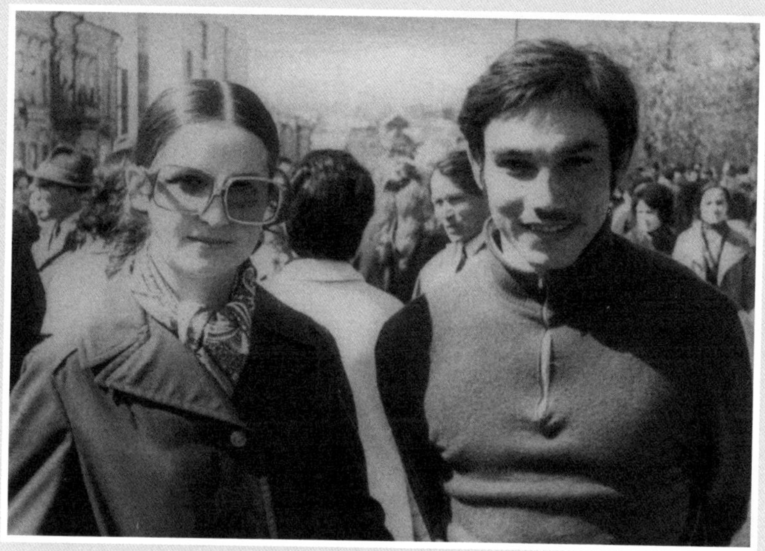

Svetlana und Nicholas Romanov im Jahr 1972

DIE SUCHE NACH DER IDEALEN LAUFTECHNIK

»Notwendigkeit ist die Mutter jeder Erfindung.«
Jonathan Swift

An einem kühlen, regnerischen Oktobermorgen im Jahr 1977 kam ich vom Leichtathletikstadion der pädagogischen Universität zurück. Dort hatte ich gerade ein Seminar über Leichtathletik für meine Studenten von der Sportfakultät gehalten. Zu dieser Zeit war die pädagogische Universität in Tscheboksary – etwa 700 Kilometer von Moskau entfernt – ein wichtiger Baustein für die sportliche Vormachtstellung der Sowjetunion. Viele Athleten, die Medaillen bei Olympischen Spielen holten, neue Weltrekorde setzten und die starken sowjetischen Teams anführten, meldeten sich dort an und absolvierten ihr tägliches Training auf den Plätzen und in den Übungsräumen der Universität.

Ich hatte selbst dort studiert und war dann Dozent und Leichtathletiktrainer geworden. Obwohl viele unserer Athleten großartige Erfolge feierten und die Fakultät ein hohes Ansehen genoss, passte meine Laune zu diesem trüben Tag: Ich war mürrisch und etwas niedergeschlagen. Ich unterrichtete bereits seit zwei Jahren und arbeitete an meiner Promotion, als ich realisierte, dass ich in einem Paradoxon gefangen war. Auf der einen Seite standen mir mehr Fakten und Wissen zur Verfügung als jemals zuvor. Auf der anderen Seite hatte ich trotz der ganzen Universitätsbildung nichts an der Hand, um meinen Studenten eine so einfache Übung wie das Laufen zu lehren.

Es war ein merkwürdiges Dilemma. Ich hatte mich, angeleitet durch unsere wunderbaren Professoren und die hervorragenden Lehrbücher, mit fast allem auseinandergesetzt, was bis zu dieser Zeit in Wissenschaft und Praxis zum Thema Laufen geschrieben worden war. Aber ich fand nicht, wonach ich suchte: Es gab keine Methode zum Lehren der Lauftechnik – weder in der Theorie noch in der Praxis.

Die Meinungen über die Bedeutung der Lauftechnik und deren Lehrmethode gingen auseinander. Nach der vorherrschenden Meinung lag Laufen so sehr in unserer Natur, dass man Lauftechnik nicht unterrichten konnte und sollte. Der individuelle Laufstil ist uns demnach durch unsere Körperstatur in die Wiege gelegt worden. Eine andere weitverbreitete Meinung besagte, dass es für Sprint-, Mittel- und Langdistanzen verschiedene Lauftechniken gäbe und diese daher auch unterschiedlich unterrichtet werden müssten.

In einem Punkt waren sich Trainer und Lehrer aber einig, egal, welcher Meinung sie nahestanden: Laufen ist eine einfache Bewegung; die besten Läufer sind diejenigen, die gute genetische Voraussetzungen mitbringen und besonders hart trainieren. Dieser Logik zufolge gab es keine Notwendigkeit, sich mit der technischen Ausbildung der Läufer auseinanderzusetzen – ganz im Gegensatz zum Springen, Hürdenlauf oder Werfen. In diesen Disziplinen wurde der Technik eine ebenso hohe Bedeutung beigemessen wie im Ballett, Karate oder im Tanz. Um diese Sportarten zu beherrschen, musste man Bewegungsabläufe strukturieren, mentale Bilder entwickeln und sich wiederholende Bewegungen perfektionieren. Nur bei der elementarsten menschlichen Bewegungsform, dem Laufen, ging man davon aus, dass keinerlei technische Ausbildung nötig sei.

Langsam realisierte ich: Ich wusste überhaupt nicht, wie Laufen aus biomechanischer und psychologischer Sicht funktioniert. Wie hätte ich dann wissen können, was und wie ich unterrichten sollte? Ich fühlte mich hilflos und herausgefordert zugleich – ich war bei diesem Problem auf mich selbst gestellt. Es ging mir zwar schon lange Zeit durch den Kopf, aber niemals zuvor fühlte es sich so dringend an wie an diesem grauen, tristen Tag.

Auf meiner Suche nach Antworten studierte ich Kampfkünste, Tanz und Ballett. Letzteres bot sich besonders an, da in Russland die Kunst und die Tradition des Balletts bis zur Perfektion getrieben wurden. Ich hatte Freunde unter den Balletttänzern und konnte sie während des Trainings und während ihrer Aufführungen beobachten – eine sehr angenehme Verbindung aus Arbeit und Vergnügen.

Wenn ich einige der weltbesten Ballerinas beobachtete, brannte mir eine Frage auf der Zunge: Warum sind die Bewegungen im Ballett, im Tanz oder im Karate so perfekt? Liegt es nur an den unzähligen Wiederholungen einfacher Übungen? Die Antwort auf diese Frage traf mich an diesem grauen Oktobermorgen wie ein Blitz: Alles ist einfach!

Die Einfachheit selbst ist der Schlüssel. Die Ausbildung im Ballett, im Tanz und in den Kampfkünsten erfolgt durch bestimmte Schlüsselpositionen, besser gesagt durch eine ganze Serie dieser Positionen. Die Perfektion der Bewegung entsteht durch die fließenden Übergänge von einer zur nächsten.

In diesem Moment fügte sich für mich alles wie ein Puzzle zusammen: Neuromotorische Muster lernen und verfestigen sich leichter durch bestimmte festgehaltene Einzelpositionen der Gesamtbewegung. Nun stand ich vor der nächsten Frage: Welches sind diese Positionen beim Laufen und wie könnte ich sie aus den unendlich vielen Positionen isolieren, die der Körper während der Bewegung durchläuft? Was sind die Auswahlkriterien? Die Positionen mussten Gleichgewicht und Kompaktheit miteinander verbinden und die Muskeln bereit sein, von einer Position in die nächste zu wechseln.

Nach vielen Jahren des Studiums und der Beobachtung fühlte ich mich endlich bereit, den Geheimnissen des Laufens auf die Spur zu kommen. Der Plan war einfach – ich musste die gesamte Bewegung auf einzelne Positionen reduzieren und für diese ein System entwickeln, mit dem sie jedem Läufer beigebracht werden konnten.

Seit diesem grauen Oktobermorgen sind viele Jahre vergangen. Die Entscheidung, die ich damals getroffen habe, hat mein ganzes Leben und meinen beruflichen Werdegang bestimmt: Ich habe mich dem Verständnis der elementarsten Bewegung des Menschen verschrieben und eine Lauftechnik entwickelt, mit der jeder länger, schneller und mit weniger Belastung für den Körper laufen kann.

Inzwischen hat es viele Veränderungen in meinem Leben gegeben: Ich bin mit meiner Frau Svetlana und meinen Kindern aus Russland ausgewandert und habe ein neues Zuhause in Miami, Florida, gefunden. Dort habe ich mich als Wissenschaftler, Coach und Autor selbstständig gemacht und begonnen, mit einzelnen Athleten und Gruppen zu arbeiten. Währenddessen habe ich meine Konzepte für die ideale Lauftechnik stetig weiterentwickelt und verfeinert – aber der Kern ist immer noch der gleiche wie am Anfang.

Während dieser ganzen Zeit habe ich immer mit Läufern aller Leistungsstufen zusammengearbeitet – von Olympiateilnehmern und Weltmeistern bis zu 80-Jährigen. Denn wenn es wirklich eine ideale Lauftechnik gibt, dann muss sie für alle funktionieren, nicht nur für Weltklasseathleten.

Ich bin sehr stolz auf die stark verbesserten Laufleistungen meiner olympischen Triathleten, aber als eine noch größere Befriedigung empfinde ich die Entwicklung meiner vielen Teilnehmer mittleren Alters, die wegen chronischer Verletzungen das Laufen schon fast aufgegeben hatten und jetzt wieder schmerzfrei laufen – schneller und leichter als 20 Jahre zuvor.

Durch mein wachsendes Verständnis der menschlichen Bewegungen hat sich meine Frustration aus dem Jahr 1977 gewandelt: Wo ich mich einst abmühte, der Natur des Laufens auf die Schliche zu kommen, frustriert mich heute mehr der Anblick von Menschen, die gern laufen wollen, aber durch fehlendes Wissen und schlechte Lauftechnik daran gehindert werden. Für all diese Läufer habe ich das Buch *Besser Laufen mit der Pose Method®* geschrieben. Es stellt die Ideen, Forschungen und praktischen Erfahrungen vieler Jahrzehnte vor. Ich hoffe sehr, dass es auch Ihnen ermöglichen wird, besser zu laufen, als Sie es jemals für möglich gehalten haben. Ich wünsche Ihnen, dass sich Ihre Gesundheit verbessert und Ihr Leben durch die Begeisterung für diesen elementaren, menschlichen Sport bereichern wird.

PHILOSOPHIE DES LAUFENS

»Wo die Natur nicht will, ist die Arbeit umsonst.«
Lucius Seneca

Die Menschen haben schon immer nach Wundermitteln gesucht, um ihr Leben zu verbessern – die alten Griechen waren da keine Ausnahme. Keine andere Sportart war damals für jedermann so einfach zugänglich. Hören Sie auf die alten Griechen: Laufen ist gut für Sie, wenn Sie es mit einem ausgeglichenen Lebenswandel kombinieren.

Die alten Griechen haben die Bedeutung des Laufens schon früh erkannt, was in ihrer Liebe zum Sport und in ihrer Kunst zum Ausdruck kommt: Auf vielen antiken Vasen sind Läufer abgebildet. Die Zeichnungen reflektieren die emotionale und ästhetische Beziehung der Menschen zum Laufen. Wir wissen nicht genau, ob die Künstler die Athleten realitätsnah abbildeten oder ob sie eine ästhetisierte Darstellung schaffen wollten, um die Helden ihrer Spiele zu würdigen. Unabhängig davon, aus welchen Beweggründen diese Abbildungen entstanden sind, zeichnen sie sich durch große Detailtreue aus. Sie veranschaulichen deutlich die Anstrengungen der Sportler auf verschiedenen Strecken und bei verschiedenen Geschwindigkeiten.

Den Griechen fehlten vielleicht die wissenschaftlichen Erkenntnisse, um diese Bewegung vollständig zu verstehen, aber sie besaßen eine bewundernswerte Auffassungsgabe, einen wachen Geist und vor allem gesunden Menschenverstand. Durch ihre genauen Beobachtungen erkannten sie die harmonische Beziehung zwischen Mensch und Natur: In ihrem ganzheitlichen Ansatz verstanden sie den Menschen immer als einen wichtigen, aber mit der Natur verflochtenen Teil der Welt. Es war eine Zeit, in der einer Klarheit von Gedanken und Taten hoher Wert beigemessen wurde.

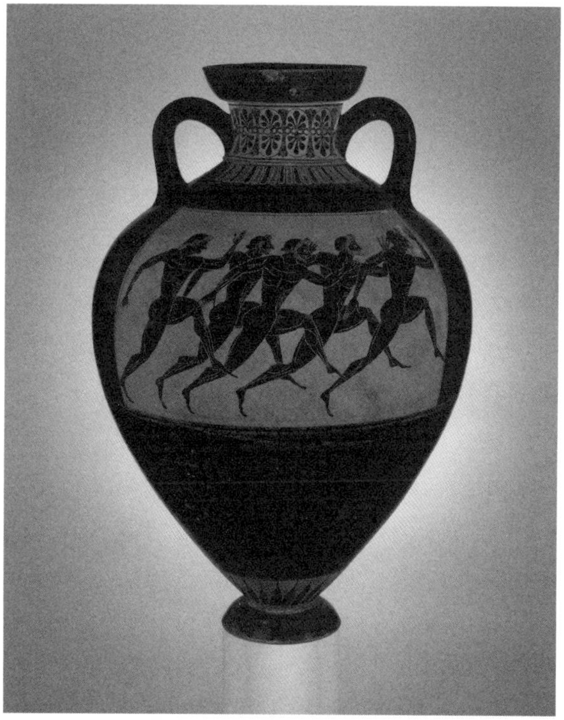

Sprinter auf einer antiken griechischen Vase

Als das goldene Zeitalter der Griechen vorbei war, gerieten diese Werte in Vergessenheit. Das Laufen um des Laufens willen hatte für lange Zeit seinen Sinn verloren. Erst mit der Wiederbelebung der Olympischen Spiele Ende des 19. Jahrhunderts erkannte man den Wert dieser elementaren menschlichen Bewegungsform aufs Neue.

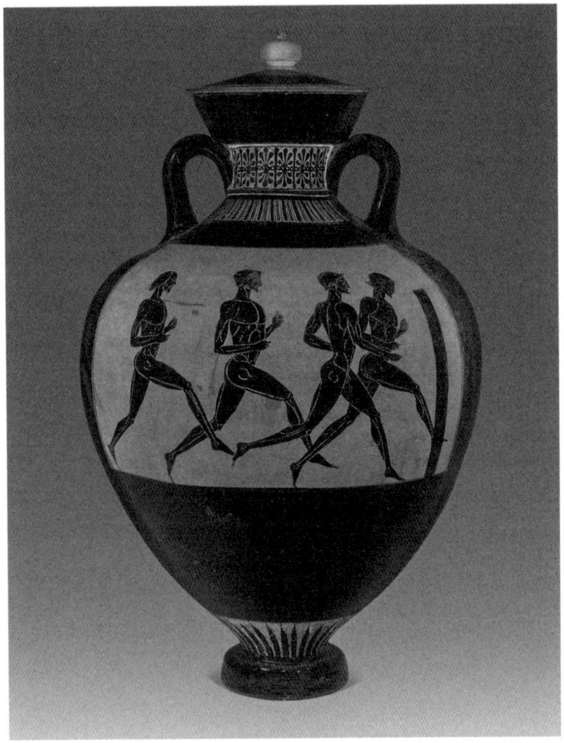

Antike Darstellung von Langstreckenläufern

Die Olympischen Spiele und der Boston-Marathon waren zwei populäre Ereignisse, die sich Ende des 19. und Anfang des 20. Jahrhunderts etablierten. Trotzdem dauerte es noch bis in die 1960er-Jahre, bis das Laufen die Massen eroberte. Besonders trugen dazu die Erfolge der australischen und neuseeländischen Läufer und die Bücher des berühmten neuseeländischen Trainers Arthur Lydiard[1] bei. In den USA wurde der Laufboom durch den Marathonsieg von Frank Shorter[2] bei den Olympischen Spielen 1972 ausgelöst.

Laufen war nicht mehr länger die lästige Pflicht aus der Schulzeit, der man mit dem Erwachsenenalter den Rücken zukehrte. Es wurde zu einem nicht mehr wegzudenkenden Bestandteil eines gesunden Lebensstils. Manche betrachteten es sogar als Allheilmittel für unsere Zivilisationskrankheiten – wie jede große Liebe schien das Laufen zuerst nur Vorteile und keine Nachteile zu haben.

Als das Laufen zum Massensport wurde, eroberte es alle Bereiche der Gesellschaft. Von heute auf morgen wurde es schick, im Alltag Laufschuhe zu tragen. Die Schuhhersteller wurden über Nacht zu Marketinggiganten. Die Startlisten der Läufe in allen großen Städten wurden immer länger – das Laufen begann schon fast, religiöse Züge anzunehmen.

Nach der anfänglichen Euphorie drängten sich jedoch bald Fragen auf: Wenn Laufen so gut für uns ist, warum gibt es dann so viele verletzte Läufer? Für diejenigen, die »auf dem Sofa« sitzen geblieben waren, kamen die zahlreichen Probleme der Läufer gerade recht. Was könnte es für eine bessere Bestätigung des eigenen Lebenswandels geben: »Gut, dass ich nie mit dem Laufen angefangen habe, jetzt siehst du mal, was du davon hast!«

In Studien mit ernüchternden Ergebnissen untersuchte man nun die negativen und positiven Effekte des Laufens – aber die Laufbegeisterung der Menschen war nicht zu bremsen. Ganz im Gegenteil:

Die erste Verliebtheit wandelte sich zu einer festen Beziehung fürs Leben. Die Laufbewegung erhielt durch wissenschaftliche und kommerzielle Interessen neue Impulse. Es etablierte sich ein ausgewogeneres Bild, wie das Laufen zusammen mit einem ausgeglichenen Lebenswandel zur Förderung der Gesundheit beitragen kann. Aber die Probleme verschwanden nicht. Man versuchte herauszufinden, wie man das Laufen zu einem effektiven Mittel für die Gesundheits- und Fitnessförderung machen könnte.

Diese Frage beschäftigte nicht nur die Läufer selbst, sondern auch Trainer, Wissenschaftler und Ärzte. Es war eine simple Tatsache, dass sich die Zahl der läuferspezifischen Verletzungen im Gleichschritt mit der Popularität des Laufens entwickelte. In zahlreichen Studien wurden die Gründe für Verletzungen und deren Prävention untersucht. Der größte Teil dieser Diskussion konzentrierte sich auf die Entwicklung neuer Laufschuhe oder Trainingsmethoden. Mit der Zeit wurde jedoch klar, dass man sich mit einem viel zentraleren Thema auseinandersetzen musste: Gibt es eine universell richtige Lauftechnik?

Für einen Außenseiter ist dies vielleicht eine vernünftige und offensichtliche Frage, aber unter Läufern wurde sie heiß diskutiert. Mit gesundem Menschenverstand, den Erfahrungen von Trainern und wissenschaftlichen Erkenntnissen versuchte man, eine Antwort darauf zu finden. Hunderte von Artikeln, Büchern und Dissertationen wurden zu diesem Thema geschrieben. Trotzdem gibt es keinen Konsens darüber, was die ideale Lauftechnik ausmacht; und noch viel weniger, wie man sie lehren kann.

Es kristallisierten sich zwei verschiedene Standpunkte heraus. Das eine Lager glaubte, Laufen sei etwas so Natürliches, dass jeder ohne weiteres Zutun richtig läuft. Folgendes Zitat veranschaulicht diese Auffassung: »Durch Hunderte und Tausende von Trainingskilometern wurde die Bewegung meiner Beine immer besser.«[3] Mit anderen Worten: Die richtige Technik entwickelt sich durch genügend Training. Wäre es nicht wunderbar, wenn die ideale Technik mit ein paar Extrakilometern pro Woche von allein käme?

Ein anderes Lager räumte die Bedeutung einer richtigen Lauftechnik ein, sagte aber paradoxerweise im selben Atemzug: »Es gibt keine wissenschaftlich fundierte Idealtechnik, die für jeden passt. (...) Die individuellen Voraussetzungen und Anforderungen an jeden Läufer sind zu verschieden. (...) Ein guter Trainer sollte in der Lage sein, seine Beobachtungen auf eine individuell angepasste Technik zu übertragen.«[4] Mit anderen Worten: Der Trainer muss die ideale Lauftechnik für jeden einzelnen Athleten neu erfinden.

Die Natur kümmert sich nicht darum, wie wir laufen oder wie wir mit ihren Gesetzen umgehen – aber letztendlich müssen wir die Konsequenzen dafür tragen. Deshalb kann ich diesen beiden weitverbreiteten Meinungen nicht zustimmen. Die Natur weist uns mit ihren Prinzipien und Gesetzen den richtigen Weg – nicht nur für das Laufen. Der Mensch ist ein integraler Bestandteil der Natur, seine physiologischen und biomechanischen Grenzen sind durch sie festgelegt.

So ging ich meinen eigenen Weg und studierte die Gesetzmäßigkeiten der Natur, denen wir unterworfen sind. Hier mussten die Prinzipien zu finden sein, die uns den Weg zu einer idealen Lauftechnik weisen – unabhängig von Statur, Alter oder Geschlecht. Die Schwerkraft ist der dominierende Faktor des Lebens auf der Erde: Wir kommen unter ihrem Einfluss zur Welt, wachsen auf und sind ihr unser ganzes Leben lang unterworfen. Wir können also am effektivsten innerhalb eines biomechanischen Rahmens arbeiten, der uns durch die Schwerkraft vorgegeben wird; alle unsere Bewegungen finden unter diesem Einfluss statt. Die Schwerkraft ist der Motor unserer Bewegungen und wir sollten so wenig wie möglich gegen sie arbeiten. Respektieren wir diesen Rahmen nicht, so werden unsere Bewegungen ineffizient und es treten Überlastungen oder Verletzungen auf. Die entfesselte Kraft der Erdanziehung wird eindrucksvoll in Naturphänomenen und in den menschlichen Bemühungen, ihr zu widerstehen, deutlich. Ein falscher Schritt kann eine Lawine auslösen, die riesige Schneemassen mit 130 Stundenkilometern und mehr den Berg hinunterdonnern lässt. Umgekehrt können wir beim Start von Raketen erleben, welche gigantischen Mengen an Energie nötig sind, um der Erdanziehung zu entkommen. Stellen Sie sich vor, Sie könnten lernen, diese Energiequelle effektiver für Ihre Fortbewegung beim Laufen zu nutzen!

Die ideale Lauftechnik macht sich die Schwerkraft so gut wie möglich zunutze. Ein technisch versierter Läufer sollte mit ihr spielen können wie ein Segler mit dem Wind. Ein guter Segler kann den Gegenwind nutzen, um vorwärtszukommen – ein guter Läufer nutzt das Potenzial der Schwerkraft, um mit geringem Aufwand und wenig Belastung für den Körper schnell und effizient zu laufen.

Ich habe meine Arbeit in Wissenschaft und Training zwei Problemen gewidmet: die Rolle der Schwerkraft in unseren Bewegungen zu verstehen und eine Lauftechnik zu entwickeln, die dieses Potenzial nutzt, um schmerz- und verletzungsfrei und vor allem schnell zu laufen. Ich nenne meine Lauftechnik und meine Lehrmethode die »Pose-Methode des Laufens«.

KAPITEL 2

DIE VORTEILE

VERLETZUNGEN VERMEIDEN

»Ein Teil der Heilung war schon immer, geheilt werden zu wollen.«
Lucius Seneca

Bevor ich Ihnen das Laufen mit der Pose-Methode im Detail vorstelle, möchte ich Ihnen zeigen, wie es alle Faktoren positiv beeinflusst, die Ihre Leistung limitieren: Technik, persönliche Grenzen und Verletzungen. Kontinuität ist die wichtigste Komponente jedes Trainings – und Verletzungen sind ihr größter Feind.

Fast jeder Läufer ist früher oder später einmal selbst betroffen: Ermüdungsbrüche, Knieschmerzen, gereizte Achillessehnen, Rückenprobleme und Fußschmerzen hängen als Damoklesschwert über jedem Läufer. Interessanterweise hat sich die Zahl der Verletzungen seit den 1970er-Jahren kaum verändert, obwohl viel Zeit und Geld in die Entwicklung neuer Laufschuhe und besserer Trainingspläne investiert wurden.

Überall in der Literatur tauchen dieselben traurigen Statistiken auf. Im Jahr 1977 ergab eine Umfrage der Zeitschrift *Runner's World*, dass jedes Jahr zwei von drei Läufern verletzt sind, sodass das Training reduziert oder sogar unterbrochen werden muss.[5] Auch 20 Jahre später hat sich nicht viel an der Situation geändert, wie man in dem Artikel »Running Injuries« von Gary Guten nachlesen kann,[6] und auch heute sieht die Lage noch genauso aus. Von geschätzten 34 Millionen Läufern in den USA sind jedes Jahr etwa 22 Millionen von Laufverletzungen betroffen – und viele davon laufen für ihre Gesundheit. Eine große Metastudie aus dem Jahr 1992 stellte fest, dass die jährliche Verletzungsrate bei Freizeitläufern, die regelmäßig trainieren und an Langstreckenläufen teilnehmen, zwischen 37 und 56 Prozent liegt.[7] Das sind alarmierende Zahlen. Heute sind die Verletzungszahlen auf 60 bis 70 Prozent gestiegen.

Die Anzahl und die Häufigkeit der Verletzungen sind über die Zeit ziemlich konstant geblieben, aber sie verlagerten sich allmählich von den Füßen und Waden in den 1970er-Jahren hin zu den Schienbeinen und Knien in den 1990ern.[8, 9] Als Ursachen werden gemeinhin folgende Faktoren genannt: falsche Laufschuhe, ein zu harter Untergrund, schlechte körperliche Voraussetzungen und eine zu schnelle Steigerung des Trainingsumfangs beziehungsweise der Trainingsintensität.[10] Aber all diese Faktoren treffen meiner Meinung nach nicht den Kern des Problems, weil sie sich nur mit externen Bedingungen und nicht mit der Laufbewegung selbst beschäftigen.

Ein erfahrener Tennistrainer zum Beispiel erkennt schnell einen Fehler in der Aufschlagtechnik seines Athleten. Er wird diesen korrigieren, um zukünftige Schulterprobleme zu verhindern. Die meisten Hobbyläufer dagegen werden nie von einem Trainer analysiert oder korrigiert. Und selbst wenn, so sind doch die Korrekturen wegen des fehlenden Standards in der Lauftechnik ein Zufallsprodukt aus persönlichen Vorlieben und vielen Erfahrungen.

In der wissenschaftlichen Auseinandersetzung über das Laufen existieren kaum Ansätze, die einen Zusammenhang zwischen Lauftechnik und Verletzungen herstellen. Die gesamte Aufmerksamkeit gilt den externen Faktoren und der Trainingsgestaltung. Niemand ist bereit, die Lauftechnik selbst ins Zentrum zu rücken. All das führt zu der paradoxen Situation, der wir heute gegenüberstehen: Es gibt viele wissenschaftliche Untersuchungen über das Laufen, die Laufschuhe werden mit hohem Aufwand weiterentwickelt und der durchschnittliche Läufer weiß mehr über Trainingsmethodik als jemals zuvor. Trotzdem hat sich die Zahl der verletzten Läufer nicht verändert! Zeigt diese Tatsache nicht, dass das eigentliche Problem kontinuierlich übersehen wurde? Schon der gesunde Menschenverstand legt nahe, dass die Art und Weise, wie wir uns bewegen, nicht nur einen unmittelbaren Einfluss auf die Leistung, sondern auch auf das Verletzungsrisiko hat. Die meisten Verletzungen treten lokal an einer Stelle des Körpers auf, sind aber Ausdruck einer Abweichung an einem Teil des gesamten Systems.

Wenn alle Teile des Körpers gut funktionieren und harmonisch zusammenarbeiten, sollte es keine Verletzungen geben. Wenn jedoch an irgendeiner Stelle der Bewegung eine Abweichung auftritt, wird das schwächste Glied in der Kette dafür bezahlen. Es kann sich um eine Lappalie wie einen gestauchten Zeh handeln – eine kleine Unaufmerksamkeit am Morgen, und schon ist es passiert: Der nackte Fuß ist am Tischbein hängen geblieben. Sie erwarten, dass Ihre teuren Hightech-Laufschuhe Ihrem Fuß genug Schutz bieten, und brechen wie üblich zu Ihrer Feierabendrunde auf. Eine Woche später ist der Zeh wieder in Ordnung, dafür hat sich inzwischen ein viel unangenehmerer Schmerz im Knie breitgemacht. Ein kleines Problem, gepaart mit Ihrem Ehrgeiz, am Trainingsplan festzuhalten, kann so zu einer ernsten Verletzung führen.

Was ist passiert? Sie haben völlig unbewusst Ihre Lauftechnik ein wenig verändert, um den schmerzenden Zeh zu schonen. Über eine Woche hinweg führte diese kleine Veränderung dazu, dass sich die Belastung auf dem gegenüberliegenden Knie stark erhöht hat und dass das Bindegewebe in Mitleidenschaft gezogen wurde.

Der menschliche Körper ist ein kleines Wunderwerk, das den Herausforderungen einer breiten Palette von Bewegungen gewachsen ist. Das funktioniert jedoch nur so lange, wie alle Systeme des Körpers perfekt zusammenarbeiten und die Bewegung unterstützen. Das oben genannte Beispiel veranschaulicht, dass bereits eine minimale Abweichung im System ausreicht, um den ganzen Körper aus dem Gleichgewicht zu bringen – Verletzungen sind die unausweichliche Folge. Das »Wunderwerk Mensch« ist aus dem Gleichgewicht geraten und reagiert mit einer Schonhaltung beziehungsweise mit Schmerzen.

Egal, ob die Muskeln, das Herz, die Atmung oder die Psyche trainiert werden – es geht immer um die Ausführung einer einfachen, sich wiederholenden Bewegung. Ob es sich dabei um das Training für eine einzelne Bewegung wie den Hochsprung oder für eine zyklische Bewegung wie das Laufen handelt, spielt gar keine so große Rolle. Letztendlich ist das Ziel immer das Gleiche: ein hohes Maß an Bewegungswahrnehmung zu erreichen. Um verletzungsfrei und effizient laufen zu können, sollten Sie bewusst mit den Ressourcen Ihres Körpers umgehen und auf die Signale Ihres Körpers achten. Werden Sie dabei nachlässig und gerät die Lauftechnik aus den Fugen, müssen Sie mehr Energie für die gleiche Laufgeschwindigkeit aufwenden und das Risiko für Verletzungen steigt.

Betrachtet man Laufen als eine technische Sportart, die genau wie das Springen, Werfen oder Tanzen gelernt werden will, ist es offensichtlich, dass den meisten Leuten die ideale Lauftechnik nicht in die Wiege gelegt wurde. Laufen ist keine angeborene, sondern eine lernbare Fertigkeit. Es liegt an Ihnen, ob Sie es mehr schlecht als recht machen oder ob Sie es perfektionieren.

LEISTUNG STEIGERN

»Die Welt hasst Veränderungen, obwohl es ohne sie keinen Fortschritt gibt.«
Charles F. Kettering

Mit der Pose-Methode haben Sie ein mächtiges Werkzeug an der Hand, das Ihnen auf allen Distanzen und Geschwindigkeiten helfen kann, nicht nur verletzungsfrei, sondern auch schneller zu laufen. Aber das ist kein Selbstläufer und geschieht auch nicht über Nacht. Es hängt ganz von Ihnen ab, mit wie viel Geduld und Fleiß Sie die Pose-Methode erlernen und sie zu Ihrer Einstellung einer guten Lauftechnik machen.

Wenn Sie bereits Lauferfahrung mitbringen, müssen Sie zunächst die Angst und das Unbehagen überwinden, Ihre Lauftechnik zu ändern – besonders wenn sich die »alte« Bewegung für Sie völlig »natürlich« anfühlt. Auch wenn Sie öfter mit Verletzungen kämpfen, ist die Versuchung groß, alle guten Vorsätze über Bord zu werfen, sobald die Schmerzen verschwunden sind.

Das Problem ist, dass sich Ihre Leistungen auf diese Weise nicht wesentlich verbessern werden. Wenn Sie Ihre Leistungsgrenzen (Komfortzone) wirklich durchbrechen wollen, werden Sie sich mit größeren Veränderungen anfreunden müssen. Vielleicht hilft Ihnen die Geschichte eines Weltklasseathleten dabei, eine Entscheidung zu treffen.

Im Jahr 1997 eroberte Tiger Woods die Golfwelt im Sturm. Jung und voller Energie hatte er dreimal hintereinander die amerikanischen Amateurmeisterschaften gewonnen. Als er in das Profilager wechselte, gewann er zwei seiner ersten sieben Turniere und ließ beim Masters Turnier alle anderen hinter sich – mit neuen Rekorden.

Die Medien und seine Gegner prophezeiten ihm für die nächsten 20 Jahre eine dominierende Rolle im Golfsport. Er selbst kam jedoch zu einer ganz anderen Überzeugung: Er stellte fest, dass ihm die Grundlagen fehlten, um sein Niveau über lange Zeit halten zu können. Er verließ sich in seinem Spiel zu sehr auf seine Schnelligkeit und seine Reflexe; beides Fähigkeiten, die sich mit zunehmendem Alter verschlechtern.

Anstatt seine Erfolgssträhne auszukosten, kürzte er seinen Turnierplan radikal zusammen, ging zu seinem Trainer zurück und baute sein Spiel neu auf; ein bemerkenswerter Schritt für jemanden in seiner Situation. Es dauerte nicht lange, bis sich die ersten Zweifler meldeten, ob Tiger Woods jemals wieder die Dominanz erreichen würde, mit der er den Sport erobert hatte.

Während der nächsten 18 Monate fand er, wie von ihm vorausgesagt, zu seinem Spiel zurück. Im Sommer 1999 gewann er fünf Turniere hintereinander. Er brachte damit die Bestmarke von Golflegende Byron Nelson in Gefahr. Um den Schritt zu tun, den

Tiger getan hat, brauchte es enorm viel Selbstbewusstsein und Mut. Er hat allen Zweiflern gezeigt, dass sich der Mut zu Veränderungen auszahlt. Seine späteren Erfolge bestätigten den Weg, den er 1997 eingeschlagen hat. Sein größter Erfolg war der legendäre »Tiger-Slam«, als er die vier größten Golfturniere der Welt nacheinander gewann.

Dieses Beispiel veranschaulicht die Notwendigkeit struktureller Veränderungen in der Herangehensweise an den Sport. Nur wenn Sie für Veränderungen bereit sind, können Sie Ihre Leistung auf die nächste Stufe bringen.

FREIHEIT GEWINNEN

»Freiheit ist kein Recht, sie ist eine Pflicht.«
Nikolai Berdjajew

Freiheit? Es mag Ihnen zuerst etwas seltsam vorkommen, im Zusammenhang mit Verletzungen und Lauftechnik über Freiheit zu sprechen. Doch unsere Freiheit zu laufen wird ständig durch unser tägliches Leben beschränkt. Wie viele von uns haben die psychologische Freiheit, so zu laufen, wie sie gern möchten? Leider sind es nur sehr wenige.

Die psychologische Freiheit, auf einem höheren Niveau zu laufen, steckt in jedem von uns, jedoch haben wir die Angewohnheit, uns stark einzuschränken beziehungsweise in unserem gewohnten Radius (Komfortzone) zu bleiben. Sie mögen sich sagen: »Die zehn Kilometer kann ich nicht unter 40 Minuten laufen« oder »Ich brauche kein Intervalltraining«. Damit gestalten Sie Ihre Erwartungen an sich selbst sehr komfortabel, doch gleichzeitig schränken Sie sich damit ein. Sie haben eine Entscheidung getroffen – gegen Ihre Möglichkeiten.

In der Komfortzone, die Sie sich gesteckt haben, können Sie Ihre Erwartungen erfüllen: Da die zehn Kilometer für Sie nicht unter 40 Minuten zu machen sind, sind Sie mit einer Zeit von 40:30 Minuten sehr zufrieden – Sie haben schließlich Ihre Möglichkeiten fast ausgeschöpft. Indem Sie Intervalltraining vermeiden, fühlen Sie sich beim Laufen immer gut und verlassen nie Ihre Komfortzone. Trotzdem wissen Sie tief im Inneren, dass Sie es besser machen könnten.

Natürlich werden wir in Bezug auf das Laufen nie vollkommen frei sein. Jeder von uns ist den Beschränkungen des Alltags unterworfen – Familie, Arbeit und Freunde sind ebenso wichtige Faktoren wie das Wetter und unsere Umgebung sowie die körperliche Fitness. All das definiert die Grenzen unserer Leistungsfähigkeit. Im täglichen Leben bedeutet psychologische Freiheit, den Einfluss dieser allgegenwärtigen Beschränkungen so zu gestalten, dass Sie das Beste für sich erreichen können. Dazu müssen Sie kontinuierlich an Ihrer mentalen und psychischen Einstellung zum Laufen arbeiten.

Als Erstes sollten Sie die Gründe für Ihre persönlichen Grenzen erkunden. Warum laufen Sie eigentlich? Was ist Ihre Motivation oder was hindert Sie daran? Wie bringen Sie Ihren Sport mit dem Familienleben in Einklang? Warum stellen Sie sich bei Wettkämpfen an die Startlinie? Ihre Komfortzone kann aktuelle oder weit zurückliegende Gründe haben. Auf der körperlichen Seite fühlen Sie sich vielleicht zu schwer zum Laufen oder haben Angst, dass ihre Knie die Last nicht aushalten werden. Vielleicht ist es Ihnen im Sommer zu heiß und im Winter zu kalt und schöne Laufstrecken haben Sie auch nicht vor der Haustür. In all diesen Fällen ist Wissen der Schlüssel, um diese Grenzen zu überwinden. Genaues Wissen über Ihr soziales Umfeld ermöglicht Ihnen, den Sport mit dem Familienleben zu vereinbaren. Das Wissen über die richtige Kleidung, Ernährung und Erholung erlaubt es Ihnen, bei allen Bedingungen zu laufen. Das Wissen über Ihre nähere Umgebung und Ihre Heimatstadt hilft Ihnen dabei, geeignete Trainingsstrecken zu finden.

Am allerwichtigsten ist aber das Wissen über die ideale Lauftechnik. Sie gibt Ihnen die Freiheit beim Laufen zurück. Wenn Sie Ihren Körper kennen und wissen, wie man richtig läuft, müssen Sie keine Angst vor Übertraining und Verletzungen haben. Genießen Sie die Freiheit, lange Distanzen und schnelle Intervalle zu laufen – schneller, als Sie es jemals für möglich gehalten haben.

Um Ihre Bestzeiten zu übertreffen, müssen Sie die psychologische Freiheit haben, Ihre Grenzen zu überwinden. Die Grundlage hierfür ist die ideale Lauftechnik. Aus dem Wissen, wie Sie laufen, schöpfen Sie Selbstvertrauen, um Ihre Beschränkungen abzulegen und Ihr ganzes Potenzial zu nutzen.

Wenn Sie Ihre Kraft, Schnelligkeit, Ausdauer, Flexibilität und Koordination verbessern, werden Sie auch mental viel stärker und sicherer in dem, wie Sie trainieren. So werden Sie die Angst vor langen und schnellen Läufen verlieren und die Freiheit haben, das zu tun, was Sie auf das nächste Leistungsniveau bringt. Anstatt sich vor dem Schmerz hoher Anstrengungen zu fürchten, werden Sie mit Ihrer neuen Einstellung die Erfahrung genießen, schnell und weit laufen zu können.

Mit diesem Wissen und dieser Freiheit können Sie Ihre Bestleistungen übertreffen, ohne sich dabei von Ihrem Unbewusstsein ein Bein stellen zu lassen. Es wird immer noch wehtun, aber Sie werden den momentanen Schmerz der Anstrengung vergessen und durch die Befriedigung über Ihre Leistung belohnt.

Bitte bedenken Sie immer, dass ich hier nicht über Quantensprünge rede, die wundersam über Nacht geschehen. Es ist ein allmählicher Prozess, der nur mit Durchhaltevermögen, Geduld, Konzentration und Lernbereitschaft zum Ziel führen wird. Aber wenn Sie die Pose-Methode Schritt für Schritt erlernen, werden sich mit der Zeit alle Teile wie bei einem Puzzle zusammensetzen.

KAPITEL 3

DER LERNPROZESS

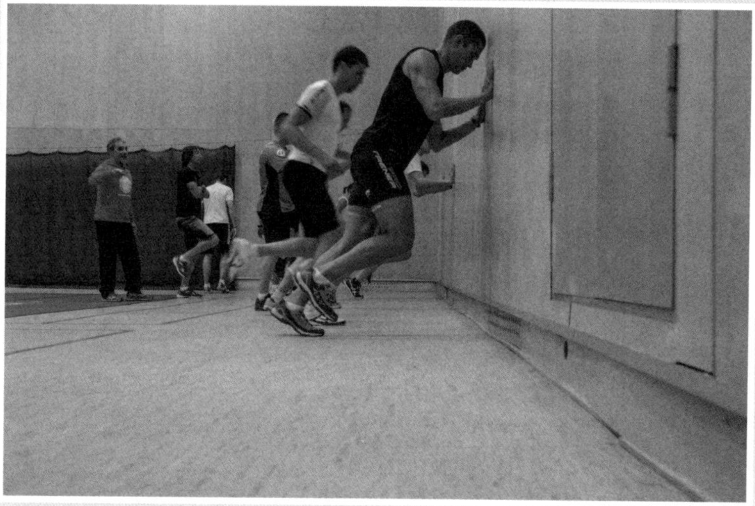

DIE FERTIGKEIT DES LAUFENS

»Übung macht den Meister.«
Sprichwort

Laufen scheint für den Menschen viel natürlicher zu sein als andere Fertigkeiten wie zum Beispiel das Klavierspiel oder das Ballett. Laufen kann jeder, Klavierspielen oder Balletttanzen müssen wir erlernen. Genau das ist aber das größte Hindernis auf dem Weg, das Laufen richtig zu lernen. Wir alle sind mit dem Krabbeln, Gehen und Laufen aufgewachsen. Laufen ist zweifelsohne die schnellste dieser Fortbewegungsarten – so gesehen sind wir darin erfolgreich. Im Gegensatz dazu kann vielleicht jeder auf den Klaviertasten herumklimpern, aber das Ergebnis hat mit Musik nicht viel zu tun. Das Gleiche gilt für das Tanzen – die Unterschiede zum Laufen sind offensichtlich.

Die jedem Menschen naturgegebene Fähigkeit zu laufen verschleiert die Tatsache, dass es auch hierbei ein besonderes Talent dazu gibt, richtig zu laufen. Tatsächlich ist es eine Fertigkeit wie jede andere Bewegung auch, die trainiert und perfektioniert werden kann. Laufen ist mehr als nur eine Abfolge von richtig ausgeführten Bewegungen. Es ist wie das Klavierspielen oder das Balletttanzen Ausdruck unserer anatomischen, physiologischen, psychoemotionalen, mentalen und spirituellen Verfassung.

Der Begriff »Technik« hat seinen Ursprung im griechischen Wort *téchnē*, das so viel wie Kunst oder Können bedeutet. Die Technik einer Bewegung ist also das Können oder die Kunst, die Bewegung auszuführen. Sie existiert nie im luftleeren Raum, sondern trägt als menschliche Handlung alles in sich, was das Menschsein ausmacht.

Wir erlernen im Laufe unseres Lebens viele Bewegungen, die wir unter normalen Umständen, ohne auch nur einen Gedanken an sie zu verschwenden, abrufen können. Diese Leichtigkeit ist jedoch sehr sensibel gegenüber äußeren Einflüssen. Denken Sie nur an Ihre Unterschrift: Viele Menschen versehen sie mit einer gewissen künstlerischen Note und können diese völlig automatisch immer wieder reproduzieren. Wenn Sie jedoch ein besonders wichtiges Dokument unterschreiben sollen, zum Beispiel einen großen Kreditvertrag oder eine Heiratsurkunde, spielen Ihnen die Emotionen einen Streich und machen die Unterschrift zu einer Zitterpartie. Ein Pianist kann in jeder Probe perfekt spielen und in der Aufführung Fehler machen; ein Basketballspieler versenkt möglicherweise 100 Freiwürfe hintereinander, vergibt aber den einen, mit dem er die Meisterschaft entscheiden könnte; ein Eiskunstläufer kann seine Choreografie im Training perfekt beherrschen und im olympischen Wettkampf versagen.

All diese Beispiele sollen Ihnen veranschaulichen, dass die Beherrschung einer Bewegung – einer Technik – mehr ist als das stupide Wiederholen eines auswendig gelernten Bewegungsmusters.

Vielmehr drücken wir durch die Bewegung all das aus, was uns als Menschen ausmacht. Der Pianist betätigt nicht nur die Tasten, die Beherrschung der Technik erlaubt es ihm, sein eigenes Verständnis der Musik und das des Komponisten auszudrücken.

Laufen ist zwar auf den ersten Blick keine so kreative Tätigkeit wie das Klavierspielen, dennoch ist es auch ein Weg des Menschen, sich auszudrücken, und erfordert eine perfekte Technik jenseits der mechanischen Bewegungen. Genau wie das Tanzen hat das Laufen seinen eigenen Rhythmus und seine eigene Schönheit und geht damit weit über die bloße Bewegung der Beine hinaus. Es bekommt eine künstlerische Dimension.

DENKEN, SEHEN, FÜHLEN

»All unser Wissen hat seinen Ursprung in unserer Wahrnehmung.«
Leonardo da Vinci

Menschen lernen auf ganz unterschiedliche Weise: Manche lernen besser über das intellektuelle Verständnis, andere dagegen durch Visualisierung, praktisches Ausprobieren oder Erfühlen der Bewegung. Jeder von uns greift auf all diese unterschiedlichen Wege zurück, aber jeder setzt dabei andere Prioritäten. Egal, welcher Lerntyp Sie sind, die Herausforderung bleibt die gleiche: Sie müssen das Konzept der Pose-Methode in der Praxis umsetzen und dafür ein hohes Maß an Bewusstsein für alle Facetten der Laufbewegung entwickeln.

Das Bewegungslernen findet in der Praxis hauptsächlich durch eine ganze Reihe spezieller Übungen (sogenannter Drills) statt. Genauso wichtig ist aber, dass die ideale Lauftechnik ein Teil Ihrer Gedanken, Bilder und Gefühle wird. Sie sollten wissen, verstehen und fühlen, was Sie tun sollten, aus welchem Grund und letztendlich auf welche Art und Weise. Ich will ehrlich sein – das wird nicht einfach werden.

Für den intellektuellen Lerntyp werde ich die Logik erklären, durch die sich die Teile zu einem Ganzen verknüpfen. In einer Art Bedienungsanleitung für das Laufen wird jeder Schritt genau erklärt und mit wissenschaftlichen Erklärungen untermauert. Den visuellen Lernern verdeutliche ich die Bewegungsabläufe mit geeigneten Bildern. Und denen, die eine Bewegung am besten gefühlsmäßig erfassen, beschreibe ich die damit verbundenen Sinneseindrücke auf anschauliche Weise: in Bezug auf Raum, Zeit, Balance und Muskelanspannung. Wie gut Ihr Gefühl für Zeit, Raum und Balance ist, können Sie mit den folgenden kleinen Experimenten testen.

Für den ersten Versuch brauchen Sie nur eine Stoppuhr: Versuchen Sie, sie blind nach fünf Sekunden anzuhalten. Wie genau schaffen Sie das?

Für das nächste Experiment brauchen Sie einen Partner: Schließen Sie die Augen und bitten Sie die zweite Person, ihre Fingerspitzen locker auf Ihren Unterarm zu legen. Versuchen Sie zu spüren, wie viele Finger auf Ihrem Arm liegen. Ihre Antworten werden Sie erstaunen.

Als Letztes testen Sie noch Folgendes: Begeben Sie sich in eine Position wie in Übung 2 auf Seite 55 dargestellt (Pose-Position, einbeinig) und versuchen Sie, das Gleichgewicht zu halten, vielleicht sogar mit geschlossenen Augen. Gar nicht so einfach, nicht wahr?

Mit diesen Experimenten will ich Ihnen demonstrieren, dass wir alle mit unterschiedlich guten Fähigkeiten und Fertigkeiten ausgestattet sind, Unterschiede in Zeit, Raum und Balance wahrzunehmen. Aus diesem Grund bringt auch jeder Mensch andere Voraussetzungen mit, um eine neue Fertigkeit wie die ideale Lauftechnik zu erlernen. Genau wie ein Musiker, der eine außergewöhnlich gute Wahrnehmung für den Klang und den Rhythmus hat, müssen Sie als Läufer ein ebenso hohes Maß an Bewusstsein für Ihre Bewegungen entwickeln. Wir nehmen unseren Körper meist sehr selektiv und diffus wahr. Die meisten Läufer achten nur auf zwei Dinge: die Geschwindigkeit und die Anstrengung (zum Beispiel über die Herzfrequenz). Ansonsten sind ihre Gedanken irgendwo anders oder werden gerne auch durch Musik etc. abgelenkt.

Schulen Sie Ihre Wahrnehmung, um sich auf spezifische Details der Bewegung konzentrieren zu können. Das ist der Schlüssel, um uns unserer Bewegungen bewusst zu werden. Schärfen Sie Ihre Sinne, fokussieren Sie sie auf das Wesentliche und lassen Sie alles andere außen vor. So können Sie die Wahrnehmung für Ihre Bewegungen erhöhen.

Mit den Drills schulen Sie die Wahrnehmung Ihrer Bewegung. Dieser Prozess sollte nach einigen Richtlinien strukturiert werden, die Sie am Ende dieses Kapitels kennenlernen werden.

DER BESTE ZEITPUNKT

»Zum Lernen ist es nie zu spät!«
Sprichwort

Das Erlernen der Pose-Methode ist für die meisten Läufer eine große Umstellung, unabhängig von Erfahrung und Können. Das wöchentliche Kilometerpensum und regelmäßige Wettkämpfe sind für viele Läufer sehr wichtig. Sie könnten schnell in Versuchung geraten, die Technik zu vergessen, um einen langen Lauf oder ein Rennen zu bewältigen. Daher ist es immer am einfachsten, wenn Sie nach der Saison mit der Umstellung auf die Pose-Methode beginnen.

Ihre Lauftechnik hat sich durch millionenfache Wiederholung tief eingeprägt. Die alte Weisheit »Fahrrad fahren verlernt man nie« trifft auch auf das Laufen zu. Auch wenn sich Ihre Lauftechnik ohne gezielte Anleitung entwickelt hat, ist sie nun ein Teil von Ihnen geworden, so einzigartig wie Ihre Unterschrift. Wenn Sie versuchen, diese Technik zu ändern, müssen Sie sich im Klaren darüber sein, dass jeder besonders harte oder lange Lauf wieder Ihre alten Bewegungsmuster auf den Plan ruft. Je müder Sie werden, desto stärker wird dieser Effekt. Wenn Sie weiterlaufen, wird Ihre Gewohnheit siegen. Das steht im Konflikt zu Ihren Bemühungen, die Pose-Methode als neue Lauftechnik zu erlernen.

Für viele Läufer ist das schwierig zu akzeptieren. Besonders Sportler, die in Wettkämpfen aktiv sind, haben Angst davor, ihre Kondition zu verlieren, wenn sie nicht das gewohnte wöchentliche Kilometerpensum absolvieren. Aber diese Angst ist unbegründet. Zuerst sollte man sich fragen, was physische Kondition überhaupt ist. Aus der Forschung ist bekannt, dass die maximale Sauerstoffaufnahmefähigkeit in acht bis zwölf Wochen entwickelt werden kann und danach auf dem gleichen Niveau bleibt.[11] Die Geschichten von Athleten, die nach einer langen Verletzungspause mit nur wenigen Wochen oder Monaten Training neue persönliche Bestleistungen aufgestellt oder wichtige Wettkämpfe gewonnen haben, sind zahlreich und allseits bekannt.

Der zweite Grund gegen die Angst vor dem Konditionsverlust ist folgender: Viele Athleten, die häufig trainieren, akzeptieren wie selbstverständlich die große Gefahr, sich zu verletzen und medizinische Behandlungen oder sogar Operationen über sich ergehen zu lassen.[12] Viele Wochen der Rehabilitation, in denen sie nicht laufen können, werden hingenommen. Die Sportler nennen es Pech oder Teil des Spiels.

Zu guter Letzt sind die Drills und die vielen kurzen Läufe, die Sie auf dem Weg zur Pose-Methode absolvieren werden, ein gutes physisches Training. Kraft und Schnelligkeit verbessern sich und damit wird die Grundlage gelegt, auf deren Basis Sie später Ihr Potenzial ausspielen können. Gleichzeitig legen Sie den Grundstein, um Verletzungen zukünftig aus dem Weg zu gehen.

LEITFADEN ZUR POSE-METHODE

»Menschen lernen beim Unterrichten.«
Lucius Seneca

Auf dem Weg zur Pose-Methode wird Ihnen immer wieder ein Paradoxon begegnen, das in der Natur des Menschen liegt: Die Pose-Methode ist an sich sehr einfach, doch unser bewusster Geist macht sie oft kompliziert. Selbstreflexion, Zweifel und Ängste können Ihnen viele Stolpersteine in den Weg legen. Sie sollten auf diesem Weg einige Regeln beherzigen, um diesen Hindernissen möglichst aus dem Weg zu gehen.

1. Zuerst sollten Sie die Philosophie der Pose-Methode verstehen: Laufen ist eine Fertigkeit, die Sie erlernen müssen – in der Theorie wie in der Praxis. Es ist eine lebenslange Aufgabe und nichts, was von heute auf morgen geschieht. Dieser Lernprozess erfordert Engagement und Geduld. Leider zeigt die Praxis, dass sich viele Sportler nach einer Präsentation oder nur einer Trainingsstunde selbst überschätzen und sogar versuchen, die Pose-Methode anderen Athleten beizubringen. Denken Sie nur mal an eine relativ einfache Tätigkeit wie das Autofahren. Stellen Sie sich vor, Sie haben noch niemals hinter dem Steuer gesessen und jemand erklärt Ihnen in fünf Minuten, wie es theoretisch funktioniert. Damit werden Sie nicht sehr weit kommen – genauso ist es bei der Pose-Methode.

2. Nutzen Sie alle zur Verfügung stehenden Mittel, um die Pose-Methode intellektuell zu verstehen: Studieren Sie dieses Buch und besuchen Sie die Webseite www.posemethod.com mit ihren vielen Artikeln und dem Forum unter www.facebook.com/groups/runningforum/, wo Sie Antworten auf viele Ihrer Fragen finden. Viele Läufer sowie Trainer, die wahrscheinlich die gleichen Schwierigkeiten wie Sie durchlebt haben, können Ihnen hier mit Rat und Tat zur Seite stehen.

3. Nehmen Sie an einem Pose-Method®-Kurs teil oder arbeiten Sie mit einem ausgebildeten Coach zusammen, wenn Sie die Möglichkeit dazu haben. Das ist der effizienteste Weg, um die Pose-Methode richtig zu erlernen. Im Gegensatz zum herkömmlichen Training, bei dem Ihnen Strecke, Geschwindigkeit und Herzfrequenz vorgegeben werden, vermitteln wir Ihnen die ideale Lauftechnik.

4. Hören Sie vollständig mit Ihrem gewohnten Lauftraining auf. Konzentrieren Sie sich auf die Drills der Pose-Methode, die Sie im weiteren Verlauf dieses Buches kennenlernen werden und die Ihnen Ihr Pose-Coach zeigt. Ihr Training besteht zunächst aus diesen Drills, gefolgt von kurzen Läufen bis zu 30 Metern, die Sie immer wieder mit kontrollierter Technik ausführen können. Ihr Bewusstsein für die ideale Lauftechnik wird durch diese Übungen geschult. Starten Sie nicht zu längeren Läufen, wenn Sie Ihre Technik

und Ihre Wahrnehmung dafür nicht unter Kontrolle haben. In dieser Phase ist es sehr wichtig, die Bewegungen präzise auszuführen. Wenn Sie die einzelnen Elemente der Pose-Methode nicht mehr koordinieren können, legen Sie eine Pause ein und sammeln Sie Ihre Gedanken, bevor Sie es noch einmal probieren. Erwarten Sie nicht, morgen Ihr bestes Rennen zu laufen, wenn Sie heute erst mit der Pose-Methode begonnen haben. Geben Sie sich Zeit und lernen Sie sie mit einem offenen Geist. Die Pose-Methode ist keine Zauberformel. Ihr Erfolg hängt wie bei jeder neuen Fertigkeit, die Sie lernen, von Ihren persönlichen Voraussetzungen und Ihrer Hingabe und Geduld ab.

5. Verbessern Sie Ihre Flexibilität und Ihre Kraft mit den Übungen aus dem fünften Kapitel, um die ideale Lauftechnik über immer längere Strecken aufrechterhalten zu können. Spezifische Übungen verbessern Ihre Flexibilität und Muskelelastizität, entwickeln die spezifischen Kraftvoraussetzungen und trainieren den ganzen Körper, um immer schneller und weiter laufen zu können.

6. Besprechen Sie Fragen, Schwierigkeiten oder Probleme, die in Ihrem Lernprozess auftreten, mit Ihrem Pose-Coach oder nutzen Sie die Video-Serie auf der Webseite http://video.posemethod.com, um weitere theoretische und praktische Anleitungen zu lernen.

Wenn Sie keine Möglichkeit dazu haben, mit einem Pose-Coach zu arbeiten, dann bleibt Ihnen nichts anderes übrig, als selbst eine Doppelrolle zu spielen: die des Lehrers und des Schülers. In diesem Fall sollten Sie den Anweisungen in diesem Buch folgen und sich selbst möglichst regelmäßig auf Video aufnehmen, um ein gutes Bild von Ihrer Lauftechnik zu bekommen. Sie können diese kurzen Videos auch auf die Facebook-Seite stellen oder Sie einem Pose-Coach schicken, um eine Rückmeldung zu Ihren Fortschritten zu bekommen. Beachten Sie die Richtlinien dieses Leitfadens, um das Verletzungsrisiko zu vermeiden und Ihre Ziele mit der Pose-Methode zu verwirklichen.

KAPITEL 4

DIE THEORIE

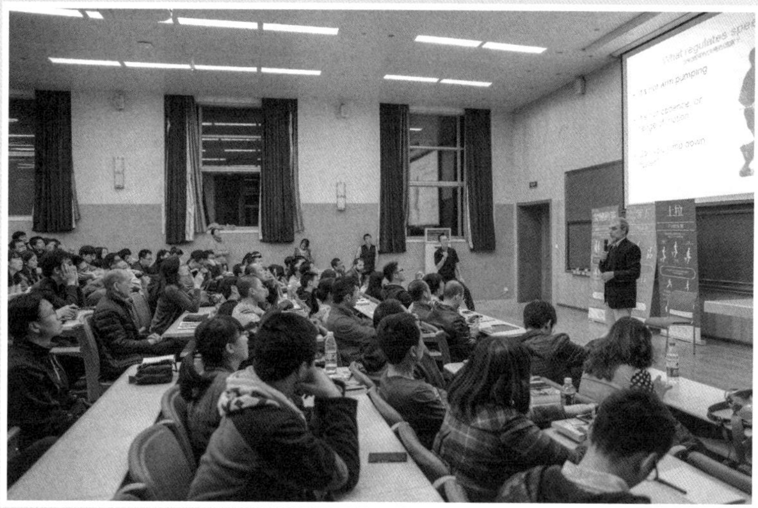

GRUNDLAGEN

»Sich alles gleichzumachen, ist ein großes Prinzip der Natur. Nur verschlingt die größere Kraft die andere.«

Johann Wolfgang von Goethe

Bevor ich Ihnen die Theorie des Laufens mit der Pose-Methode vorstelle, möchte ich Ihnen zuerst einige grundlegende Prinzipien der Interaktion zwischen Mensch und Natur erläutern. Welche Kräfte sind dabei beteiligt? Wo kommen sie her und wie können wir sie zu unserem Vorteil nutzen?

Wenn wir über Kräfte beim Laufen sprechen, kommen Ihnen wahrscheinlich als Erstes die Muskeln in den Sinn. Sie spielen zweifelsohne eine wichtige Rolle in der Interaktion zwischen Mensch und Natur, aber allein sind sie machtlos, da sie nur ein Element dieses Gesamtsystems darstellen. Was sind also die anderen Elemente?

Unser Leben auf der Erde wird von einer Kraft dominiert, die so allgegenwärtig ist, dass wir sie und ihren Einfluss auf unser Leben oft vergessen: von der Schwerkraft. Die Schwerkraft zieht jeden Körper mit einer Beschleunigung von $g = 9{,}81\ m/s^2$ in Richtung Erdmittelpunkt, unabhängig von Form oder Masse. Sie wirkt sich gleichermaßen auf alle Menschen aus, egal ob jung oder alt, Mann oder Frau, schlank oder kräftig.

Wenn wir uns mit der Schwerkraft beschäftigen, kommen wir nicht umhin, uns auch mit den Begriffen »Gewicht« und »Masse« auseinanderzusetzen. In unserer Alltagssprache werfen wir diese beiden Dinge oft wild durcheinander, aber physikalisch gesehen müssen sie voneinander unterschieden werden. Die Masse ist eine universelle Eigenschaft jedes Körpers, überall und jederzeit. Sie ist nicht an unsere Existenz auf der Erde beziehungsweise an die Gravitation der Erde gebunden. Astronauten im Weltall besitzen immer noch die gleiche Körpermasse wie hier auf der Erde, aber sie haben kein Gewicht mehr. In der Physik wird das Körpergewicht in Newton gemessen, es berechnet sich aus Körpermasse mal Beschleunigung der Schwerkraft: $Fg = m \times g$. Im Weltall existiert diese Beschleunigung jedoch nicht: Der Körper verliert sein Gewicht.

Die nächste Frage, mit der wir uns beschäftigen müssen, ist: Wie nehmen wir unser Körpergewicht wahr? Die Gleichung $Fg = m \times g$ ist eine schöne Beschreibung aus dem Physikbuch, aber unser Körper kann mit dieser Information nichts anfangen. Und trotzdem fühlen wir unser Gewicht. Dafür muss jedoch etwas der Beschleunigung der Schwerkraft entgegenwirken. Ein Fallschirmspringer, der aus dem Flugzeug springt und frei fällt, fühlt sein Gewicht nicht. Erst durch einen Support (= Stützfläche) wird es als Druck auf die Körperteile wahrnehmbar, auf denen das Gewicht ruht. Beim Laufen ist dies der Boden, dort ist das Körpergewicht als Druck auf dem Fuß zu spüren.

Mit dem Boden unter den Füßen kommen die Muskeln als verbindende Elemente zwischen dem Körpergewicht und dem Support ins Spiel. Die Kontraktion der Muskeln ist die Konsequenz der zuvor dargestellten Abfolge. Ohne Support ist die Muskulatur ziemlich nutzlos.

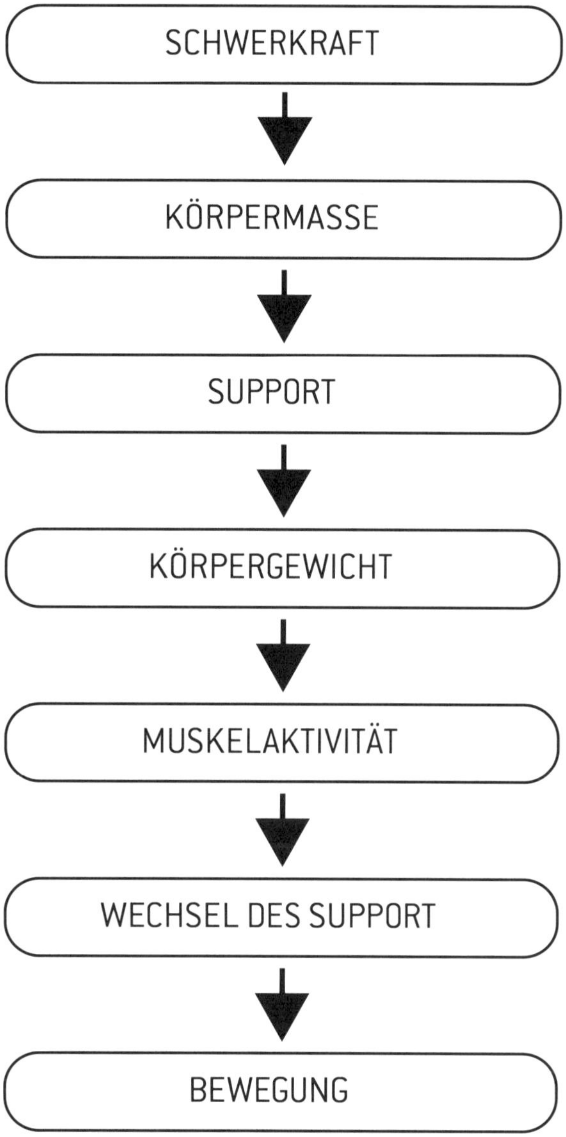

Was bedeutet es also von diesem Standpunkt aus gesehen, Kraft auf etwas auszuüben? Es ist die Anwendung unseres Körpergewichts auf den Punkt des Supports. Die Muskeln unterstützen diesen Prozess. Müssen sie diese Aufgabe nicht erfüllen, zum Beispiel bei einem langen Aufenthalt im Weltraum, nimmt die Muskelmasse dramatisch ab – sie werden schlicht und einfach kaum gebraucht, da es im Weltraum kein Körpergewicht gibt, das irgendwo eingesetzt werden müsste. Astronauten, die nach langer Zeit wieder auf die Erde zurückkehren, können deshalb kaum stehen, geschweige denn laufen.

Die Wahrnehmung des Körpergewichts auf dem Fußballen (BOF = Ball of foot) ist der Schlüssel dafür, die Schwerkraft effizient zu nutzen. Wenn Sie keine oder nur eine schlecht entwickelte Wahrnehmung des Körpergewichts haben, arbeiten die Muskeln nicht richtig beziehungsweise ineffizient. Diese beiden Elemente – die Wahrnehmung des Körpergewichts und die Arbeit der Muskeln – sind auf einer tiefen biologischen Ebene eng miteinander verknüpft. Daran können Sie nichts ändern, aber Sie können Ihre Wahrnehmung immer weiter verfeinern und damit Ihre Fertigkeiten zur Interaktion mit der Natur nahezu endlos steigern. Das ist die Quelle Ihrer größten Entwicklung – nicht nur beim Laufen, sondern in jeder Bewegung.

DIE DREIHEIT DES LAUFENS

»Alles sollte so einfach gemacht werden wie möglich … aber nicht einfacher.«
Albert Einstein

Die Idee der Pose-Methode ist eine einfache Dreiheit von Elementen: Pose, Fall und Pull. Jedes Element dieses Dreiecks verkörpert eine spezifische Funktion in der Laufbewegung als Ganzes – als System –, die eng mit den anderen Elementen verknüpft ist. Diese Interaktion hat immer die gleiche Struktur, egal ob Sprint oder Langstrecke, Anfänger oder Spitzenathlet, Triathlon oder Marathon, Trail oder Ultra: Die Bewegung beginnt in der Laufpose, von hier aus fallen Sie vorwärts und ziehen den Fuß schnell unter die Hüfte, um den Support auf das andere Bein zu wechseln und den Zyklus von vorn zu beginnen. Diese Abfolge wird uns von der Natur diktiert, die Schwerkraft ist das alles bestimmende Element in dieser Gleichung.

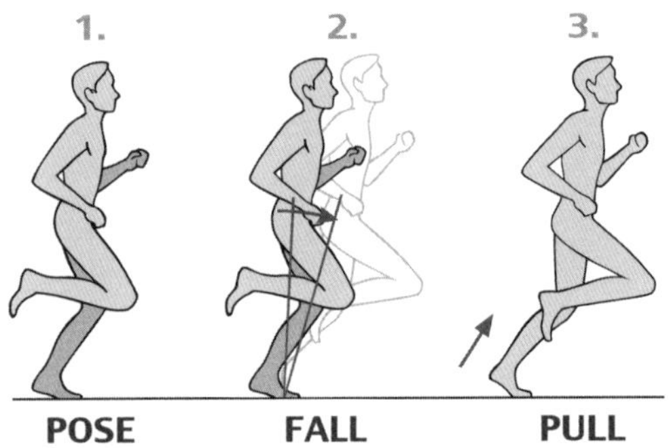

Die Laufpose (Pose)

Bei jeder Bewegung in Raum und Zeit durchläuft der Körper unzählig viele Positionen. Die meisten davon sind vorübergehende Momente, also das Ergebnis und nicht die Ursache richtiger Bewegungen. Die Laufpose dagegen ist die Position, welche die Biomechanik der vorherigen und der nachfolgenden Bewegungen maßgeblich bestimmt und somit für einen idealen Bewegungsablauf verantwortlich ist. Diese Position bildet die Grundlage des Laufens mit der Pose-Methode. Sie zeichnet sich durch drei Eigenschaften aus: Balance, Kompaktheit und Elastizität.

In der Laufpose befinden Sie sich im Gleichgewicht über dem Support. Kopf, Schultern, Hüfte und Fußballen, auf dem das Körpergewicht ruht, liegen alle auf einer geraden Linie. Die Ferse des Stützfußes berührt den Boden leicht; das Gewicht ruht immer auf dem Fußballen (nicht auf den Zehen!). Mit dieser ausbalancierten Position vermeiden Sie unnötige Ausgleichsbewegungen. Darum wird am Anfang so viel Wert auf das Erlernen der Laufpose gelegt. Genau wie Eiskunstläufer viel Zeit mit dem Erlernen von Basisfiguren verbringen, bevor sie Drehungen und Sprünge üben, sollten Sie zuerst die Laufpose in ihrer Einfachheit beherrschen, bevor Sie sich mit der Komplexität der ganzen Bewegung auseinandersetzen.

Der Körper befindet sich in einer federartigen, s-förmigen Position, die die optimale Nutzung der Elasti-

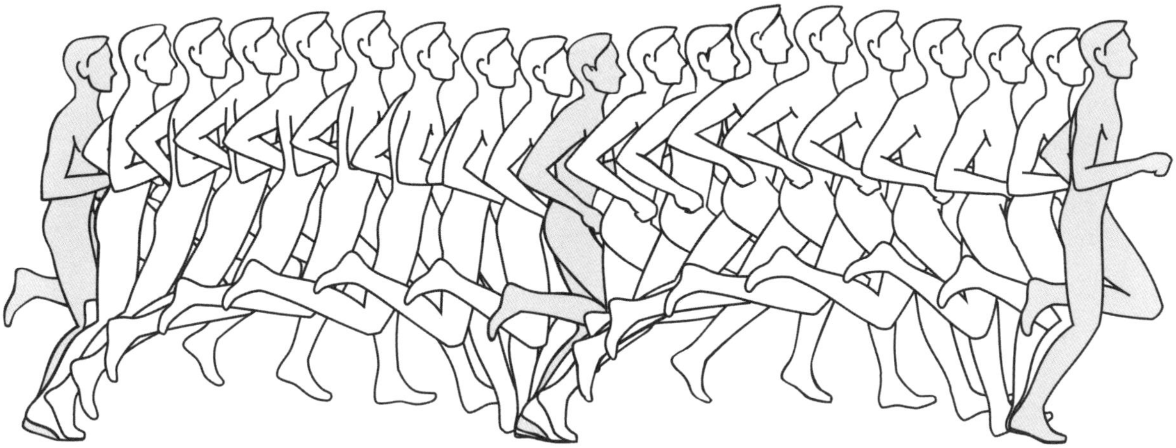

Die Laufbewegung als Abfolge von Posen (die grauen Bilder kennzeichnen die Laufpose)

zität unserer Muskeln und Faszien erlaubt. Denken Sie an einen Gepard auf der Jagd nach Beute: Stoppen Sie die Bewegung in Gedanken in dem Augenblick, wenn alle vier Pfoten direkt unter seinem Körper sind und er jeden Moment in den nächsten Schritt schnellen wird. Das ist die Laufpose des Geparden. Die menschliche Laufpose ist auf ihre Weise genauso mit Energie geladen, genauso bereit, in den nächsten Schritt vorwärtszufallen.

Wie fühlt sich die Laufpose an? Sie sind zentriert, im Gleichgewicht und entspannt. Wenn Sie die Laufpose nicht beherrschen, müssen Sie ständig kleine Ausgleichsbewegungen nach rechts und links, nach vorn und nach hinten machen, um das Gleichgewicht zu halten – dabei verschwenden Sie Energie. Sie sollten das Gefühl haben, den ganzen Tag in dieser Position stehen bleiben zu können, jederzeit bereit, schnell und mühelos vorwärtszufallen.

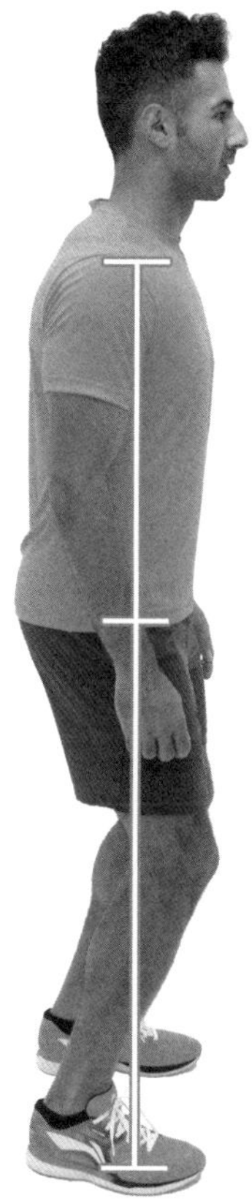

Der Körper ist an einer geraden Linie ausgerichtet, das Hauptgewicht ruht auf den Fußballen und die Fersen berühren leicht den Boden.

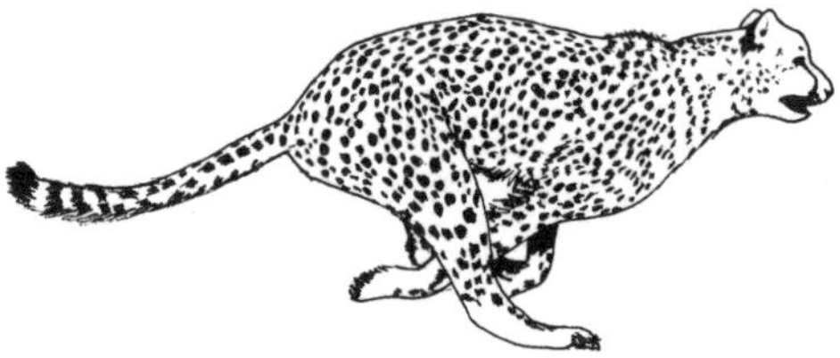

Laufpose des Geparden

Das Fallen (Fall)

Die Laufpose führt bildlich gesprochen an den Rand eines Abgrunds, ähnlich einem Ball an der Tischkante, kurz bevor er fällt – und im nächsten Moment ist es schon geschehen. Die Laufpose ist fest, aber das Resultat ist Bewegung. Bewegung entsteht beim Übergang vom Gleichgewicht zum Ungleichgewicht. Wenn wir uns aus dem Gleichgewicht mit dem Körperschwerpunkt nach vorn lehnen, »erfasst« uns die Schwerkraft und wir fallen nach vorn.

Die Schwerkraft begleitet uns 24 Stunden am Tag. Sie bestimmt seit unserer Geburt maßgeblich unsere physische Entwicklung und beeinflusst jede unserer Bewegungen. Obwohl oder gerade weil die Schwerkraft so allgegenwärtig ist, verwenden wir keine Zeit darauf, sie besser zu verstehen und anzuwenden. Für uns existiert sie einfach – wir denken nicht viel darüber nach. Die Schwerkraft ist jedoch für alle Bewegungen von so großer Bedeutung, dass man fast sagen könnte: Laufen, ohne die Schwerkraft zu verstehen, ist wie Segeln, ohne den Wind zu kennen.

Wir können die Schwerkraft nutzen, um vorwärtszukommen, wie ein Segler, der den Wind einfängt. Es ist nicht die Kraft des Seglers, die das Boot antreibt; es ist sein Können, den Wind einzufangen. Beim Laufen ist es Ihr Können, das die Schwerkraft optimal in eine horizontale Bewegung umsetzt – es bestimmt, wie weit und wie schnell Sie vorankommen.

Die Bedeutung der Schwerkraft für unsere Bewegungen ist oft in Vergessenheit geraten, das Konzept an sich ist aber nicht neu. Bereits im 15. Jahrhundert hat niemand Geringerer als der berühmte Renaissancemaler Leonardo da Vinci die Bedeutung der Schwerkraft für die Bewegung beschrieben: »Bewegung entsteht durch das Aufgeben von Balance – nichts kann sich bewegen, solange es im Gleichgewicht ist, und das, was am weitesten von diesem Zustand entfernt ist, bewegt sich am schnellsten.« Er fügte hinzu: »Von den Tieren erscheint dasjenige am schnellsten, das die größte Bereitschaft hat, nach vorn zu fallen.«[13]

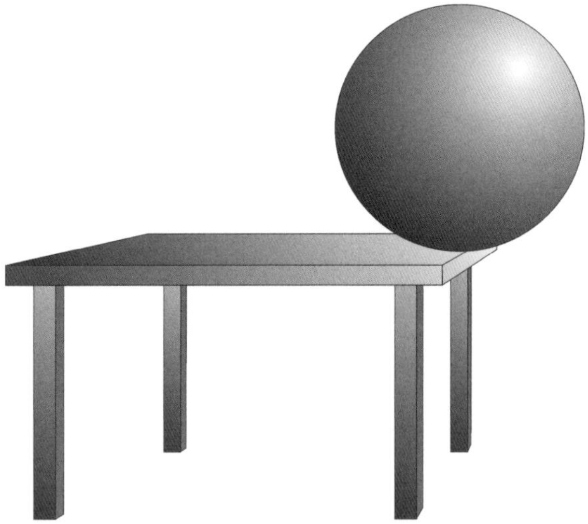

Bereit zum Fallen

Ihre Bereitschaft zum Fallen nach vorn wirkt sich unmittelbar auf Ihre Geschwindigkeit aus. Mit anderen Worten: Die ideale Lauftechnik ist die Kunst, den Körper frei fallen zu lassen. Die beste Voraussetzung dafür ist ein labiles Gleichgewicht[14] wie in der Laufpose – das hat bereits Leonardo da Vinci gewusst. Loslaufen ist so einfach wie sich vorwärtsfallen zu lassen!

Das Ziehen (Pull)

Ihre Laufgeschwindigkeit wird dadurch bestimmt, wie gut Sie es verstehen, die Schwerkraft zu nutzen. Dafür wechseln Sie ständig den Support von einem Bein zum anderen, um den Zyklus Pose – Fallen – Ziehen (Pose – Fall – Pull) immer wieder zu reproduzieren.

Wenn Sie einmal genauer darüber nachdenken, werden Sie feststellen, dass jede Bewegung als Wechsel des Supports von einem zum nächsten Punkt beschrieben werden kann. Ein Hund rennt, indem er seinen Support von Pfote zu Pfote verlagert. Eine Schlange, die sich mit erstaunlicher Geschwindigkeit über den Boden schlängeln kann, wechselt den Support von einem Punkt zum nächsten entlang ihres Körpers. Sogar Vögel in der Luft und Fische im Wasser wechseln ihre Support-Punkte, um sich in ihrem Medium vorwärtszubewegen.

Und was tun wir beim Laufen? Wir wechseln den Support von einem Bein zum anderen (CoS oder Change of Support) – ganz einfach. Dieser Wechsel wird eingeleitet, indem Sie Ihren Standfuß (Support) gerade unter der Hüfte nach oben ziehen. Für diese Bewegung ist die große Muskelgruppe der Hamstrings[15] verantwortlich. Ihr Impuls löst den Fuß vom Boden und gibt ihm die richtige Bewegungsrichtung: direkt unter die Hüfte.

Und auf genau diese einfache Bewegung sollten Sie sich auch konzentrieren: den Fuß unter der Hüfte hochzuziehen mithilfe der Hamstrings, nicht der Hüftbeuger (also kein Knieheben). An die Streckung des Standbeins sollten Sie aus zwei Gründen keine Gedanken verschwenden: Erstens soll die vertikale Auf-und-Ab-Bewegung des Körperschwerpunktes möglichst klein bleiben – es geht nicht darum, nach oben zu springen beziehungsweise sich abzustoßen. Ein Zuviel dieser Bewegung kostet Sie eine Menge Energie und ist völlig nutzlos für die Vorwärtsbewegung. Jeder Versuch, aktiv die Hüfte und das Bein zu strecken, führt zu einer zu starken Bewegung nach oben.

Zweitens sollten Sie gerade nicht daran denken, mit den Beinen zu laufen, sondern mit dem ganzen Körper. Trotzdem versuchen viele Läufer immer wieder, sich durch eine kraftvolle Streckung des Standbeins abzudrücken (Push-off) oder mit dem vorderen Bein nach dem Boden »zu greifen«. Sie glauben, ihren Schritt nach vorn verlängern zu können, um sich dann mit einer ziehenden Bewegung vorwärtszukatapultieren (Paw-Back). Viele Trainer aus der Leichtathletik verfechten diese verletzungsträchtige Technik, obwohl Nikolai A. Bernstein, einer der größten Wissenschaftler in Russlands Geschichte, schon im Jahr 1937 in seinen Studien festgestellt hat, dass diese Bewegungen nichts zum Laufen beitragen.[16] Trotzdem unterliegen immer noch viele Athleten diesen Illusionen. Das Hochziehen der Füße unter die Hüfte ist die einzig sinnvolle Aktion beim Laufen. Dieses Kommando sollten Sie immer im Kopf behalten.

Pose, Fallen, Ziehen (Pose, Fall, Pull)

Aus diesen drei Komponenten besteht die Laufbewegung. Alles beginnt mit der Laufpose. Von dort aus fallen Sie vorwärts und ziehen im selben Moment den Fuß gerade unter der Hüfte vom Boden nach oben. In dem Moment, in dem die Ferse des Support-Fußes vom Boden gelöst wird, ist die Laufpose beendet und der Körper beginnt zu fallen. Die Schwerkraft für das Fallen nach vorn wird nur so lange genutzt, bis der Fuß des Schwungbeins nach vorn pendelt und die Knielinie des Support-Beins verlässt. Danach befindet sich der Läufer in der Flugphase und wechselt den Support, bis der andere Fuß den Boden wieder berührt und der Zyklus mit der Laufpose von vorn beginnt.

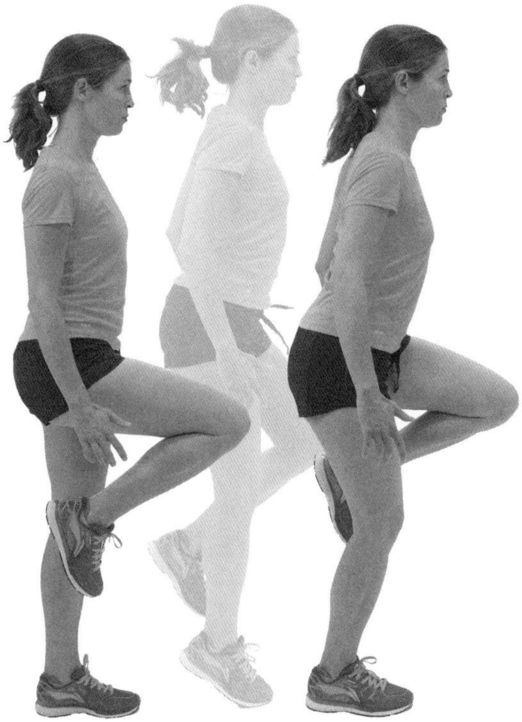

Der Fuß wird unter der Hüfte hochgezogen, um den Support zu wechseln.

Diese Elemente repräsentieren die unveränderbare Struktur der Biomechanik des Laufens und weisen uns gleichzeitig einen Weg, sie zu unterrichten. Perfektion im Laufen ist die Perfektion dieser drei Elemente und ihrer Beziehungen in Raum und Zeit. Geschwindigkeit und Ausdauer beim Laufen werden durch die Fähigkeit bestimmt, den Zyklus zu reproduzieren: so häufig und so lange wie möglich.

FASZIENELASTIZITÄT

»Die Natur kreiert nichts ohne Bedeutung.«
Aristoteles

Wenn Sie sich schnell laufende Tiere ansehen, werden Sie feststellen, dass die Läufe in allen Gelenken gebeugt bleiben – so kann die Elastizität der Faszien optimal genutzt werden. Die s-förmige Laufpose erinnert an diese Formgebung. Durch ihre elastischen Eigenschaften speichern Faszien Energie, wenn sie gedehnt werden, und ziehen sich danach wie eine Feder wieder zusammen. Um eine möglichst effiziente Bewegung durchführen zu können, sollten die Muskeln nicht bewusst angespannt werden, nur dann können sie effektiv arbeiten. Wenn Sie einen Hund oder eine Katze haben, können Sie das folgende kleine Experiment machen: Versuchen Sie, einen Hinterlauf vollständig zu strecken; es wird Ihnen nicht gelingen. Die Natur hat es so eingerichtet, dass die Läufe immer gebeugt bleiben. Ertasten Sie, mit einem Finger die Oberschenkelmuskulatur des Hinterlaufs. Die Muskeln fühlen sich weich und durchlässig an, Sie können Ihren Finger fast bis auf den Knochen drücken, ohne dass dies dem Tier irgendwelche Schmerzen bereitet.

In den Medien wird uns oft das Bild von steinharten Muskeln als Zeichen von Stärke vermittelt – das Gegenteil ist wahr. Ein steinharter Muskel ist zu sehr mit hartem Bindegewebe durchsetzt – flexible und entspannte Muskeln dagegen können am effektivsten arbeiten. Das erklärt unter anderem, warum Massage und Beweglichkeitsschulung wichtige Bestandteile des Trainingsalltags sind. Geschmeidige Muskeln haben einen maßgeblichen Einfluss auf Ihre Laufleistungen.

Um bei dem Haustier zu bleiben: Werfen Sie mal einen genauen Blick auf die Pfoten: Tiere haben keine Fersen. Natürliche Selektion hat sie zu Ballenläufern gemacht. Auch in der Laufpose ruht unser Gewicht auf dem Fußballen. Die Gelenke sind leicht gebeugt und die Ferse berührt den Boden nur leicht. Wie bei unseren Vorbildern aus der Tierwelt können die Muskeln in dieser Position am effizientesten arbeiten. Eine Studie aus dem Jahr 1964 hat gezeigt, dass die mechanische Effizienz des Laufens durch die Nutzung der Faszienelastizität um bis zu 50 Prozent zunimmt.[17] So können Sie eine hohe Schrittfrequenz beibehalten, ohne dafür unnötig viel Energie zu investieren. Sie laufen länger und schneller und schonen dabei noch Ihre Energiereserven[18, 19, 20] und Gelenke.

Die Entwicklung Ihrer Kraft ist eine wichtige Voraussetzung für eine effektive Lauftechnik, da Ihre Bewegungen schneller und die Bodenkontaktzeit kürzer wird. Natürlich trainieren Sie Ihre Muskeln auch während des Laufens, aber um die Vorteile der Pose-Methode nutzen zu können, sollte ein spezielles Krafttraining ein fester Bestandteil Ihres Trainings werden. All diese Übungen werden im fünften Kapitel vorgestellt.

SCHRITTFREQUENZ (CADENCE)

»Spitzenläufer laufen mit hoher Schrittfrequenz.«
Jack Daniels

Denkt man darüber nach, was die Beine eigentlich beim Laufen machen, entstehen viele Fragen. Welche Bedeutung hat die Schrittfrequenz und die Schrittlänge? Laufen Sie schneller, wenn Sie größere Schritte machen? Die Antwort auf diese Fragen ist einfach und komplex zu gleich.

Wenn Sie versuchen, Ihre Schritte aktiv zu verlängern, erhöhen sich die Bremskräfte mit jedem Schritt: Um die Schritte aktiv zu vergrößern, werden die Beine weiter nach vorn gebracht. Wenn der Fuß den Boden weit vor dem Körperschwerpunkt berührt, dauert es viel länger, bis der Körperschwerpunkt über dem Support ist. Das macht die Schritte langsam und unterbricht ständig den Vortrieb durch die Schwerkraft.

Probieren Sie es selbst aus: Suchen Sie sich auf einer geraden Strecke eine virtuelle Ziellinie, etwa 40 Meter von Ihnen entfernt. Sprinten Sie bis zu dieser Linie und lassen Sie sich dann austrudeln. Was haben Sie gemacht? Hinter der Ziellinie haben Sie angefangen zu bremsen, indem Sie Ihre Schritte verlängert haben. Ihr Körper kennt den schnellsten Weg, um langsamer zu werden: Er stört die Arbeit der Schwerkraft. Haben Sie beim Abbremsen die hohe Last auf Ihren Knien und Oberschenkeln gespürt? Letztendlich hat es mehr Energie gekostet abzubremsen als weiterzulaufen.

Die Schrittfrequenz bestimmt, wie schnell Sie den Support von einem Bein zum anderen verlagern. Eine hohe Schrittfrequenz erlaubt, das Vorwärtsfallen kontinuierlich zu reproduzieren und die Elastizität der Muskeln, Sehnen und Bänder besser zu nutzen – egal, ob Sie schnell oder langsam laufen.

Viele Studien haben gezeigt, dass die besten Läufer auf allen Strecken mit höheren Schrittfrequenzen laufen als Freizeitläufer. In Jack Daniels *Daniels' Running Formula* aus dem Jahr 1997 können Sie nachlesen, dass Spitzenläufer mit 180 Schritten pro Minute oder mehr unterwegs sind, im Training wie im Wettkampf.[21] Das erlaubt eine optimale Nutzung der Muskelelastizität, wie wissenschaftliche Studien bereits in den 1970er-Jahren gezeigt haben: Der Sauerstoffverbrauch wird gesenkt und die Effizienz der Bewegung erhöht.[22]

Eine hohe Schrittfrequenz muss nicht anstrengend sein – im Gegenteil, die verbesserte Nutzung der Muskelelastizität spart sogar Energie und verhindert Verspannungen der Muskulatur. Die Schrittfrequenz und der Grad des Vorwärtsfallens sind zwei eng miteinander verknüpfte Parameter, die immer in ein harmonisches Verhältnis gebracht werden müssen.

DIE EINRAD-METAPHER

»Einfachheit ist die höchste Kunst.«
Leonardo da Vinci

Das Rad ist eine der perfektesten Erfindungen der Menschheitsgeschichte. Trotz seiner scheinbaren Einfachheit ist es ein komplexer Mechanismus mit drei mechanischen Eigenschaften, die auch für die ideale Lauftechnik von Bedeutung sind: Das Rad ist mechanisch sehr effizient, da es die Vorwärtsbewegung mit minimaler vertikaler Bewegung ermöglicht. Das Verhältnis zwischen dem Support und dem Rad selbst (beziehungsweise seines Körperschwerpunktes) verändert sich während einer ganzen Umdrehung nicht, die Position des Supports und des Körperschwerpunkts relativ zueinander bleibt immer gleich. Und schließlich ist die Geschwindigkeit des Rades proportional zu der Geschwindigkeit, mit der der Support wechselt.

Denken Sie an einen Einradfahrer, um eine bessere Vorstellung dieser mechanischen Eigenschaften zu bekommen. Egal, in welcher Position sich das Rad befindet, es ist immer nur ein Punkt des Reifens im Kontakt mit dem Boden. Das ist der (Haupt-)Support, auf dem das ganze Gewicht des Körpers (und des Einrades) ruht.

Erinnern Sie sich an die erste Eigenschaft des Rades: Wenn der Einradfahrer die Straße entlangfährt, bewegt sich zwar das Rad – der Support wechselt ständig –, aber der Kopf des Fahrers bleibt immer auf einer Höhe. Bei guten Läufern verhält es sich ganz ähnlich: Tim Noakes beschreibt in seinem Buch *Lore of Running*[23], wie Alberto Salazar[24] 1981 bei der TV-Übertragung des New-York-City-Marathons die Queensborough-Brücke überquerte. In den Fernsehbildern waren nur Salazars Kopf und seine Schultern zu sehen, der Rest war hinter einer Mauer verdeckt. Man konnte wunderschön beobachten, wie sich sein Kopf fast auf einer Linie bewegte – er verschwendete keine Energie mit dem Anheben des Körpers. Seine Lauftechnik wurde deswegen auch »Salazar-Shuffle« getauft.

Zurück zum Einrad und zur zweiten Eigenschaft des Rades: Weder der Abstand noch die Position des Einradfahrers relativ zum Support verändern sich, während er sich vorwärtsbewegt. Die Hüfte, der Oberkörper und der Kopf des Fahrers sind immer in einer Linie über dem Support ausgerichtet.

Wenn Sie die Füße des Einradfahrers betrachten, werden Sie feststellen, dass der Fuß in der tiefsten Position immer direkt unter dem Körper ist und das Bein dabei immer leicht gebeugt bleibt. Denken Sie sich einmal das Einrad weg – Sie sehen einen Läufer in der perfekten Laufpose: Die Knie sind gebeugt und der ganze Körper ist an einer geraden Linie direkt über dem Support auf dem Fußballen ausgerichtet.

Die letzte mechanische Eigenschaft des Rades, die Proportionalität zwischen der Geschwindigkeit, mit der der Support wechselt und mit der das Rad vorwärtsrollt, findet sich auch beim Laufen wieder: Wenn Sie den Support schneller von einem Fuß zum anderen wechseln, erhöht sich Ihre Geschwindigkeit – vorausgesetzt, das Fallen wird dabei immer noch gleich gut ausgeführt.

Natürlich können wir mit unseren zwei Füßen nicht die Effizienz eines Rades erreichen. Trotzdem können wir uns das Gefühl des ständig wechselnden Supports zu eigen machen und wahrnehmen. Je flüssiger wir von einem Bein auf das andere wechseln, desto näher kommen wir dem Rad. Was sagt dieser Vergleich also aus? Um sich der Effizienz eines Rades zu nähern, sollten Sie die vertikale Bewegung des Körpers minimieren, direkt unter dem Körperschwerpunkt landen und eine hohe Schrittfrequenz beibehalten. Mit der Pose-Methode verwirklichen Sie alle drei Ziele.

DAS »NICHTSTUN-PRINZIP«

»Egal auf welchem Gebiet: Perfektion ist nicht erreicht, wenn wir nichts mehr hinzufügen, sondern wenn wir nichts mehr wegnehmen können.«
Antoine de Saint-Exupéry

Sie haben jetzt die Elemente der Pose-Methode kennengelernt, die es zu beachten gilt. Die Dinge, die Sie nicht tun und an die Sie nicht denken sollten, sind jedoch noch wesentlich zahlreicher. Die falschen Dinge nicht zu tun ist genauso wichtig, wie auf die richtigen Dinge zu achten. Aber ich muss Sie warnen – das »Nichtstun« ist leider nicht einfacher als das »Tun«.

Das »Nichtstun-Prinzip« ist während eines Nachwuchstrainingslagers des amerikanischen Triathlonverbandes im Juni 1996 in Gainesville, Florida, entstanden. Stuart Newby-Fraser – der Bruder der siebenfachen Hawaiisiegerin Paula Newby-Fraser – schaute mir vom Rand des Sportplatzes aus zu, wie ich mit einer Gruppe junger Triathleten arbeitete. Nach dem Training kam er zu mir und wollte mehr darüber erfahren, was ich mit den Jugendlichen gemacht hatte. Ich begann mit ihm zu arbeiten, doch bereits nach kurzer Zeit war seine Frustration nicht zu übersehen. Egal, was er tat, ich hatte immer etwas daran auszusetzen: »Mach dies nicht, mach das nicht ...« Jeder meiner Sätze beinhaltete das Wort »nicht«. Schließlich hörte Stuart entnervt auf, schaute mich an und fragte mich: »Nick, willst du eigentlich, dass ich nichts tue?« Ich musste lachen, aber er hatte den Nagel auf den Kopf getroffen: »Genau, Stuart, tue nichts!« Ich dankte ihm dafür, dass er einem wichtigen Prinzip der Pose-Methode einen Namen gegeben hatte – das ist die Geschichte des »Nichtstun-Prinzips«.

Die meisten Läufer, Triathleten und viele andere Sportbegeisterte sind sehr motivierte Menschen, Psychologen nennen sie auch »Typ A«-Persönlichkeiten.[25, 26] Sie wollen die Dinge selbst in die Hand nehmen und stecken ihre ganze Energie in die Verwirklichung ihrer Ziele. Aber mit der Pose-Methode müssen Sie vor allem lernen, nichts zu tun, außer Ihre Füße unter der Hüfte nach oben zu ziehen – doch das hört sich leichter an, als es ist!

Wir sind darauf programmiert, alles geben zu wollen, um die bestmögliche Leistung zu erreichen. Daher ist es schwierig zu akzeptieren, dass Spitzenleistungen nur durch das Ausklammern aller überflüssigen Aktivitäten möglich werden: Nur durch die Konzentration auf das Wesentliche, das, was Sie gegen die äußeren Widerstände vorwärtsbringt, können Sie schneller laufen.

Sie können und sollten beim Laufen mit der Pose-Methode nicht alles kontrollieren. Lernen Sie, gewisse Dinge geschehen zu lassen und nichts zu erzwingen. Die Schwerkraft ist beständiger als jede Kraft, die Sie mit Ihren Muskeln erzeugen können. Kämpfen Sie nicht gegen sie an, sondern lassen

Sie sich von ihr vorwärtsziehen. Auf diese Weise sparen Sie viel Energie für eine einfache, aber entscheidende Aufgabe: das Hochziehen der Füße vom Boden unter Ihre Hüfte.

Es gibt viele Dinge, die Sie nicht tun sollten. Die vier wichtigsten Regeln sind:

1. Setzen Sie Ihre Füße nicht aktiv auf den Boden – keine Beschleunigung der Abwärtsbewegung bei der Landung.

2. Heben Sie Ihre Knie nicht aktiv an, nutzen Sie stattdessen Ihre Hamstrings, um den Fuß/Unterschenkel vom Boden unter die Hüfte zu ziehen.

3. Drücken Sie sich nicht aktiv vom Boden ab (kein Push-off).

4. Laufen Sie nicht mit den Armen (aktive Armarbeit; Arm Pumping).

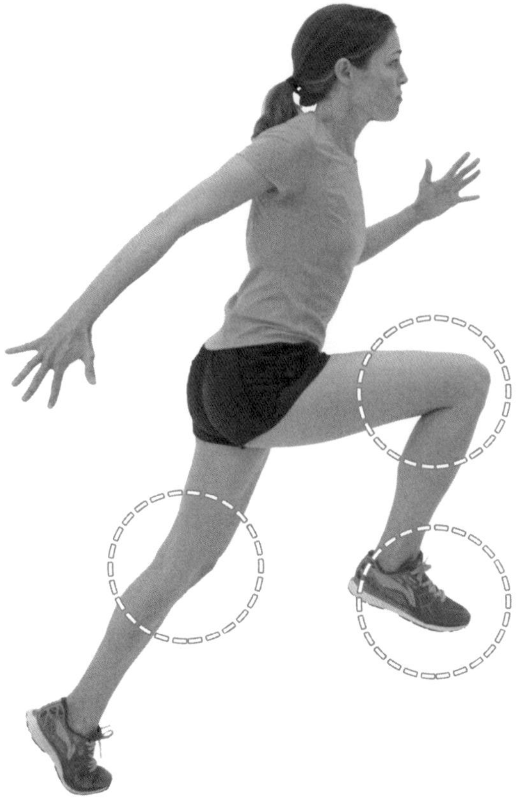

Setzen Sie Ihre Füße nicht aktiv auf den Boden, heben Sie die Knie nicht aktiv an und drücken Sie sich nicht aktiv ab!

Die vielleicht am schwierigsten zu erlernende Regel ist: **Setzen Sie Ihre Füße nicht aktiv auf den Boden.** Die Schwerkraft sorgt ganz allein dafür, dass Ihr Schwungbein wieder auf den Boden zurückkommt. Sie müssen den Fuß lediglich mit den Hamstrings vom Boden ziehen, danach können Sie das Bein entspannen und es sich selbst und der Schwerkraft überlassen. So setzt Ihr Fuß natürlich auf dem Boden auf, und zwar genau da, wo er hingehört: unter dem Körperschwerpunkt. Ein aktiver Fußaufsatz dagegen bringt eine Reihe von Problemen mit sich: Der Körper wird unnötigen Stößen ausgesetzt, es wird mehr Energie verbraucht und der Rhythmus des Laufschritts wird durch den Fußaufsatz vor dem Körperschwerpunkt gestört. Dies erhöht die Belastung beim Abfangen des Körpergewichts enorm und kann zusammen mit dem Aufprall, den der Fuß beim aktiven Fußaufsatz auf den Boden erfährt, zu Verletzungen führen. Wenn Sie dabei auch noch das Bein durchstrecken, macht das alles noch schlimmer. Es erfordert viel Übung und Konzentration, den Fuß locker auf den Boden zurückfallen zu lassen. Nehmen Sie sich die Zeit dafür, dies zu erlernen – es ist ein Schlüsselelement der Pose-Methode.

Die zweite, genauso wichtige Regel besagt: **Heben Sie Ihre Knie nicht aktiv an.** Das gesamte Bein ist ziemlich schwer (ca. 20 Prozent Ihres gesamten Körpergewichts), es 180-mal pro Minute anzuheben ist eine anstrengende Aufgabe, die völlig überflüssig für Ihre Vorwärtsbewegung ist und Sie viel Kraft kostet. Viel wichtiger ist es, dass Sie den Fuß/Unterschenkel (ca. 10 Prozent Ihres gesamten Körpergewichts) schnell und direkt unter der Hüfte hochziehen, um den nächsten Fallzyklus einzuleiten. Die Hamstrings sind die wichtigste Muskulatur für diese Aufgabe. Wenn Sie zusätzlich die Hüftbeuger mit ins Spiel bringen, um die Knie nach oben zu ziehen, ist das sehr ineffizient, da Sie diese Bewegung mit dem Hüftbeuger (relativ kleiner Muskel im Vergleich zu den Hamstrings) ausführen und das gesamte Bein heben, anstatt mit den Hamstrings den Fuß/Unterschenkel vom Boden zu ziehen. Das kostet Sie nicht nur mehr Zeit und Kraft, sondern Sie ermüden auch schneller, da das Verhältnis der Muskelgruppe (Hüftbeuger vs. Hamstrings) zu bewegtem Beingewicht (gesamtes Bein vs. Fuß/Unterschenkel) ineffizienter wird.

Die dritte Regel lautet: **Drücken Sie sich nicht aktiv vom Boden ab.** Die Notwendigkeit des Push-off wurde bereits 1990 durch die Studie »Extensor's Paradox«[27] widerlegt. Sie haben gelernt, dass Laufen ein Zyklus aus Fallen und Wechseln des Supports ist. Dabei besteht keine Notwendigkeit und auch gar keine Möglichkeit, sich aktiv nach vorn abzudrücken. Die minimale vertikale Bewegung des Körperschwerpunkts brauchen Sie nicht aktiv zu machen. Sie antizipieren völlig unbewusst den Bodenkontakt. Die Anspannung der Muskulatur ist ein Reflex, der zusammen mit der Elastizität Ihrer Muskeln, Sehnen und Bänder dafür sorgt, dass Sie den Boden verlassen und den Support wechseln können. Zu dem Zeitpunkt, an dem Sie sich nach vorn abdrücken wollen, ist bereits kein Körpergewicht mehr auf dem Punkt des Supports vorhanden. Es ist unmöglich, sich dort abzudrücken. Der Versuch, es doch zu tun, führt nur zu einer größeren vertikalen Bewegung, da Sie in diesem Fall bereits vor dem Endpunkt Ihres maximalen Fallwinkels beginnen, sich abzudrücken, unterbricht das Fallen und verzögert das Pulling – Sie schneiden sich von Ihrer wertvollsten Energiequelle ab. Darüber hinaus führt ein aktiver Abdruck zu unnötiger Anspannung in der Muskulatur Ihrer Füße, Unter- und Oberschenkel. Ihr Bein ist verkrampft und kann nicht schnell dorthin kommen, wo es dringend gebraucht wird: unter Ihre Hüfte. Sie verhindern also nicht nur das freie Fallen, sondern ziehen zudem auch noch zu spät den Fuß/Unterschenkel hoch. Der Rhythmus der gesamten Bewegung wird gestört und die Schrittfrequenz verlangsamt.

Die letzte Regel ist: **Laufen Sie nicht mit den Armen.** Der Einsatz der Arme bringt Sie nicht schneller voran, sie dienen nur dem Gleichgewicht (Balance), indem sie im Rhythmus mit der Beinbewegung gegengleich mitschwingen – nicht mehr. Versuchen Sie nicht, mit Ihren Armen irgendetwas zu erzwingen. Wenn Sie Arme und Hände entspannt lassen, sparen Sie damit Energie und verhindern Verspannungen im Nacken und im Schultergürtel.

Auch wenn das »Nichtstun-Prinzip« schwerer umzusetzen ist, als es sich zunächst anhört – es ist die Mühe wert. Ihr Körper wird es Ihnen danken. Es braucht viel Geduld und Konzentration, um zu lernen, sich auf das Wesentliche zu beschränken und alles andere geschehen zu lassen. Aber Sie werden mit dem Genuss von schnellerem, längerem und verletzungsfreiem Laufen belohnt werden.

KAPITEL 5

DIE PRAXIS

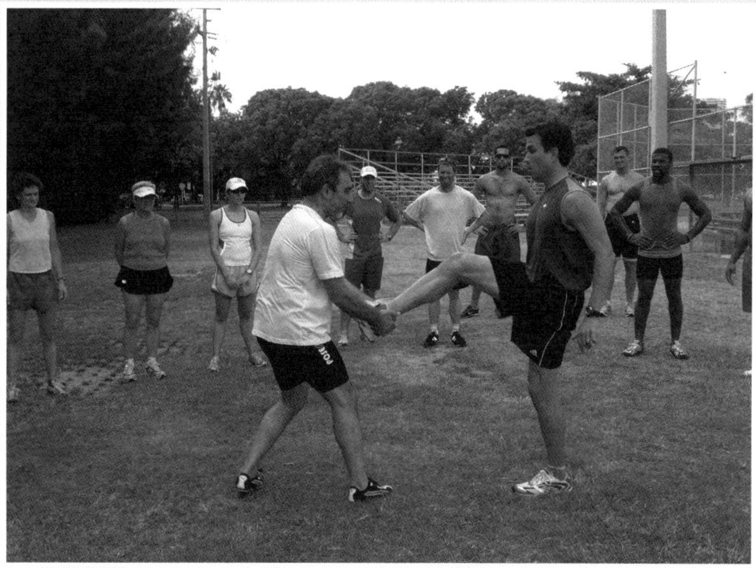

LAUFÜBUNGEN DER POSE-METHODE

»Bewegung entsteht durch die Aufgabe von Balance.«
Leonardo da Vinci

Welchen Zweck erfüllen die Übungen? Sie vereinfachen und unterteilen den Lerngegenstand in Teilbereiche, die wir verstehen, sehen, fühlen und ausführen können. Das Ziel dieses Prozesses ist, die Wahrnehmung der Dinge zu schulen und zu verbessern, die sonst unbeachtet bleiben. Es geht nicht um Kraft, Ausdauer oder Schnelligkeit. All das ist ein Nebenprodukt der Schulung unserer Wahrnehmung.

In der Pose-Methode gibt es vier große Gruppen von Laufübungen, die auf dem Konzept der Pose-Methode – der Dreiheit Pose, Fall und Pull – beruhen.

1. Pose-Übungen

2. Fall-Übungen

3. Pull-Übungen

4. Integrationsübungen

Jede dieser Gruppen ist unterteilt in Übungen für Anfänger und für Fortgeschrittene. In der Pose-Methode bestimmen jedoch nicht Ihre persönlichen Bestzeiten, ob Sie sich als Anfänger oder Fortgeschrittener einstufen sollten. Wenn Sie eine neue Fertigkeit lernen, sind Sie immer erst mal ein Anfänger. Beginnen Sie also mit den entsprechenden Übungen, bis Sie sie gut und kontrolliert ausführen und wahrnehmen können. Dann können Sie den Schritt zu den fortgeschrittenen Übungen wagen.

Wie bereits im Leitfaden zum Erlernen der Pose-Methode erwähnt, sollten Sie nach jeder Übung eine kurze Strecke von 20 bis 30 Metern in einem angenehmen Tempo laufen, um das Gefühl der Übung auf das Laufen zu übertragen. Die korrekte Ausführung der Übungen ist sehr wichtig, um die richtigen Bewegungen zu erlernen und Verletzungen zu verhindern. Lassen Sie sich dabei nicht von der Einfachheit der Illustrationen täuschen – die Übungen sind schwieriger zu meistern, als Sie vielleicht denken. Die einfachste Bewegung, wie zum Beispiel das richtige Hochziehen des Fußes, kann ohne Rückmeldung von außen schwierig zu lernen sein.

Die Laufbewegung beginnt immer aus der Laufpose, sie ist die einzige Position, die das Vorwärtsfallen ermöglicht. Sie erfordert ein labiles Gleichgewicht, wobei das Körpergewicht auf dem Fußballen ruht – die Position des Supports befindet sich somit direkt unterhalb der Hüfte (Körperschwerpunkt). Die Pose-Übungen schulen Ihr Gleichgewicht und machen das Laufen effizienter.

Pose-Übungen für Anfänger

1

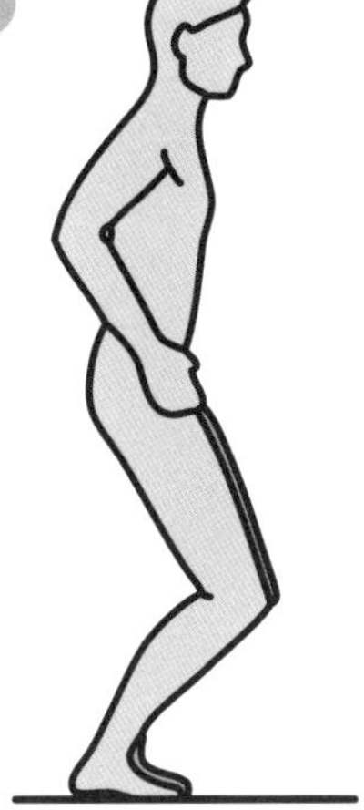

Pose on 2 legs (Laufpose beidbeinig)

Ziehen Sie am besten die Schuhe aus und stellen Sie sich vor einen möglichst großen Spiegel. Beide Beine sollten leicht gebeugt sein, Sie stehen in einer s-förmigen Position. In dieser Position ist es sehr wichtig, die Fersen dicht am Boden zu lassen. Sie können den Boden sogar leicht berühren, solange Ihr Hauptgewicht auf dem Fußballen bleibt. Federn Sie leicht auf und ab (Bouncen), bis Sie einen angenehmen Winkel in Ihren Knien gefunden haben. Springen Sie nicht, sondern halten Sie immer den Kontakt mit dem Boden. Spüren Sie die Druckverteilung auf Ihren Fußsohlen, das Gewicht sollte nur auf dem Fußballen ruhen – nicht auf den Zehen und auch nicht auf der Ferse. Die Wahrnehmung des Körpergewichts auf dem Fußballen ist sehr wichtig für den weiteren Lernprozess, denn hier sollte es während der ganzen Laufbewegung bleiben.

2

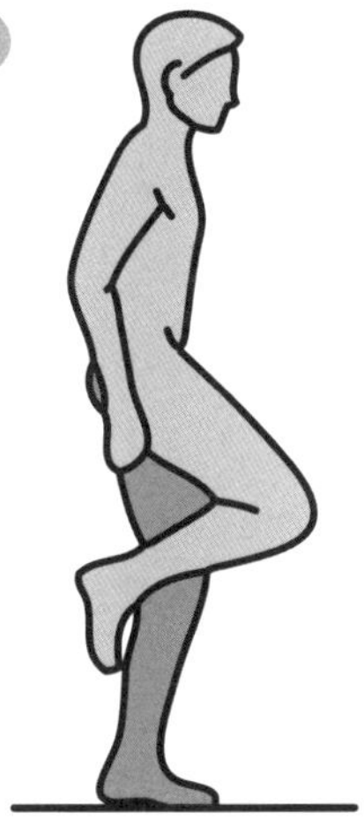

Pose on 1 leg (Laufpose einbeinig)

Nach dieser Vorübung sind Sie bereit, die Laufpose zu erlernen. Sie stehen auf einem Bein, das Gewicht ruht auf dem Fußballen. Die Ferse berührt den Boden nur leicht. Ihr Körper befindet sich in einer s-förmigen Position. Der freie Fuß wird etwa bis zum Knie des Standbeins angehoben.

Versuchen Sie, das Gleichgewicht in dieser Position mit so wenig Anstrengung wie möglich zu halten. Wenn Sie damit Schwierigkeiten haben, können Sie auch erst mal eine Wand, einen Stuhl oder einen Partner zu Hilfe nehmen. Wenn Sie sich in dieser Position wohlfühlen, beginnen Sie, leicht im Knie zu federn. Sie sollten die Elastizität der Muskeln spüren, nicht Ihre eigenen Anstrengungen – Ihr Körper sollte sich wie eine einzige Feder anfühlen.

Probieren Sie es jetzt einmal mit dem anderen Bein. Wundern Sie sich aber nicht, wenn Sie dort größere Schwierigkeiten mit dem Gleichgewicht haben: Die meisten Leute wählen unbewusst zuerst Ihr dominantes Bein. Diese Asymmetrie ist völlig normal und wird sich mit der Zeit ausgleichen.

Pose-Übungen für Fortgeschrittene

1

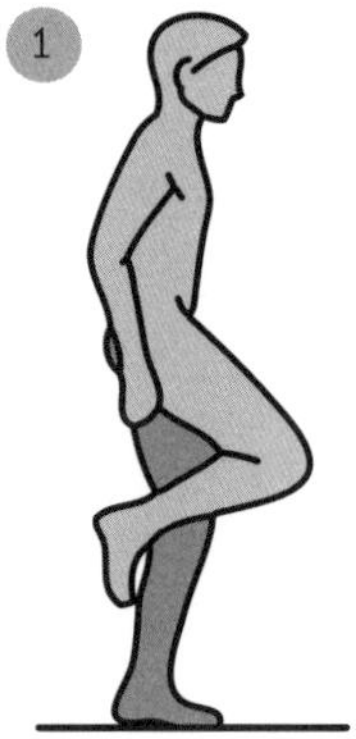

Pose with closed eyes (Laufpose mit geschlossenen Augen)

Wenn Sie in der Laufpose die Augen schließen, ist es schwieriger, das Gleichgewicht zu halten, da die räumliche Orientierung nicht mehr vorhanden ist. Sie sollten ohne Anstrengung perfekt im Gleichgewicht sein. Wenn Sie damit zu kämpfen haben, wissen Sie, dass es hier noch viel Spielraum zur Verbesserung gibt.

2

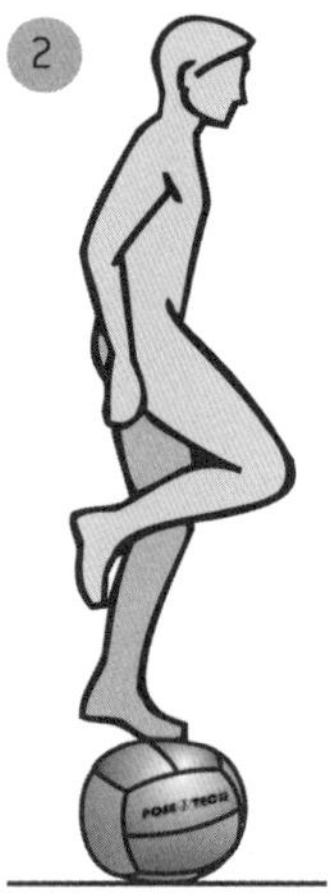

Pose on med ball (Laufpose auf dem Medizinball)

Sie stehen in der Laufpose auf einem Medizinball. Auch wenn dieser nicht so leicht unter Ihnen wegrollt, so verstärkt er doch jedes Ungleichgewicht in Ihrem Stand. Wenn Sie dabei eine Menge kleiner Muskeln spüren, die darum kämpfen, Sie in der Senkrechten zu halten, wissen Sie, dass Ihr Stand in der Laufpose nicht so stabil ist, wie Sie gedacht haben. Sie sollten nicht nur in der Lage sein, die Laufpose auf dem Medizinball zu halten, sondern dabei vor allem völlig entspannt sein.

FALL-ÜBUNGEN

Die Angst vor dem Fallen zu überwinden ist die erste große Hürde auf Ihrem Weg zum Laufen mit der Pose-Methode. Unsere ureigensten Reflexe schützen uns vor dem Fallen. Der Gleichgewichtssinn sorgt dafür, dass wir unter allen Umständen auf zwei Beinen bleiben. Für die ideale Lauftechnik brauchen wir jedoch beides: Wir müssen fallen und das Gleichgewicht immer wieder herstellen.

Denken Sie an Leonardo da Vincis Worte! Schon vor 500 Jahren hat er beobachtet, dass Bewegung durch das Aufgeben von Gleichgewicht entsteht und dass die Tiere, die am besten fallen, auch am schnellsten laufen. Während Sie lernen zu fallen, werden Sie erfahren, welches Potenzial darin steckt.

Solange Sie auf der Stelle stehen, wird die Schwerkraft durch das Gleichgewicht und den Support direkt unter dem Körperschwerpunkt neutralisiert. Sie müssen den (Körper-)Schwerpunkt nur etwas in eine Richtung verlagern, um dieses Potenzial nutzbar zu machen.

Dieses Gefühl, dass Geschwindigkeit primär durch das Zulassen des Fallens und nicht durch rohe Muskelkraft entsteht, ist entscheidend für die richtige psychologische Struktur des Laufens mit der Pose-Methode. Sie können nur schneller laufen, wenn Sie der Schwerkraft die Freiheit geben, Sie zu bewegen, nicht indem Sie mit den Muskeln stärker dagegen ankämpfen.

▶ Fall-Übungen für Anfänger

1

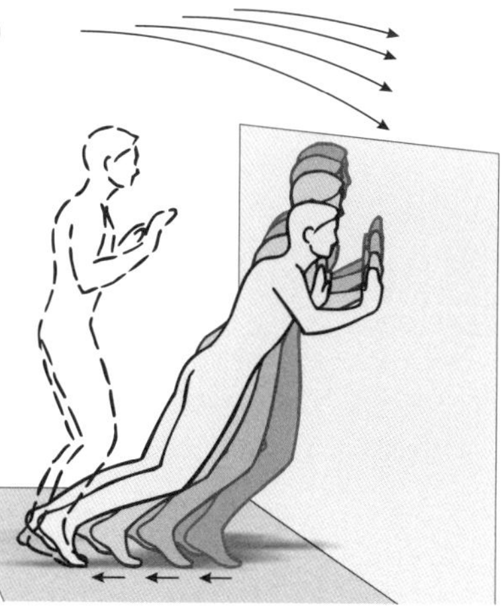

Falling on 2 legs (to the Wall) (Fallen aus der beidbeinigen Laufpose)

Beginnen Sie in der beidbeinigen Laufpose. Lassen Sie sich von hier aus vorwärtsfallen und fangen Sie sich an einer Wand auf. Stoßen Sie sich mit den Händen zurück und beginnen von vorn. Achten Sie darauf, dass der Körperschwerpunkt die Fallbewegung »anführt«, nicht der Brustkorb oder der Kopf! Die Beine sind leicht gebeugt und die Fersen bleiben während der Übung im Stand (nach Möglichkeit zunächst am Boden – abhängig von Ihrer Flexibilität in den Fußgelenken).

2

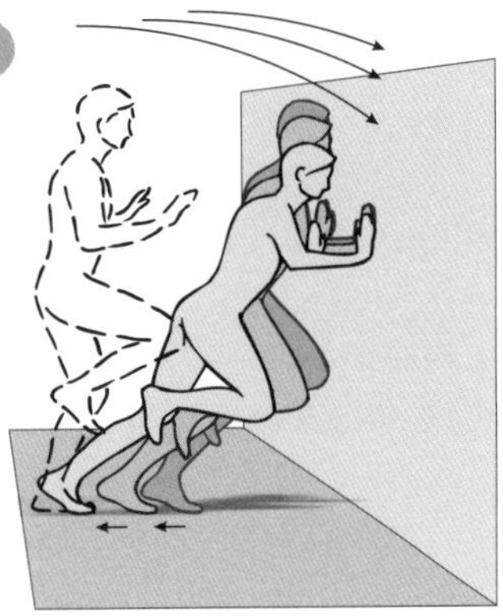

Falling on 1 leg (to the Wall) (Fallen aus der einbeinigen Laufpose)

Beginnen Sie in der Laufpose auf einem Bein. Lassen Sie sich von hier aus vorwärtsfallen. Fangen Sie sich mit den Händen an der Wand ab und achten Sie, wie bereits beschrieben, auf Ihren Körperschwerpunkt. Beginnen Sie mit einem kleinen Fallwinkel. Stellen Sie sich also relativ nah an die Wand, damit Sie die Bewegung kontrollieren können. Später vergrößern Sie den Fallwinkel dann Stück für Stück.

Criss Cross sideward (Kreuzschritte seitwärts)

Sie stehen mit leicht gebeugten Knien, die Beine etwa schulterbreit auseinander. Ihr Gewicht ruht auf den Fußballen. Lehnen Sie sich ein wenig mit Ihrem Körperschwerpunkt nach links und lösen Sie den rechten Fuß vom Boden – Sie fallen nach links. Stoppen Sie das Fallen nicht, sondern setzen Sie Ihren rechten Fuß über Kreuz vor Ihren linken; so können Sie weiter nach links fallen. Lassen Sie sich von der Schwerkraft ziehen, indem Sie die Bewegung mit schnellen Kreuzschritten (vorkreuzen/rückkreuzen) fortsetzen. Der schnelle Wechsel des Supports verhindert, dass Sie das Gleichgewicht gänzlich verlieren. Achten Sie auf schnelle, kleine Schritte und darauf, dass Sie die Hüfte etwas mitdrehen. Sie werden erstaunt sein, wie schnell Sie sich auf diese Art bewegen können. Sie können dabei nicht auf der Ferse landen und über den ganzen Fuß abrollen, dadurch wird die Bodenkontaktzeit sehr kurz und Ihre Schrittfrequenz erhöht sich. Genauso wenig können Sie sich durch das Strecken von Knie oder Fußgelenk vom Boden abdrücken. Sie haben nur eine Option, die Sie vor dem Hinfallen bewahrt und gleichzeitig die Geschwindigkeit erhöht: schnellere Schritte machen.

3

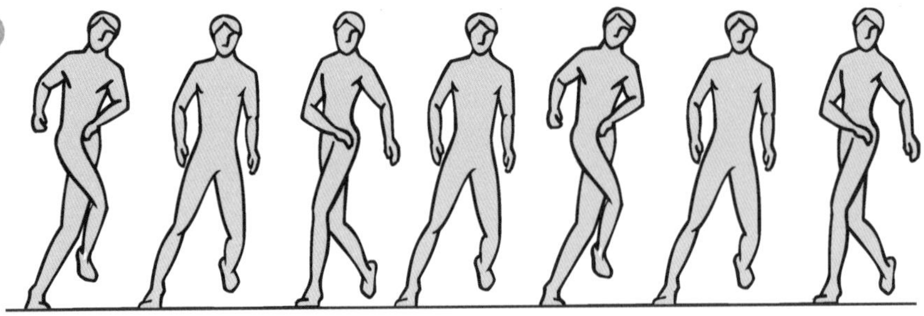

Fall-Übungen für Fortgeschrittene

1

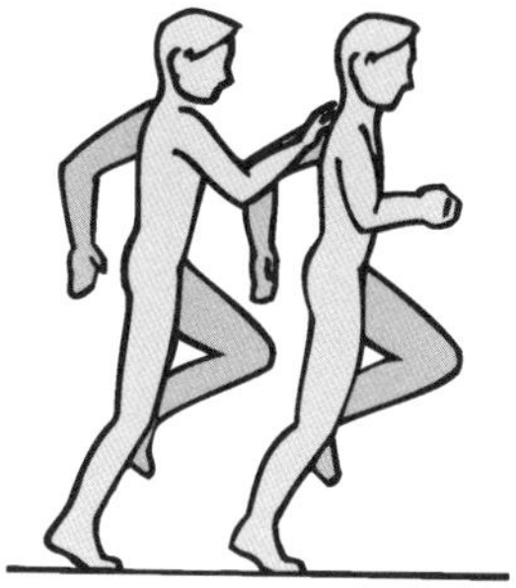

Partner-Run – Hand on back (Laufen mit der Hand eines Partners auf dem Rücken)

Ihr Partner legt seine Handfläche auf Ihren Rücken, während Sie laufen. Er soll Sie nicht schieben, das leichte Auflegen der Hand genügt. Machen Sie 10 bis 15 Schritte. Achten Sie dabei auf eine aufrechte Oberkörperhaltung und vermeiden Sie ein Abknicken in der Hüfte. Können Sie fühlen, wie leicht Sie plötzlich laufen? Ihr Partner hat Sie zwar nicht geschoben, aber er hat Ihnen zu einer besseren Wahrnehmung Ihrer Körperhaltung verholfen. Indem Sie unbewusst von der Hand Ihres Partners weggelaufen sind, haben Sie Ihre Haltung zu einer mehr nach vorn orientierten Position verändert – Sie sind besser gefallen!

2

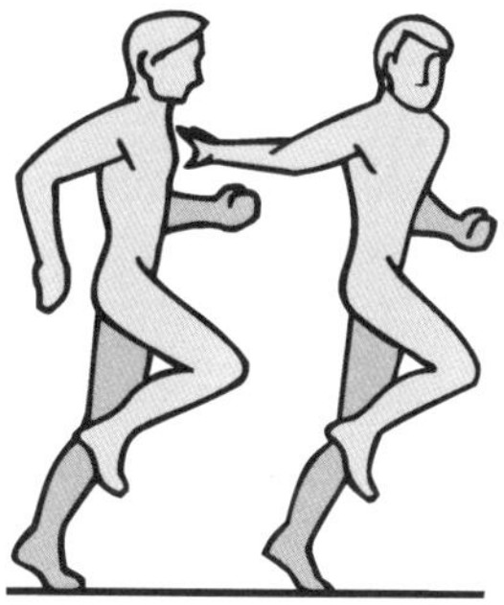

Partner-Run – Hand on chest in front (Laufen mit der Hand eines Partners vor der Brust)

Ihr Partner läuft neben beziehungsweise vor Ihnen und hält seine Hand vor Ihre Brust. Lehnen Sie sich mit dem Körperschwerpunkt nach vorn, um nahe an der Hand zu bleiben. Achten Sie darauf, den Oberkörper nicht in der Hüfte abzuknicken.

PULL-ÜBUNGEN

Das Ziel der Pull-Übungen ist die Fokussierung Ihrer Konzentration und Anstrengungen auf eine Bewegung: den Fuß mithilfe der Hamstrings gerade unter der Hüfte hochzuziehen. Das klingt einfacher, als es ist; Sie verwenden wahrscheinlich viel Energie für das Nach-vorn-Schwingen der Beine oder für den Fußaufsatz, ohne es überhaupt zu bemerken. Es ist offensichtlich, dass Ihr Fuß ganz von allein wieder auf den Boden kommt. Wo sollte er auch sonst hin? Die Kunst des Laufens ist es, die Füße präzise und schnell unter der Hüfte hochzuziehen.

▶ Pull-Übungen für Anfänger

1

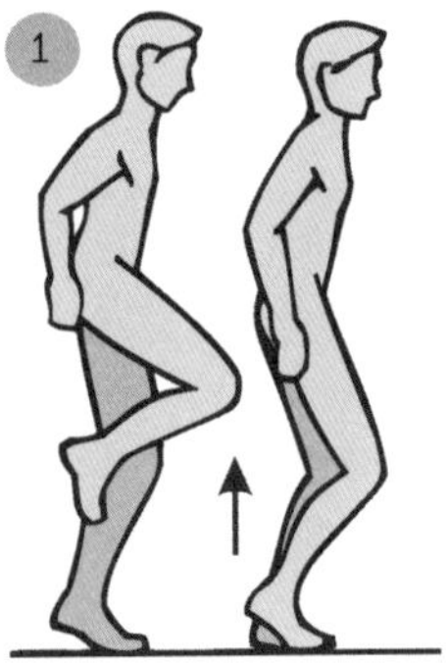

Tapping

Beginnen Sie in der Laufpose. Lassen Sie den freien Fuß locker zu Boden fallen, indem Sie einfach alle Beinmuskeln entspannen. Ihr Gewicht bleibt immer auf dem anderen Support-Bein. Sobald der Fuß den Boden berührt, ziehen Sie ihn sofort wieder unterhalb der Hüfte nach oben. Orientieren Sie sich dabei an der Linie des Support-Beins. Aktivieren Sie dazu nur die Hamstrings und nicht den Hüftbeuger! Wenn Sie ein Gefühl für die Bewegung bekommen, können Sie die Bewegungsamplitude erweitern und den Fuß/Unterschenkel immer höher ziehen. Es sollte Sie nur minimale Anstrengungen kosten, den Fuß bis direkt unter die Hüfte zu ziehen; die vordere Oberschenkelmuskulatur und die Hüftbeuger bleiben dabei vollkommen entspannt. Behalten Sie den Rhythmus bei und beschleunigen Sie nicht aktiv die Abwärtsbewegung. Bleiben Sie konzentriert, damit Sie nicht nach einigen Wiederholungen beginnen, den Fuß aktiv auf den Boden zu setzen. Lassen Sie alle Muskeln nach dem kurzen Impuls der Hamstrings entspannt. Wenn Sie das richtig machen, wird Ihr Bein auf dem Weg nach oben langsamer und nach unten wieder schneller werden. Das Abbremsen nach unten ist keine aktive Bewegung, das Beschleunigen (Pulling) nach oben schon. Sie müssen die Bewegung nur durch einen kurzen Impuls Ihrer Hamstrings einleiten, der Rest passiert ganz von allein.

2

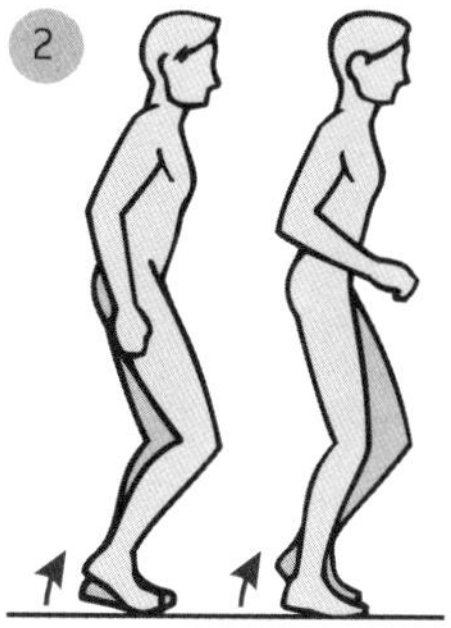

Pony

Beginnen Sie in der Laufpose. Beide Beine sind leicht gebeugt, der freie Fuß ist nur leicht angehoben. Heben Sie den Standfuß mit einer schnellen, kleinen Bewegung an, nutzen Sie dafür auch Ihre Hamstrings und verlagern Sie gleichzeitig Ihr Gewicht auf den anderen Fuß. Lassen Sie ihn locker zu Boden fallen. Konzentrieren Sie sich auf Folgendes, um die Übung richtig auszuführen:

1. Beginnen Sie jeden Wechsel mit dem Anheben des Standfußes, nicht mit dem Absetzen des freien Fußes.

2. Ziehen Sie den Standfuß senkrecht nach oben, nicht nach vorn oder nach hinten.

3. Verlagern Sie Ihr Gewicht ohne unnötigen Krafteinsatz.

4. Lassen Sie den freien Fuß locker zu Boden fallen.

Machen Sie zunächst nur einzelne Wechsel mit kurzen Pausen dazwischen, um die Balance wieder zu erlangen, und bleiben Sie dabei immer entspannt. Verkürzen Sie dann allmählich die Pause, bis Sie Ihr Gewicht flüssig und mühelos von einem zum anderen Fuß verlagern können.

3

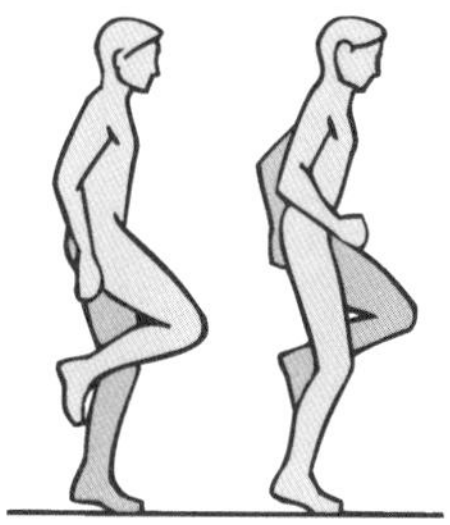

Change of Support (CoS) (Wechsel des Supports)

Beginnen Sie in der Laufpose. Ziehen Sie den Standfuß direkt unter Ihrer Hüfte nach oben und überlassen Sie den anderen Fuß der Schwerkraft. Machen Sie eine kurze Pause, um die Balance wieder zu erlangen, und lassen Sie das Gefühl der Bewegung auf sich wirken: Sind Sie noch entspannt und haben Sie Ihren Fuß ganz locker zu Boden fallen lassen? Achten Sie immer wieder darauf, dass Sie die Abwärtsbewegung nicht aktiv forcieren.

4

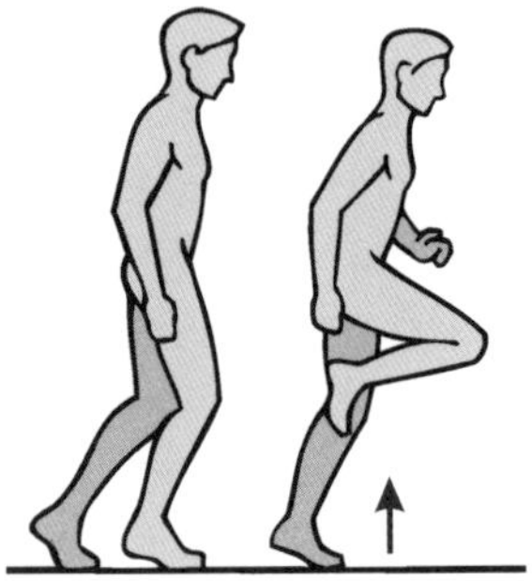

Front-Lunge

In der Ausgangsposition befindet sich fast Ihr gesamtes Gewicht auf dem vorderen Fuß, der hintere Fuß gibt Ihnen nur leichte Stabilität und ein besseres Gleichgewicht. Lassen Sie das Gewicht auf dem vorderen Fuß und ziehen Sie diesen über die Hamstrings rhythmisch und schnell unter Ihre Hüfte. Verlagern Sie dabei nicht das Körpergewicht auf den hinteren Fuß – der hintere Fuß dient weiterhin nur als leichte Stütze. Konzentrieren Sie sich auf eine schnelle Ausführung der Pulling-Aktion mit Ihren Hamstrings ohne andere Muskeln ins Spiel zu bringen. Diese Position zwingt Sie förmlich dazu, mit Ihren Hamstrings, aktiver zu arbeiten, da Sie durch die Schrittstellung und die Verlagerung des Körpergewichts auf den vorderen Fuß einen größeren Fallwinkel einnehmen.

5

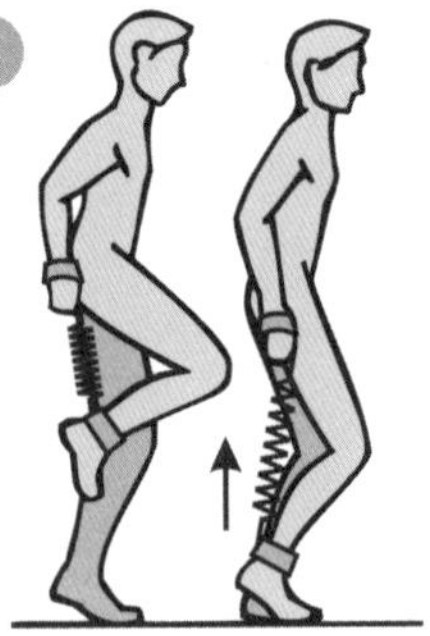

Tapping with stretch cordz (Tapping mit Widerstandsband)

Befestigen Sie ein Widerstandsband an einem Fußgelenk und halten Sie das andere Ende auf der gleichen Seite neben der Hüfte in der Hand. Das Widerstandsband steht dabei leicht unter Spannung. Sie stehen in der Laufpose auf dem Bein, das nicht mit dem Band verbunden ist. Ziehen Sie den anderen Fuß wie beim normalen Tapping hoch und lassen Sie ihn wieder fallen. Das Widerstandsband hilft Ihnen dabei, den Fuß so schnell wie möglich hochzuziehen; es vermittelt Ihnen einen Eindruck davon, wie schnell Sie den Fuß vom Boden lösen können. Genau dieses Gefühl sollten Sie auch beim Laufen erleben. Machen Sie 10 bis 20 Wiederholungen auf einer Seite und versuchen Sie dann, eine kurze Strecke mit dem Band an Ihrem Fuß zu laufen.

Pull-Übungen für Fortgeschrittene

1

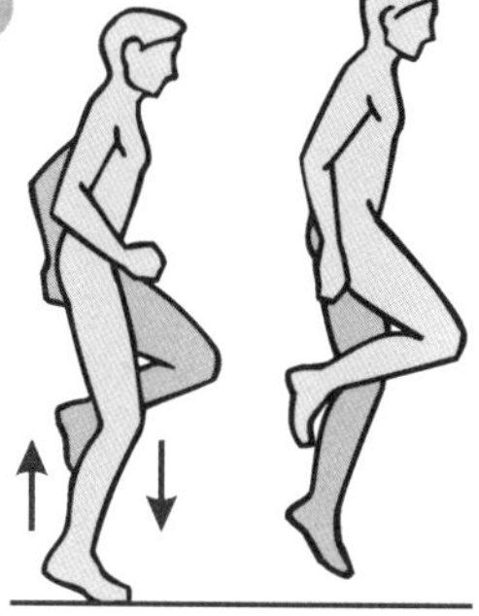

Skipping

Beginnen Sie in der Laufpose beidbeinig und springen Sie in dieser Position gleichmäßig und locker auf und ab. Dabei ziehen Sie immer nur einen Fuß senkrecht unter der Hüfte hoch und landen wieder mit beiden Füßen gleichzeitig auf dem Boden. Wechseln Sie die Füße ab: Ziehen Sie jeweils den rechten oder den linken Fuß nach oben, danach beide Füße im Wechsel. Wenn das gut klappt, können Sie das Tempo und die Intensität der Übung variieren.

2

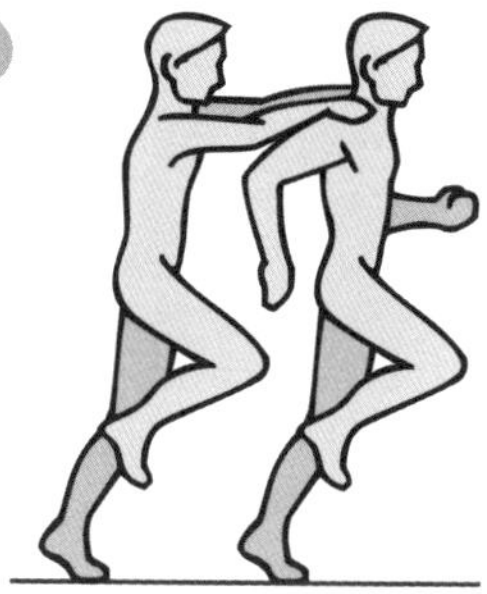

Partner-Run (Laufen vor einem Partner)

Laufen Sie mit einem Partner, der von hinten seine Hände auf Ihre Schultern legt. Synchronisieren Sie die Pulling-Bewegungen, sodass beide mit dem jeweils gleichen Bein nach oben ziehen. Damit schaffen Sie einen engen Rahmen, der verhindert, dass Sie die Beine zu weit vor beziehungsweise hinter den Körper bringen, und Sie dazu zwingt, den Fuß gerade nach oben unter die Hüfte zu ziehen.

3

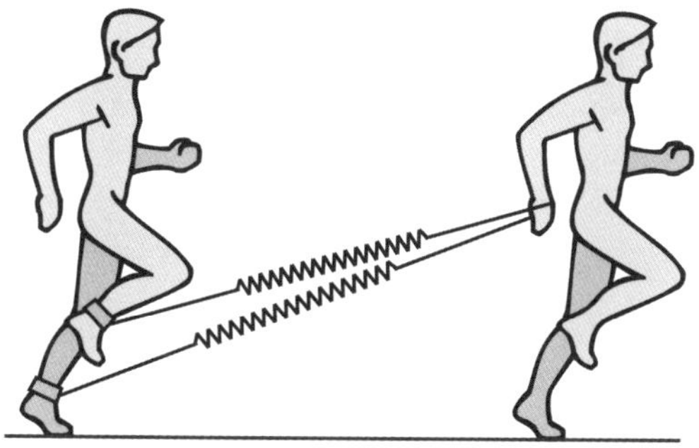

Stretch cordz in front (Laufen mit Widerstandsband von vorn)

Bei dieser Übung läuft Ihr Partner vor Ihnen und hält die Widerstandsbänder in der Hand, die an Ihren Fußgelenken befestigt sind. Wenn er die Bänder immer auf Spannung hält, können Sie Ihre Füße nicht zu weit hinter der Hüfte zurücklassen oder sie zu hoch ziehen. Machen Sie diese Übung über eine kurze Strecke, danach entfernt Ihr Partner die Widerstandsbänder schnellstmöglich und Sie laufen noch ein Stück weiter, um den Unterschied in Ihrer Bewegung wahrzunehmen.

4

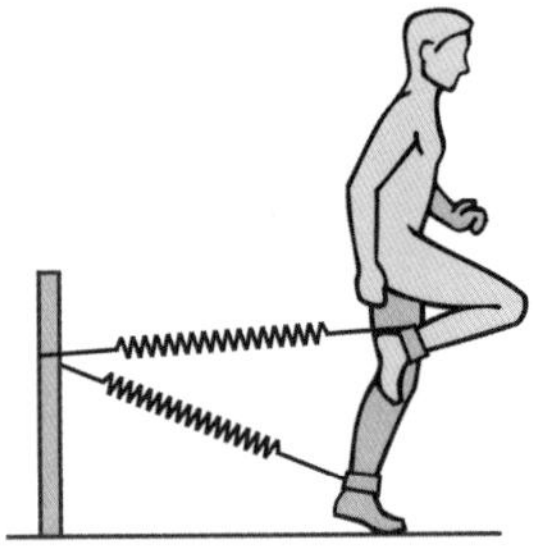

Change of Support with stretch cordz (Wechsel des Supports mit Widerstandsband)

Befestigen Sie die Widerstandsbänder an Ihren Fußgelenken und fixieren Sie die anderen Enden hinter Ihnen. Bringen Sie die Bänder unter Spannung. Konzentrieren Sie sich auf das Hochziehen der Füße unter die Hüfte und halten Sie dabei das Gleichgewicht. Sie müssen das Gefühl haben, dass Sie den Standfuß bis zum anderen Fuß hochziehen, bevor dieser zu Boden fällt.

5

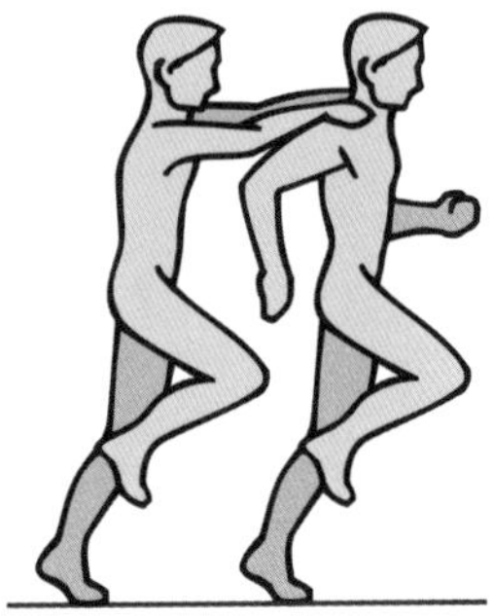

Running behind Partner (Laufen hinter einem Partner)

Laufen Sie hinter Ihrem Partner und legen Sie die Hände auf seine Schultern. Das schränkt die Bewegung Ihrer Knie nach vorn ein: Ihr Partner fungiert sozusagen als vordere Begrenzung, wodurch Sie gezwungen sind, die Füße gerade unter der Hüfte hochzuziehen. Laufen Sie eine kurze Strecke hinter Ihrem Partner und prägen Sie sich ein, wie es sich anfühlt. Lösen Sie dann die Hände von den Schultern und laufen Sie ohne Partner genauso weiter wie vorher.

6

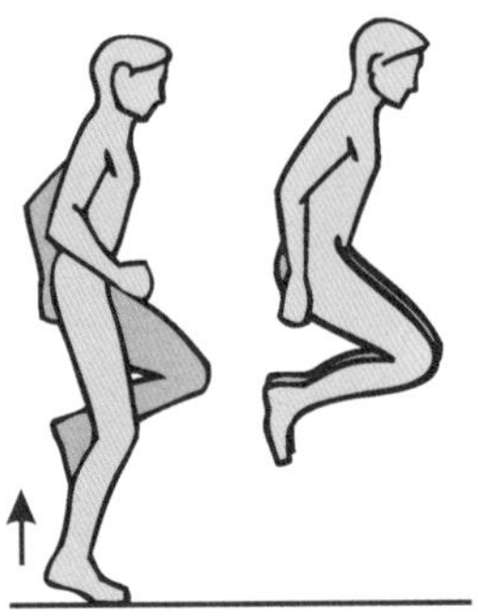

Hopping

Beginnen Sie in der einbeinigen Laufpose. Ziehen Sie den Support-Fuß explosiv senkrecht nach oben und lassen Sie ihn anschließend locker zurück nach unten fallen. Führen Sie diese Übung am besten barfuß auf einem weichen Untergrund aus, zum Beispiel auf Rasen oder einer Matte. Konzentrieren Sie sich auf die folgenden Punkte:

1. Genau wie bei der Tapping-Übung sollten auch hier alle Muskeln nach dem ersten Impuls der Hamstrings entspannt sein.

2. Versuchen Sie nicht, sich aus dem Unterschenkel heraus aktiv vom Boden abzudrücken. Ziehen Sie nur den Fuß/Unterschenkel nach oben.

Wenn Sie Probleme mit dem Gleichgewicht haben, können Sie am Anfang den freien Fuß leicht auf den Boden stellen, um sich auszubalancieren.

Üben Sie das, bis Sie mit Ihrer Ferse den Po berühren. Natürlich ist das eine übertriebene Bewegung, die nur dazu dient, ein neues Bewegungsmuster zu verinnerlichen. Beim Laufen sollten Sie Ihren Fuß nie so weit nach oben ziehen. Beginnen Sie mit dem Hopping erst, wenn Sie sich mit den vorherigen Übungen sehr wohlfühlen. Wenn Sie verkrampfen oder den Bewegungsrhythmus verlieren, machen Sie besser eine Pause.

INTEGRATIONSÜBUNGEN

Integration bedeutet, mehrere Elemente zu einem System zusammenzufügen. Die Integrationsübungen fügen die Laufpose, das Fallen und das Pulling zu einem Bewegungssystem zusammen und vermitteln Ihnen die Eindrücke, die Sie während des Laufens wahrnehmen sollten. Hören Sie auf die Geräusche beim Fußaufsatz: Mit einer guten Technik bemerken Sie nur ein leises Aufsetzen des Fußes, das Laufen sollte sich sehr leicht anfühlen.

Wie bei allen Übungen mit Vorwärtsbewegung ist es wichtig, dass Sie sich nicht aktiv abdrücken und nicht die Beine nach vorn strecken und dass Sie darauf achten, möglichst unter Ihrem Körperschwerpunkt zu landen. Laufen Sie nach jeder Übung eine kurze Strecke (20 bis 30 Meter), um das Gefühl auf die Laufbewegung zu übertragen.

▶ Integrationsübungen für Anfänger

1

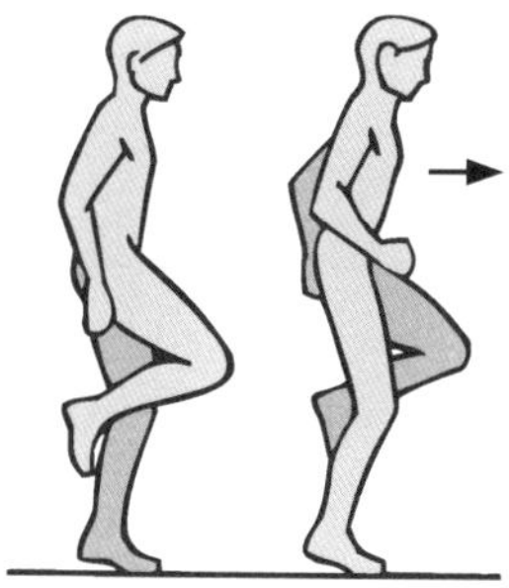

Forward change of support (Wechsel des Supports vorwärts)
Beginnen Sie mit dem Wechsel des Supports (CoS). Lehnen Sie sich dann mit Ihrem Körperschwerpunkt nur leicht nach vorn, um das Fallen und damit die Vorwärtsbewegung einzuleiten, während Sie weiter den Support von einem Bein zum anderen wechseln.

2

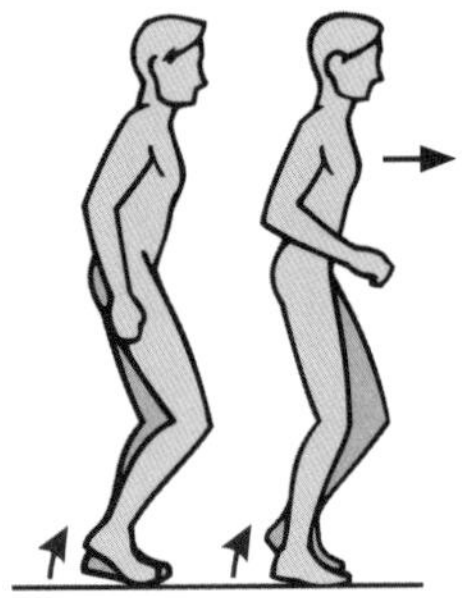

Forward Pony

Beginnen Sie mit dem Pony und lehnen Sie sich leicht mit dem Körperschwerpunkt nach vorne. Halten Sie Ihre Füße dicht über dem Boden und nah beieinander. Sie sollten immer direkt unter der Hüfte landen.

3

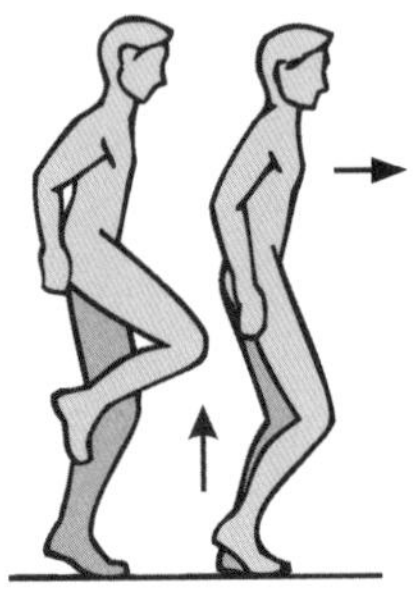

Forward Tapping

Beginnen Sie mit dem Tapping auf einem Bein auf der Stelle. Lehnen Sie sich dann leicht mit dem Körperschwerpunkt nach vorn. Setzen Sie das Tapping im gleichen Rhythmus fort, während Sie sich langsam nach vorn bewegen. Der Fallwinkel ist bei dieser Übung sehr klein.

4

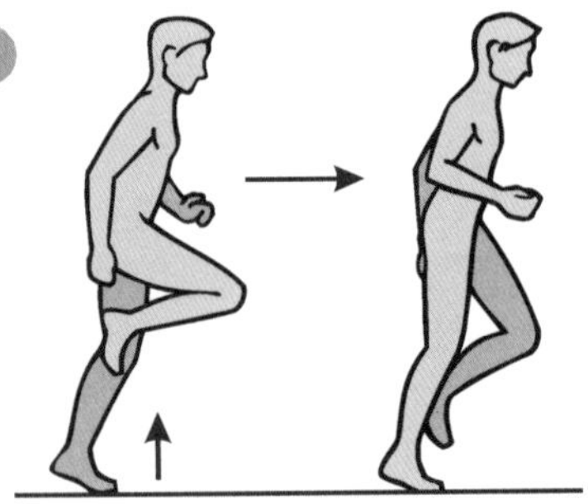

Forward Front Lunge

Beginnen sie mit dem Front Lunge auf der Stelle, bis Sie Ihren Rhythmus gefunden haben. Lehnen Sie sich leicht mit dem Körperschwerpunkt nach vorn und lassen Sie sich von der Schwerkraft ziehen. Fokussieren Sie sich bei der Übung auf ein schnelles Pulling und einen gleichmäßigen Rhythmus.

5

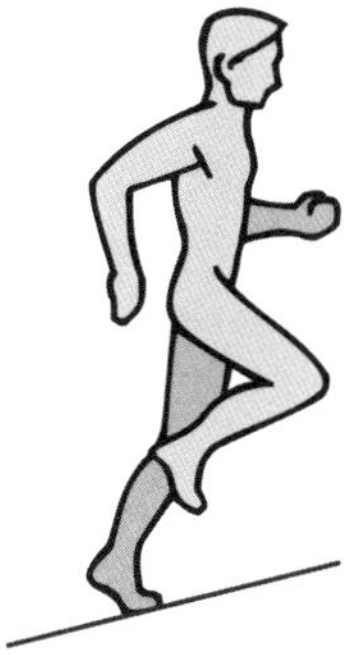

Running uphill (Bergauf laufen)
Konzentrieren Sie sich auf das schnelle Hochziehen der Füße (Pulling). Drücken Sie sich nicht aktiv ab! Machen Sie kompakte, kurze Schritte und erhöhen Sie Ihre Schrittfrequenz etwas. Beginnen Sie an kurzen Anstiegen und variieren Sie später Länge und Grad der Steigung.

6

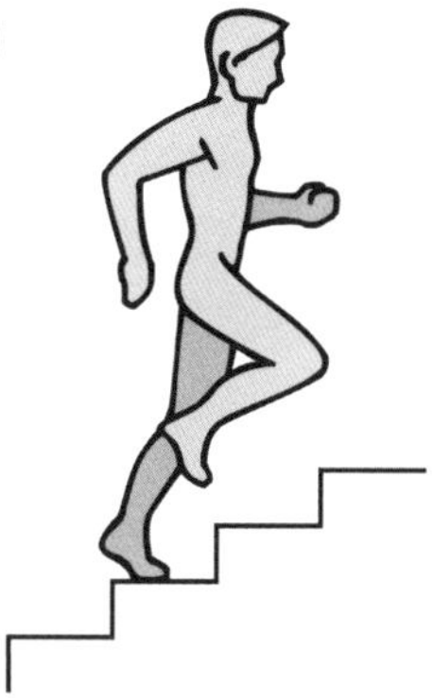

Running stairs (Treppen laufen)
Diese Übung soll nicht zu einem brutalen Training auf den Treppen eines Stadions werden, sondern Ihre Wahrnehmung schärfen. Beschränken Sie sich auf 15 bis 20 Stufen und heben Sie die Füße/Unterschenkel in einem gleichbleibenden Rhythmus über den Impuls Ihrer Hamstrings an. Drücken Sie sich nicht ab und setzen Sie Ihre Füße nicht aktiv auf die Stufen. Laufen Sie leicht und rhythmisch über sie hinweg.

7

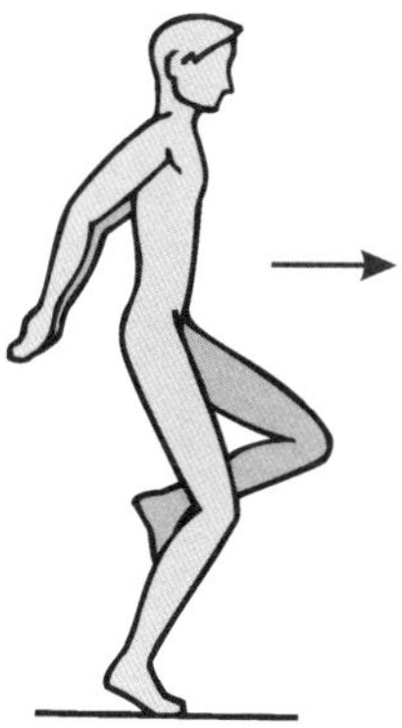

Hands clasped behind (Laufen mit den Armen hinter dem Rücken)
Ein überraschend effektives Mittel, um Ihre Bewegungsamplitude einzuschränken, besteht darin, die Arme hinter dem Rücken gestreckt nach unten hängen zu lassen und die Hände zu verschränken (Hände dabei nicht auflegen). Diese Übung schult daneben noch viele andere Aspekte Ihrer Technik: Sie können zum Beispiel den Schultergürtel nicht mehr zu stark bewegen und Ihre Oberkörperhaltung bleibt aufrecht. Auch das extreme Abrollen der Füße bis über die Zehen wird hiermit verhindert. Nutzen Sie diese Übung als Techniküberprüfung während längerer Läufe. Wenn sich Ihr Schritt dabei anders anfühlt, haben Sie vorher irgendetwas falsch gemacht.

8

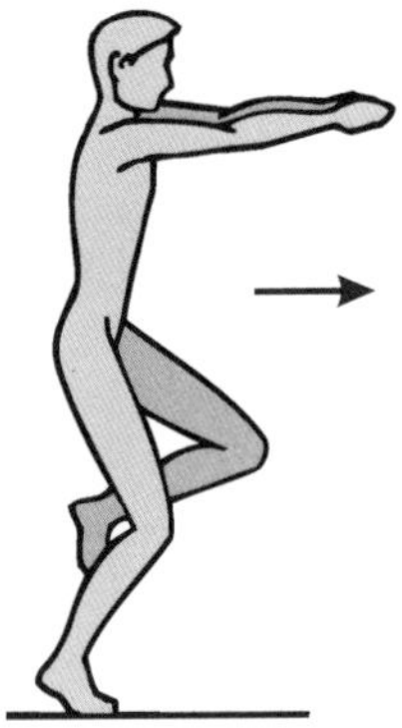

Hands clasped in front (Laufen mit gestreckten Armen vor dem Körper)

Eine der einfachsten Varianten herauszufinden, ob Sie Ihren Oberkörper ruhig halten, ist folgende: Strecken Sie beim Laufen beide Arme gerade nach vorn, die Hände sind zur Faust geballt und liegen aneinander. Wenn Ihre Hände jetzt stark nach links und rechts pendeln, können Sie sicher sein, dass Sie zu viel mit den Beinen schwingen.

9

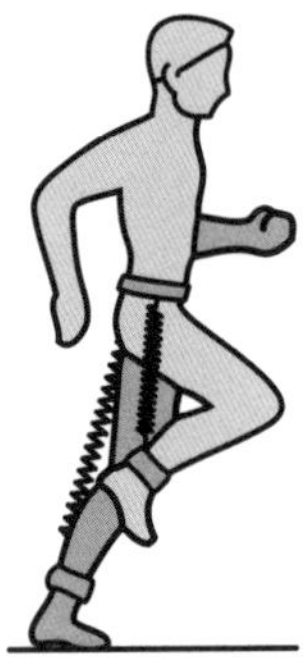

Run with running belt (Laufen mit Widerstandsbändern)

Befestigen Sie die Widerstandsbänder an Ihren Fußgelenken und an einem Gürtel, den Sie um die Hüfte tragen, und halten Sie die Bänder etwas unter Spannung. Die Widerstandsbänder sind eine Art Führung für Ihre Füße: Sie schaffen einen Weg des geringsten Widerstandes, der gerade nach oben und gerade nach unten geht. Jede Abweichung von diesem Pfad ist mit höherem Widerstand verbunden. Die Pulling-Aktion wird dabei beschleunigt und die Landung des Fußes etwas abgebremst.

So ausgestattet, können Sie viele der vorherigen Übungen machen: vom Tapping über Pony bis zum richtigen Laufen. Durch den gerade nach oben gerichteten Zug der Seile wird Ihr Fuß fast von allein an der richtigen Stelle landen – direkt unter Ihrem Körperschwerpunkt.

▶ Integrationsübungen für Fortgeschrittene

1

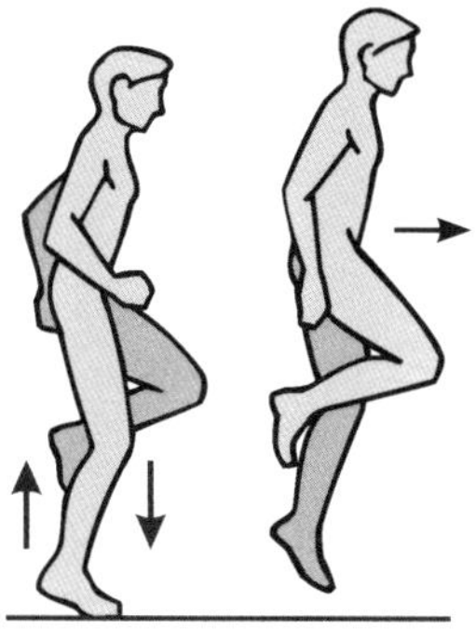

Forward skipping on 1 leg (Einbeiniges Skipping vorwärts)

Beginnen Sie mit dem Skipping auf der Stelle, ziehen Sie immer den gleichen Fuß nach oben unter die Hüfte. Lehnen Sie sich leicht mit dem Körperschwerpunkt nach vorn und behalten Sie denselben Rhythmus bei. Machen Sie die Übung auf beiden Seiten.

2

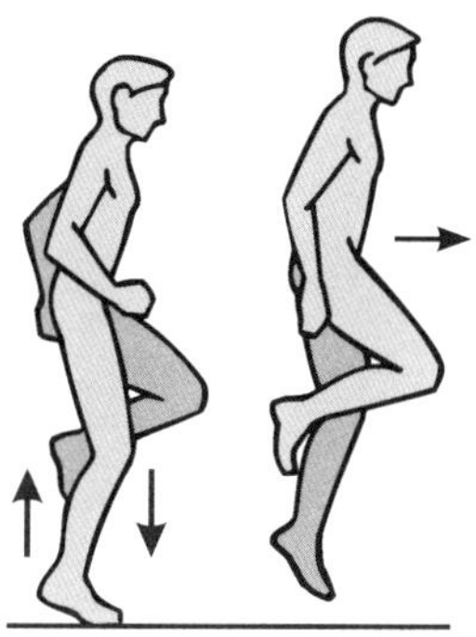

Forward skipping on 2 legs (Beidbeiniges Skipping vorwärts)

Beginnen Sie mit dem Skipping auf der Stelle, ziehen Sie die Füße im Wechsel nach oben. Lehnen Sie sich dann leicht mit dem Körperschwerpunkt nach vorn.

3

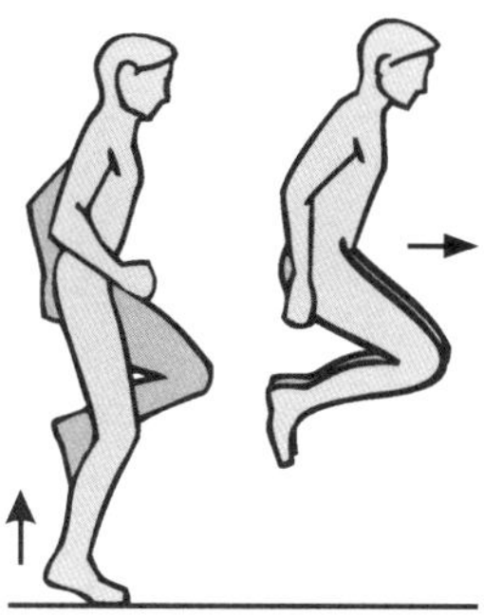

Forward Hopping

Beginnen Sie mit dem Hopping auf der Stelle und lehnen Sie sich leicht mit dem Körperschwerpunkt nach vorn. Diese Übung ist sehr anspruchsvoll. Sie sollten alle anderen Übungen gut beherrschen, bevor Sie sich an das Forward Hopping wagen. Machen Sie die Übung nicht, wenn Sie die Bewegung nicht flüssig und entspannt ausführen können!

4

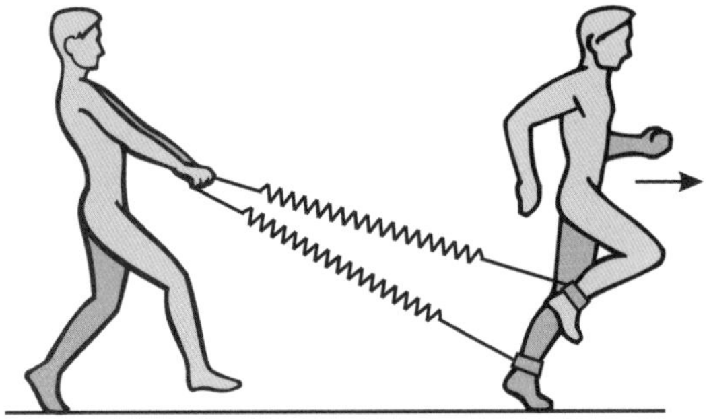

Running with stretch cordz behind (Laufen mit Widerstandsband von hinten)

Befestigen Sie die Widerstandsbänder an Ihren Fußgelenken. Ihr Partner läuft hinter Ihnen und kontrolliert die Spannung der Seile. Wenn Sie Ihre Füße rechtzeitig hochziehen, sollten die Bänder immer gespannt bleiben.

5

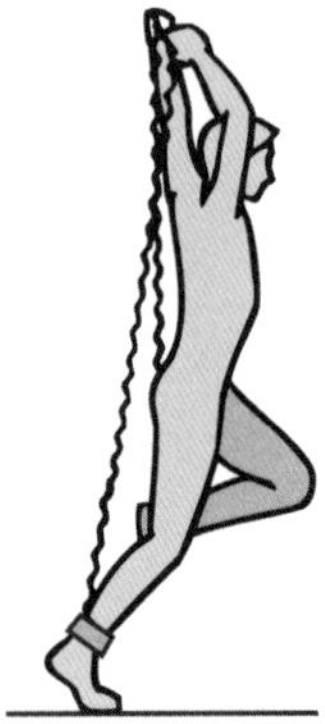

Self-elastic run (Laufen mit Widerstandsband über dem Kopf)

Befestigen Sie das Widerstandsband an Ihren Fußgelenken und halten Sie die anderen Enden mit beiden Händen über dem Kopf. Das hilft Ihnen dabei, die Füße rechtzeitig und gerade unterhalb der Hüfte hochzuziehen.

KRAFTTRAINING FÜR LÄUFER

»Jede Kette ist nur so stark wie ihr schwächstes Glied.«
Sprichwort

Als der Laufboom in den 1970er-Jahren in Amerika aufkam, dachte keiner der vielen Freizeitläufer an ein ergänzendes Krafttraining. Ganz im Gegenteil: Die Laufbewegung stellte eine Alternative dazu dar. Um besser zu laufen, musste man nur mehr laufen – so weit die Theorie von William Bowerman.[28]

In der Realität führte diese Trainingsphilosophie jedoch nicht zu schnelleren Zeiten: Unzählige Trainingskilometer mit schlechter Technik und ohne Kräftigung des ganzen Körpers hatten unweigerlich viele Verletzungen zur Folge. Es dauerte noch eine Weile, bis sich diese Erkenntnisse im Kreis der führenden Wissenschaftler und Trainer herumsprachen, doch letztendlich wurde die Bedeutung des Krafttrainings für die Verbesserung von Ausdauerleistungen im Laufsport unwiderruflich belegt.

Warum ist also das Krafttraining für die Pose-Methode so bedeutsam, wo doch die Schwerkraft der primäre Motor unserer Bewegung ist und wir nur die Füße vom Boden ziehen müssen? Wie kann das Krafttraining Ihre Laufleistungen verbessern?

Sie kennen bestimmt das alte Sprichwort »Jede Kette ist nur so stark wie ihr schwächstes Glied«. Der menschliche Körper ist keine Ansammlung unabhängig voneinander arbeitender Muskeln, sondern ein eng miteinander verflochtenes System. Jede einzelne Faser Ihres Körpers ist wichtig für die Funktion des Gesamtsystems und leistet ihren spezifischen Beitrag zur Bewegung des ganzen Körpers. Ein Versagen an einer Stelle mindert die Leistung und führt letztendlich zum Zusammenbruch des ganzen Systems.

Stellen Sie sich eine alte Lokomotive vor. Die Übertragung der Kraft von der Maschine auf die Räder passiert durch eine einfache Mechanik, die eine Pleuelstange auf die Antriebsräder drückt – immer und immer wieder. Dieser einfache Mechanismus ermöglicht den Transport von riesigen Mengen von Stahl, Gütern und Personen über Tausende von Kilometern, über die höchsten Berge und quer durch das ganze Land. Die Bewegung dabei ist sehr einfach und immer gleich und trotzdem sind die Anforderungen an die Belastbarkeit der Mechanik gewaltig. Jedes einzelne Bauteil muss für die maximale Leistung ausgelegt sein, damit das Gesamtsystem funktioniert.

Auch in der Pose-Methode ist die primäre Bewegung – das Hochziehen der Füße vom Boden – sehr einfach, doch dafür muss Ihr gesamter Körper entsprechend trainiert sein. Um die ideale Technik bei hoher Geschwindigkeit und über viele Kilometer beibehalten zu können und den Aufprallbelastungen standzuhalten, bedarf es nicht nur Konzentration; der Körper muss auch in der Lage sein, das, was der Geist verlangt, auszuführen.

Kraft hat auch für eine weitere Komponente eine zentrale Bedeutung: die Schnelligkeit. Schnelligkeit ist nicht nur etwas für Fußballspieler oder 100-Meter-Sprinter – auch auf längeren Strecken ist sie eine wichtige Voraussetzung. Schnelligkeit ist für zwei Aspekte entscheidend: erstens für die Zeit, die Sie brauchen, um den Fuß/Unterschenkel vom Boden zu ziehen, und zweitens für eine hohe Schrittfrequenz. Beide Elemente sind auf die Elastizität und die Kraft der Muskeln angewiesen. Je stärker Sie sind, desto länger können Sie den schnellen Rhythmus einer zyklischen Bewegung aufrechterhalten, insbesondere wenn Sie dabei Ihr gesamtes Körpergewicht tragen und den Aufprallbelastungen standhalten müssen, und Sie können die Höhe des Pullings besser dosieren.

Auf den folgenden Seiten werde ich Ihnen spezifische Übungen vorstellen, die die ungleichen Muskelgruppen Ihres Körpers zu einem einzigen System verschmelzen lassen – bereit zum Laufen. Wenn Sie ohne genügend Kraft und Stabilität laufen, werden sich nach kurzer Zeit alle Anzeichen einer schlechten Technik einstellen: lang gezogene Schritte, schwerfällige Bewegungen und ein Gesichtsausdruck, der das psychoemotionale Unwohlsein widerspiegelt. Das Gegenteil sollte der Fall sein: Ruhe, Konzentration und schnelle, kompakte Schritte.

Ein laufspezifisches Krafttraining sollte folgende Übungen beinhalten, da sie die Basis für die ideale Lauftechnik legen:

1. Training der Faszienelastizität

2. Training der Hüftmuskulatur

3. Training der Hamstrings sowie der Waden- und Fußmuskulatur

Die Faszienelastizität ist wichtig, um eine kurze Bodenkontaktzeit zu realisieren, eine starke Hüftmuskulatur wird Ihre Fähigkeit zu fallen verbessern und starke Hamstrings sowie Waden- und Fußmuskulatur ermöglichen, die Füße schnell vom Boden zu ziehen und damit eine hohe Schrittfrequenz zu erreichen und gleichzeitig den Aufprall zu dämpfen.

Integration von Krafttraining in Ihr Trainingsprogramm

Auch wenn klar ist, dass spezifisches Krafttraining eine wesentliche Komponente eines ausgewogenen Trainingsansatzes darstellt, sollten Sie darauf achten, dieses Training auf die richtige Weise und aus den richtigen Gründen zu nutzen. Es gibt im Wesentlichen drei Kategorien für Krafttraining: Entwicklung, Erhalt und Erholung. Sie können jede der Übungen für jede dieser drei Kategorien benutzen. Der Unterschied liegt in der Intensität und Anzahl der ausgeführten Wiederholungen.

Häufig scheitern Läufer an einem fehlenden komplexen Verständnis hinsichtlich Volumen und Intensität. Volumen ist einfach die Anzahl der Sätze und Wiederholungen einer gegebenen Übung. Intensität jedoch kann in Definition und Praxis variieren. Manchmal wird Intensität über das Gewicht der Hantel oder Höhe der Plyo-Box bemessen. Sie kann sich aber auch auf die Gesamtdauer der Übung oder unterschiedliche Pausenzeiten zwischen den Übungen beziehen. Ihr Ausgangspunkt und Fortschritt sind individuell. Bevor Sie ein Trainingsprogramm starten, ist es wichtig zu wissen, wie gut Sie die verschiedenen Übungen beherrschen. Dadurch können Sie den Fortschritt im Trainingsverlauf exakt messen.

Generell erfordert die Entwicklungsphase das größte Trainingsvolumen hinsichtlich Anzahl der Sätze, Intensität und Schwierigkeit. Die Erhaltungsphase zeigt sich in einer Reduzierung der Anzahl der Sätze und/oder Wiederholungen. In der Erholungsphase werden Intensität und Schwierigkeit bei gleichzeitiger Erhöhung der Sätze und/oder Wiederholungen reduziert.

In der Entwicklungsphase des Krafttrainings sind zwei verschiedene Aspekte zu beachten. Wenn Sie ein Läufer sind, der zum ersten Mal Krafttraining durchführt, müssen Sie sich dem Entwicklungstraining vorsichtig annähern, während Sie die Übungen lernen und sich an die neuen Belastungen für Ihren Körper anpassen. Obwohl die Entwicklungsphase das größte Trainingsvolumen bedeutet, sollten Sie sich mehrere Monate der Anpassung zugestehen, bevor Sie sich an ein hohes Volumen, Intensität und Schwierigkeit wagen.

Ab diesem Zeitpunkt können Sie, während Sie Erhaltungs- und Erholungsphasen durchlaufen und zur Entwicklungsphase zurückkehren, einfacher in intensivere Arbeit einsteigen. Wenn Sie jedoch das Krafttraining für längere Zeit unterbrechen, müssen Sie damit rechnen, dass Sie wieder am Anfang stehen und einen langsamen Aufbau für Ihr Programm einplanen müssen.

Im Allgemeinen sollten Sie in der Entwicklungsphase des Krafttrainings zwei bis drei Trainingseinheiten pro Woche ausschließlich dem Krafttraining widmen. Wenn Sie in die Erhaltungsphase wechseln, können Sie die Krafteinheit in eine andere Trainingseinheit integrieren. In der Periode mit den größten Laufumfängen und -intensitäten sollten Sie dann das Krafttraining ans Ende Ihrer Laufeinheit anhängen. In diesem Fall ist das Ziel des Trainings, Ihre Muskelfunktionen wieder zu normalisieren und die Anspannung und Schmerzen infolge extrem harten Lauftrainings zu minimieren.

In der Entwicklungsphase sollte sich jede der zwei bis drei Einheiten pro Woche auf einen spezifischen Bereich des Körpers konzentrieren. Eine Einheit sollte sich auf Ihre Beine konzentrieren, eine auf den Oberkörper und eine auf den unteren Rücken und die Bauchmuskeln. Die Trainingseinheit für die Beine sollte vor einem Erholungstag geplant werden, damit die Beine die Möglichkeit haben, vom Kraftzuwachs zu profitieren, bevor sie erneut auf der Straße oder Bahn beansprucht werden.

Denken Sie daran: Das Schlüsselwort lautet hier »Entwicklung«. Viel zu oft halten Läufer einen Erholungstag für einen verlorenen Tag, für einen Tag, an dem sie hätten trainieren können. Tappen Sie nicht in diese Falle. Ein Erholungstag ist ein Tag, der es ermöglicht, den Nutzen einer bestimmten Trainingseinheit oder einer Anzahl von Trainingseinheiten in Ihrem Körper zu festigen. Wenn Sie Ihrem Körper keine Gelegenheit zur Erholung lassen und ihn stattdessen Tag für Tag antreiben, werden Sie nicht den optimalen Nutzen aus Ihren Mühen ziehen und schließlich scheitern. Ruhe und Erholung sind genauso wichtig wie das Training.

In der Entwicklungsperiode kann die Anzahl der Wiederholungen je Satz bis zu zehn Wiederholungen betragen, bei zunehmender Intensität. Je nach gewählter Übung können Sie ein bis fünf Sätze ausführen, wobei fünf für einige der Sprungübungen passend sind.

Seien Sie mit Ihren Gedanken bei diesen Sätzen und konzentrieren Sie sich auf die Gefühle und Wahrnehmung in Ihrem Körper. Während des Entwicklungszyklus sollten Sie bis zu dem Punkt trainieren, wo Sie deutliche Spannung in den trainierten Muskelgruppen spüren, aber treiben Sie sich nicht bis zu dem Punkt des Muskelversagens. Nach einer Weile werden Sie beginnen, Ihre Grenzen zu erkennen, auch wenn Sie sehen, wie Ihre Fähigkeiten wachsen.

Beim Übergang in die Erhaltungsphase ist es weiterhin am besten, jedem Bereich des Körpers eine eigene wöchentliche Einheit zu widmen, wie schon während der Entwicklungsphase: Jetzt können diese Krafteinheiten jedoch in ein Lauftraining integriert werden. Zum Beispiel können Sie den Wendepunkt in einem 10-Kilometer-Lauf an einem Ort planen, der sich für einige Sprungübungen eignet. Halten Sie am Wendepunkt an, erholen Sie sich einige Minuten und machen Sie dann Ihre Sprungübungen.

Da Sie jetzt in der Erhaltungsphase sind, sollten die Sprünge nicht so intensiv sein wie in der Entwicklungsphase. Sie können bei etwa zehn Wiederholungen bleiben, aber absolvieren Sie nicht mehr als drei Sätze je Übung. Sie sollten auch die Anzahl verschiedener Übungen während einer Trainingseinheit begrenzen und die Übungen von Trainingseinheit zu Trainingseinheit variieren.

Genauso können Sie einen Lauf durch einen lokalen Trimmpfad planen, um dort Ihren Oberkörper zu trainieren, oder einen Punkt suchen, der für das Training des unteren Rückens oder der Bauchmuskeln geeignet ist. Wenn Sie Ihre Krafteinheiten in einen Lauf integrieren, schaffen Sie damit nicht nur Platz in Ihrem gesamten Wochenablauf, sondern Sie nehmen den Fokus wirklich in Ihre Laufeinheiten auf. Anstatt lediglich die für den Tag geplanten Kilometer abzureißen, gestaltet sich Ihre Trainingseinheit wesentlich interessanter. Sie laufen die erste Hälfte mit einem für Sie angenehmen Tempo, führen einige schnelle Übungen aus und fokussieren sich dann darauf, alles mit einem schnelleren Tempo auf dem Rückweg zusammenzufügen. Ihr Sinn für die Zweckmäßigkeit dürfte wesentlich von der kombinierten Trainingseinheit profitieren.

Schließlich erreichen Sie die Wettkampfsaison. Hier dient das Krafttraining der Erholung Ihrer Muskelgruppen. Generell laufen Sie während der Wettkampfsaison weniger Kilometer pro Woche, aber eine oder zwei Ihrer Trainingseinheiten werden mit sehr hoher Intensität ausgeführt. Hier verlegen Sie Ihre »Kraft«-Einheit auf das Ende der Laufeinheit und nutzen sie zum Cool-down des Körpers und um die Muskeln in einen normalen Arbeitszustand zurückzuführen.

Wenn Sie nach einem sehr intensiven Lauf einfach stoppen und unter die Dusche gehen, werden Ihre Muskeln zittern, Ihre Nervenenden immer noch feuern und der überanstrengte Stoffwechsel wird nicht einfach sofort abschalten wollen. Um den Übergang von intensiver Arbeit zum normalen Leben zu erleichtern, müssen Sie lockeres Gehen mit Ihren Übungen kombinieren, die nun mit sehr wenig Kraft und relativ vielen Wiederholungen durchgeführt werden.

Während Sie mit den Übungen in der Entwicklungsphase einem Muskelversagen nahekamen, sollten Sie nun das Gegenteil spüren. Stellen Sie sich auf die Rückmeldungen Ihres Körpers ein und spüren Sie die Erholung, die in Ihren Muskeln und Ihrem Bindegewebe stattfindet. Es ist erheblich besser, sich zu erholen, während Sie noch in Ihrer Laufkleidung stecken, als direkt vom Lauftraining zum Duschen oder auf die Couch überzugehen. Aktive Erholung ist immer besser als ein plumper »Crash«.

Vergessen Sie das lockere Gehen und die Erholungsübungen auch nach den Wettkämpfen nicht. Während die Verlockung groß ist, sich zu den Obsttischen und hart verdienten Bieren zu begeben, die bei so vielen Wettkämpfen angeboten werden, sollten Sie sich zuerst die Zeit nehmen, sich um Ihren Körper zu kümmern.

Generell sollte die Entwicklungsphase als »Vorsaison« angesehen werden, die Erhaltungsphase als »frühe Saison« und die Erholungsphase der »Wettkampfsaison« zugeordnet werden, aber es gibt dafür keine kurzen und knappen Regeln, denn unser Leben und unser Training sind selten so gleichmäßig gestrickt. Entscheiden Sie nach eigenem Ermessen, wann Sie welche Phase anwenden, und passen Sie Ihr Training nach Bedarf an, besonders wenn Verletzungen oder Alltagsprobleme Ihr normales Trainingsmuster unterbrechen.

Eventuell finden die beiden wichtigsten Wettkämpfe am Anfang und am Ende des Sommers statt. In diesem Fall macht es Sinn, für den ersten Wettkampf einen Höhepunkt zu erreichen und dann für vier bis sechs Wochen zur Entwicklungsphase des Krafttrainings zurückzukehren, bevor Sie anfangen, sich für den zweiten Hauptwettkampf vorzubereiten.

Letztlich geht es darum: Wenn Sie Ihre Laufleistung wirklich ernsthaft steigern wollen, dann sehen Sie Krafttraining nicht als etwas Zusätzliches oder einen Luxus, wofür Sie nicht das Herz oder die Zeit haben. Krafttraining ist integraler Bestandteil des Lauftrainings, eine Notwendigkeit, die in jeder Hinsicht genauso wichtig ist wie das Sammeln von Kilometern auf der Straße oder der Bahn.

Krafttrainigsprogramm

Damit Sie loslegen können, finden Sie hier ein 4-Wochen-Krafttrainigsprogramm, dem Sie folgen können. Darin sind eine Auswahl an Kraftübungen, die in diesem Buch beschrieben wurden oder im Video-Serie-Programm (video.posemethod.com) zu finden sind, enthalten. Sie können diese gerne mit ähnlichen Übungen tauschen. Ferner dient der Plan als Vorlage, wenn Sie eigene zusätzliche Krafttrainingseinheiten und -programme zusammenstellen wollen.

Wie zuvor in diesem Kapitel erwähnt, ist es wichtig, bei der Ausführung einzelner Übungen Ihre Fähigkeiten zu kennen, insbesondere das angemessene Gewicht für das Gewichtheben. Zur Vereinfachung gibt dieses Trainingsprogramm nur das Volumen für jede Übung an. Vor dem Start sollten Sie Ihre Grenzen für Gewicht, Höhe und andere Intensitätsmerkmale kennen, die für dieses Programm nötig sind. Die für jede Einheit gewählte Intensität sollte fordernd, aber nicht entmutigend sein.

▶ Woche 1

Tag 1

Start	**Testlauf**	**Workout**				**Ende**
Leichtes Joggen **Leichtes Flexibility-Training** **Hopping**	5 000 m auf Zeit	Optional Pistol Squat 3 Sätze, 12–10–8 Wdh.	Optional Snatch 3 Sätze, 12–10–8 Wdh.	Optional Face Down Hip Dips with Leg Up 3 Sätze, 10 Wdh.	Optional Kick Starter 3 Sätze, 10 Wdh.	Leichtes Joggen Komplettes Flexibility-Programm

Tag 2

Start	**Workout**				**Testlauf**	**Ende**
Leichtes Joggen **Leichtes Flexibility-Training** **Hopping**	Face Up Hip Dips 3 Sätze, 10 Wdh.	Twist with bar overhead 3 Sätze, 10–15–20 Wdh.	Med Ball: 2-leg hop with throws 3 Sätze, 10 Wdh.	Knees to Feet Hop 1 Satz, 15 Wdh.	2 × 200 m	Leichtes Joggen Komplettes Flexibility-Programm

Tag 3

Start	**Workout**				**Testlauf**	**Ende**
Leichtes Joggen **Leichtes Flexibility-Training** **Hopping**	Knees to Feet Hop 1 Satz, 15 Wdh.	Toe Taps in Pose with bar overhead 3 Sätze, 10 Wdh.	Face Down Hip Dips with hands on a box 3 Sätze, 10 Wdh.	Front Lunge with bar overhead 3 Sätze, 10 Wdh.	1 × 3 000 m	Leichtes Joggen Komplettes Flexibility-Programm

▶ Woche 2

Tag 1

Start	Workout				Testlauf	Ende
Leichtes Joggen **Leichtes Flexibility-Training** **Hopping**	Overhead Squats 3 Sätze, 12–10–8 Wdh.	Power Clean 3 Sätze, 12–10–8 Wdh.	Face Up Hip Dips with Leg Up 3 Sätze, 10 Wdh.	Ankle Weight Pulls 3 Sätze, 10 Wdh.	1 500 m	Leichtes Joggen Komplettes Flexibility-Programm

Tag 2

Start	Workout				Testlauf	Ende
Leichtes Joggen **Leichtes Flexibility-Training** **Hopping**	Side Hip Dips with Leg Up 3 Sätze, 10 Wdh.	Box Jumps 3 Sätze, 10–15–20 Wdh.	Side-to-Side Plyo Jumps 3 Sätze, 10–15–20 Wdh.	Jump Rope in Pose 3× 1 Minute pro Seite	4 × 200 m	Leichtes Joggen Komplettes Flexibility-Programm

Tag 3

Start	Workout				Testlauf	Ende
Leichtes Joggen **Leichtes Flexibility-Training** **Hopping**	Elevated Front Lunge 3 Sätze, 10 Wdh.	Push Press 3 Sätze, 12–10–8 Wdh.	Face Up Hip Dips with feet on a box 3 Sätze, 10 Wdh.	Russian Hammy 3 Sätze, 10 Wdh.	1 × 2 000 m	Leichtes Joggen Komplettes Flexibility-Programm

▶ Woche 3

Tag 1

Start	Workout				Testlauf	Ende
Leichtes Joggen **Leichtes Flexibility-Training** **Hopping**	Squat Hops 3 Sätze, 12–10–8 Wdh.	Clean & Jerk 3 Sätze, 12–10–8 Wdh.	Face Up Hip Dips with Hands on box & Leg Up 3 Sätze, 10 Wdh.	Med Ball: Standing Kick backs 3 Sätze, 10 Wdh.	1 500 m	Leichtes Joggen Komplettes Flexibility-Programm

Tag 2

Start	Workout				Testlauf	Ende
Leichtes Joggen **Leichtes Flexibility-Training** **Hopping**	Face Down Hip Dips 3 Sätze, 10 Wdh.	Box Jumps in Pose 3 Sätze, 10–15–20 Wdh.	Front-to-Back Plyo Jumps in Pose 3 Sätze, 10–15–20 Wdh.	Jump Rope: Change of Support 3× 1 Minute	4 × 400 m	Leichtes Joggen Komplettes Flexibility-Programm

Tag 3

Start	Workout				Testlauf	Ende
Leichtes Joggen **Leichtes Flexibility-Training** **Hopping**	Elevated Front Lunge with bar overhead 3 Sätze, 10 Wdh.	Side Hip Dips with Feet on box 3 Sätze, 10 Wdh.	Alternate Lunge Hops 3 Sätze, 10 Wdh.	Toe Taps with bar overhead 3 Sätze, 20 Wdh.	1 × 3 000 m	Leichtes Joggen Komplettes Flexibility-Programm

Woche 4

Tag 1

Start	Workout				Testlauf	Ende
Leichtes Joggen **Leichtes Flexibility-Training** **Hopping**	Back Squats 3 Sätze, 12–10–8 Wdh.	Dead Lifts 3 Sätze, 12–10–8 Wdh.	Face Down Hip Dips with Feet on a box 3 Sätze, 10 Wdh.	Russian Hammy 3 Sätze, 10 Wdh.	1 500 m	Leichtes Joggen Komplettes Flexibility-Programm

Tag 2

Start	Workout				Testlauf	Ende
Leichtes Joggen **Leichtes Flexibility-Training** **Hopping**	Side Hip Dips 3 Sätze, 10 Wdh.	Depth Jumps 3 Sätze, 10–15–20 Wdh.	Box Jumps in Pose with bar overhead 3 Sätze, 10–15–20 Wdh.	Jump Rope: Pony 3× 1 Minute pro Seite	2 × 200 m	Leichtes Joggen Komplettes Flexibility-Programm

Tag 3

Start	Testlauf	Workout				Ende
Leichtes Joggen **Leichtes Flexibility-Training** **Hopping**	5 000 m auf Zeit	Optional Toe Taps with med ball overhead 3 Sätze, 10–15–20 Wdh.	Optional Alternate Lunge Jumps 3 Sätze, 10 Wdh.	Optional Face Down Hip Dips with Hands on box & Leg Up 3 Sätze, 10 Wdh.	Optional Criss Cross with bar overhead 3 Sätze, 10 Wdh.	Leichtes Joggen Komplettes Flexibility-Programm

TRAINING DER MUSKELELASTIZITÄT (FASZIENELASTIZITÄT)

»Das Ganze ist mehr als die Summe seiner Teile.«
Aristoteles

Das Training der Elastizität Ihrer Faszien ist ein wichtiger Baustein zur Verbesserung Ihrer Laufleistungen. Sie werden merken, wie es Ihnen Stück für Stück leichter fällt, eine hohe Schrittfrequenz beizubehalten – ein deutliches Zeichen für eine verbesserte Effizienz Ihrer Bewegung.

Die hier vorgestellten Sprungübungen kosten nicht viel Zeit. Lassen Sie sich dadurch nicht verleiten, am Anfang zu viel auf einmal zu machen. Steigern Sie den Übungsumfang allmählich und achten Sie vor allem immer darauf, dass Sie die Übungen richtig ausführen! Auch wenn sie einfach aussehen, können sie Ihnen Muskelkater und sogar Verletzungen bescheren, wenn Sie nicht sorgfältig und mit voller Konzentration trainieren. Steigern Sie die Wiederholungszahl erst, wenn Sie die Übung beherrschen.

Bei den Sprungübungen geht es nicht darum, besonders hoch zu springen. Das Ziel besteht darin, die Elastizität der Muskeln, Sehnen und Bänder (Faszien) auszunutzen, nicht etwa, sich aktiv vom Boden abzudrücken. Halten Sie die Knie dabei immer leicht gebeugt!

Die Übungen sind in zwei Schwierigkeitsgrade aufgeteilt. Innerhalb dieser Kategorien sollten Sie immer zuerst die Sprünge auf der Stelle lernen, bevor Sie mit denjenigen in verschiedene Richtungen beginnen. Bei diesen Übungen lehnen Sie sich mit Ihrem Körperschwerpunkt zusätzlich leicht zu der Seite, zu der Sie sich bewegen wollen.

Um die Schwierigkeit der Übungen zu erhöhen, können Sie zudem Gewichte einsetzen (Stangen, Hanteln, Gewichtsmanschetten etc.). Diese Übungen stellen höhere Anforderungen an die Koordination und Präzision der Bewegung und tragen zudem stärker zur Kraftentwicklung bei. Mit Springseilen, Kästen, Medizinbällen oder Widerstandsbändern können Sie die Übungen, die Sie bereits kennengelernt haben, variieren und den Schwierigkeitsgrad weiter erhöhen. Achten Sie genau wie beim Laufen darauf, dass Ihr Gewicht bei allen Übungen auf dem Fußballen bleibt – die Ferse berührt immer leicht den Boden. Damit bereiten Sie Ihren Körper optimal für den Fußaufsatz auf dem Ballen vor.

▶ Sprungübungen für Anfänger

1

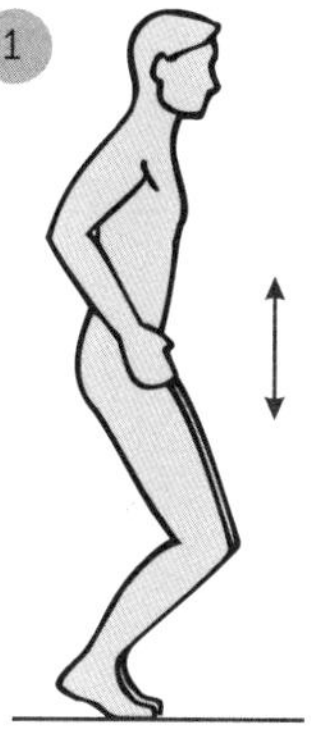

Pose Jumps
Sprünge mit beiden Füßen in s-förmiger Körperhaltung

2

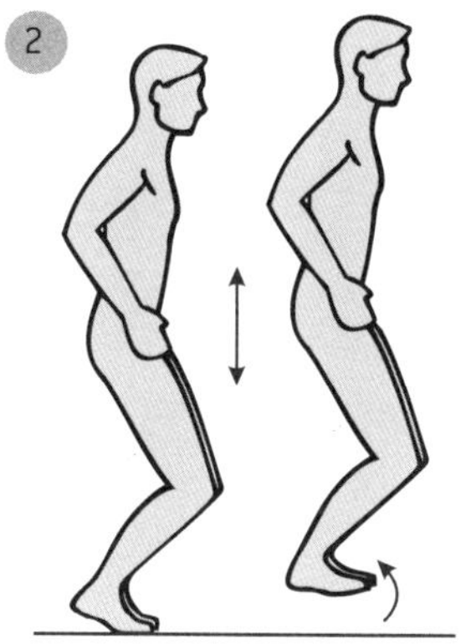

Toes up
Sprünge mit beiden Beinen in s-förmiger Haltung
und mit nach oben gezogenen Zehen

3

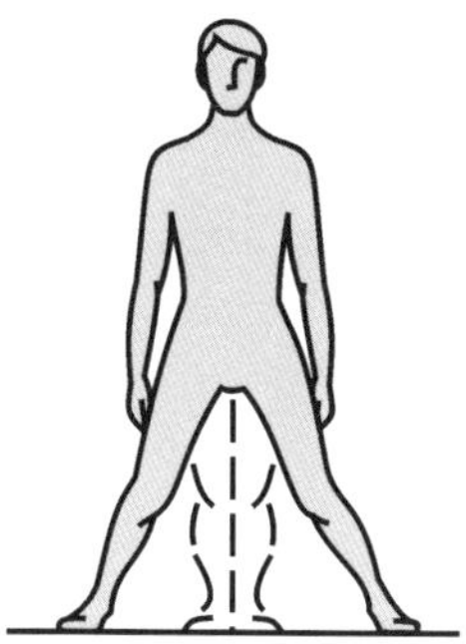

Pose wide/Narrow Jumps
Sprünge mit Zusammen- und Auseinandersetzen der Füße

4

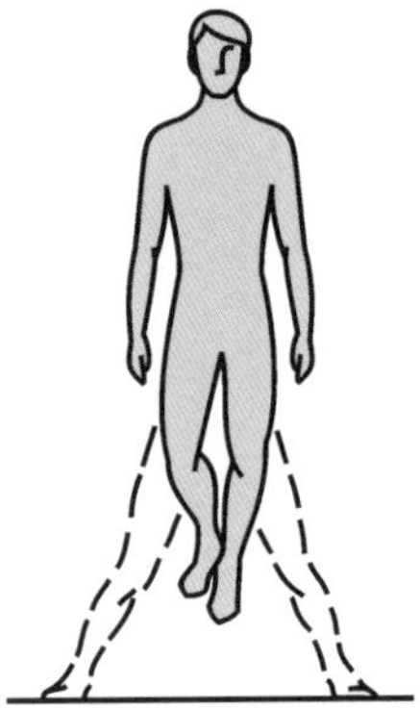

Heel Touch

Sprünge nach oben mit Berührung der Füße in der Luft

5

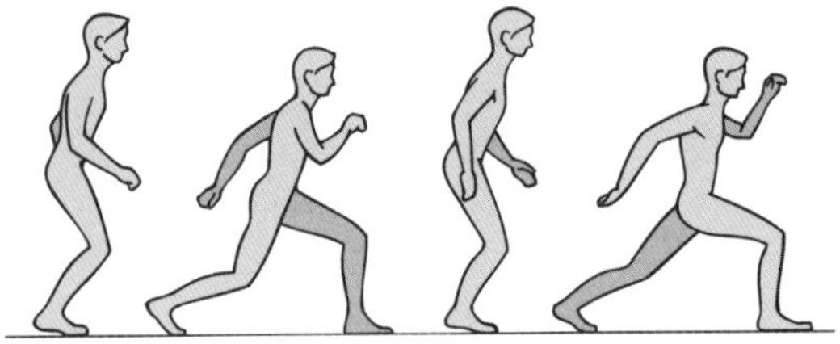

Lunge Jumps from Pose

Sprünge aus der s-förmigen Pose-Position in den Ausfallschritt

6

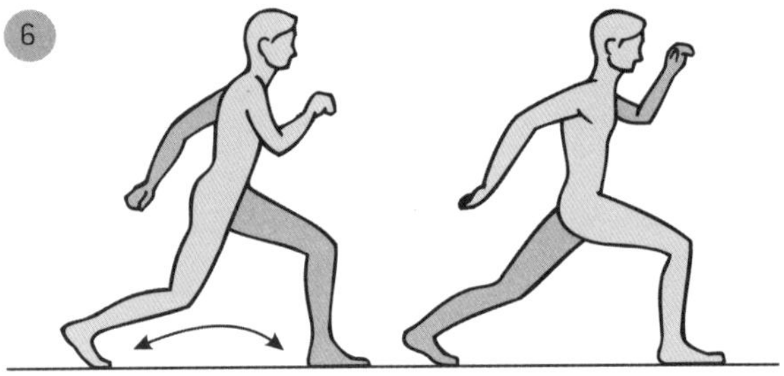

Lunge Jumps

Sprünge im Ausfallschritt von einer Seite zur anderen

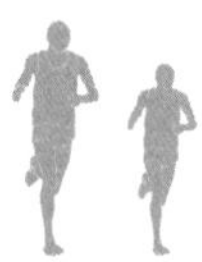

7

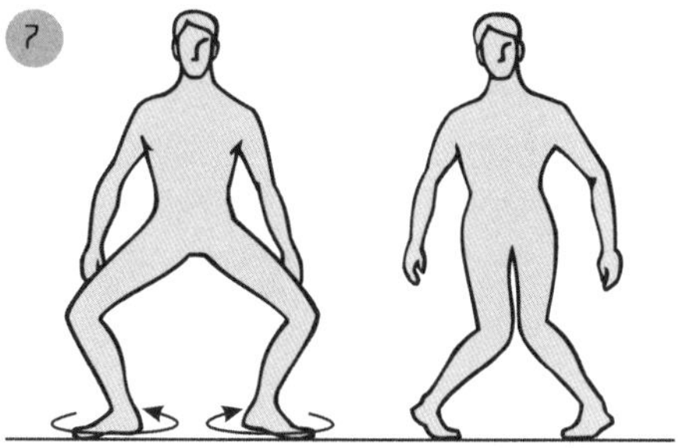

Toes in/out

Sprünge mit beiden Beinen, die Füße werden einwärts- und auswärtsgedreht

8

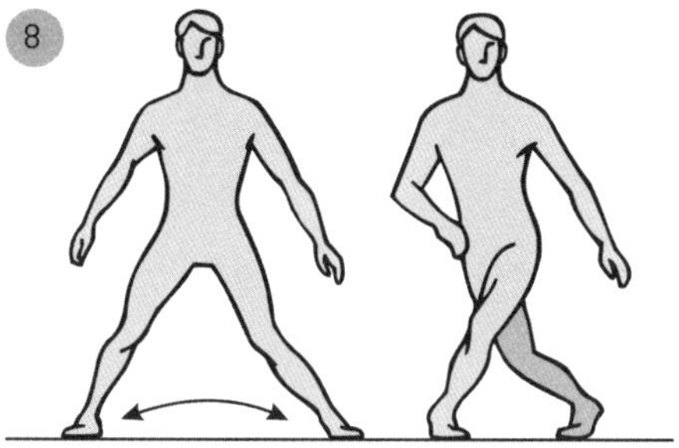

Criss Cross Jumps in place

Sprünge mit Überkreuzen der Beine auf der Stelle

9

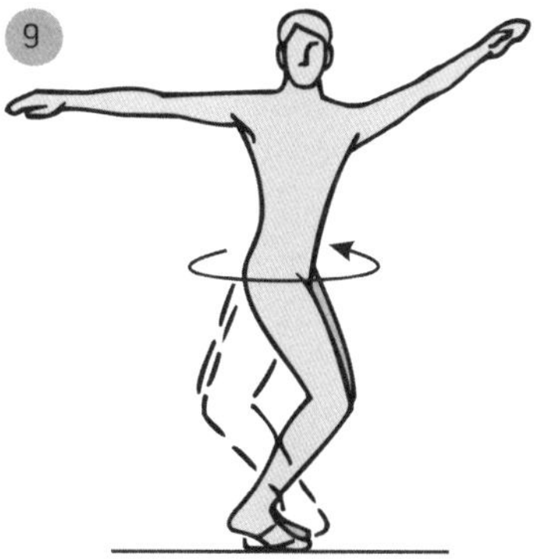

Twist

Sprünge mit Hüftdrehung, Füße und Beine bleiben immer zusammen

10

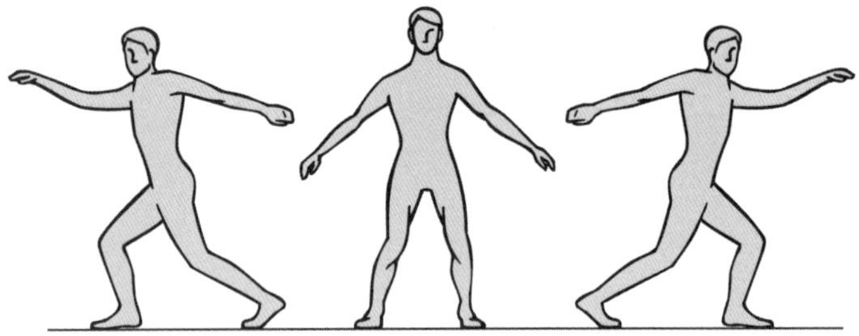

Jumps turning feet from side to side

Sprünge mit abwechselndem Eindrehen der Füße – Beine bleiben etwas offen

11

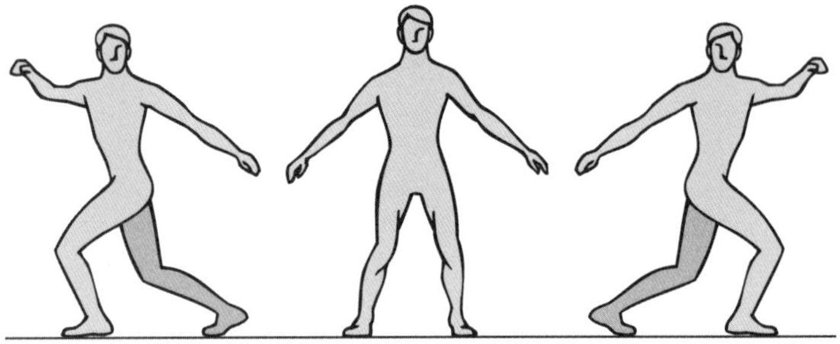

Jumps twisting hips and landing in front lunge

Sprünge mit Hüftdrehung und Überkreuzen der Beine

12

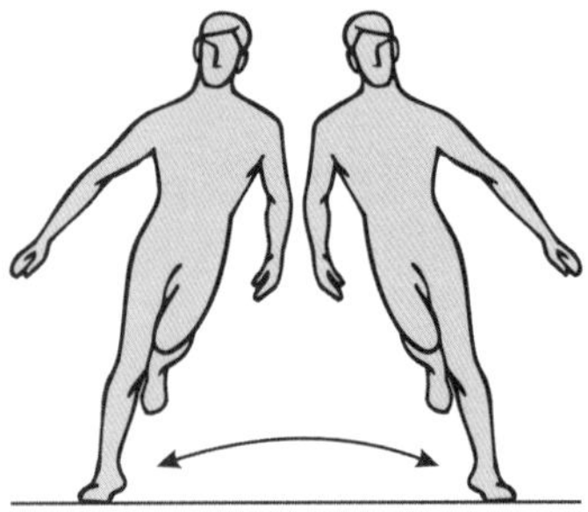

Side-to-side Jumps

Sprünge mit Verlagerung des Gewichts von einem Bein zum anderen

13

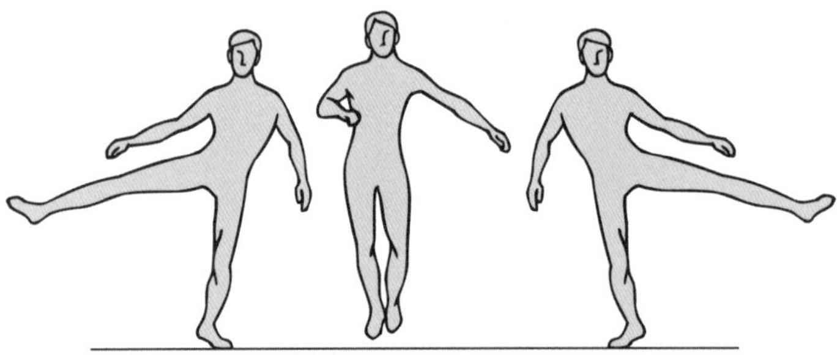

Side-to-side Pendulum

Verlagerung des Gewichts von einem Bein zum anderen und Pendeln des freien Beins zur Seite (Unweighting)

14

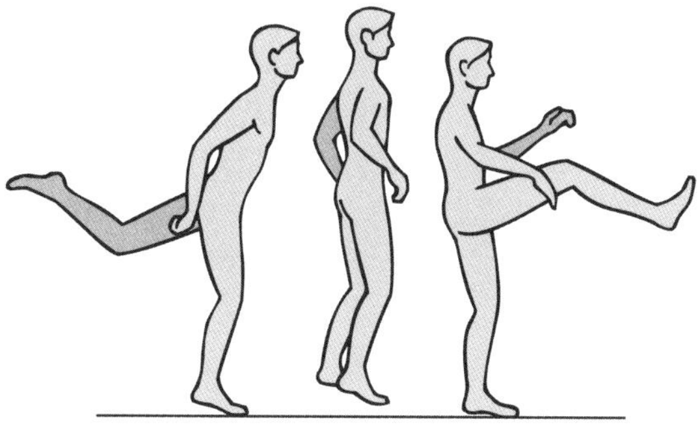

Forward-Backward Pendulum
Verlagerung des Gewichts von einem Bein zum anderen und Pendeln des freien Beins nach vorn und hinten (Unweighting)

15

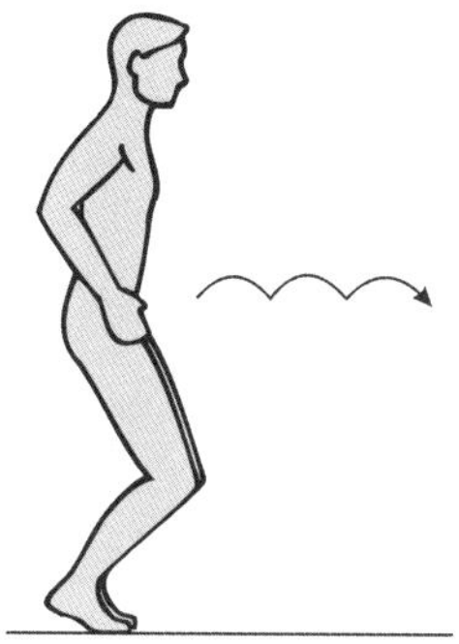

Forward Hops
Kleine, kurze Bounce-Bewegung mit beiden Beinen mit Vorwärtsfallbewegung

16

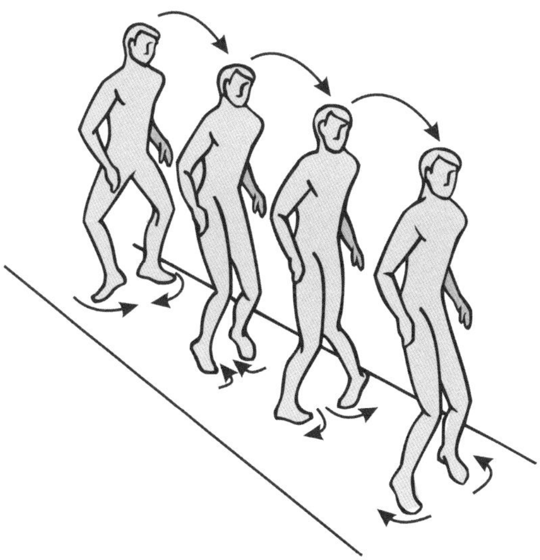

Forward Toes in/out
Ein- und Auswärtsdrehen der Füße mit Vorwärtsfallbewegung

17

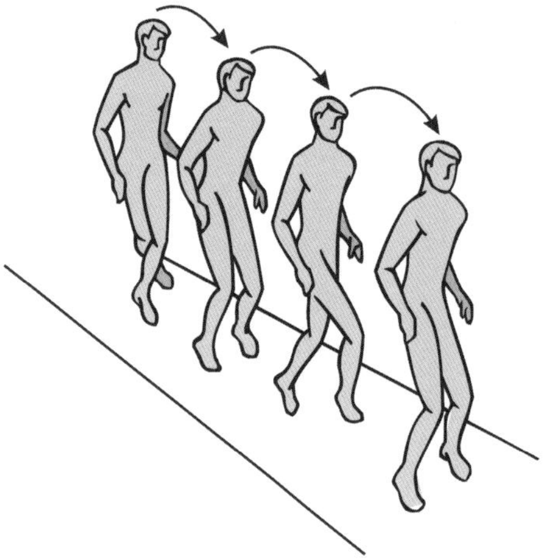

Forward Criss Cross
Überkreuzen der Beine mit Vorwärtsfallbewegung

18

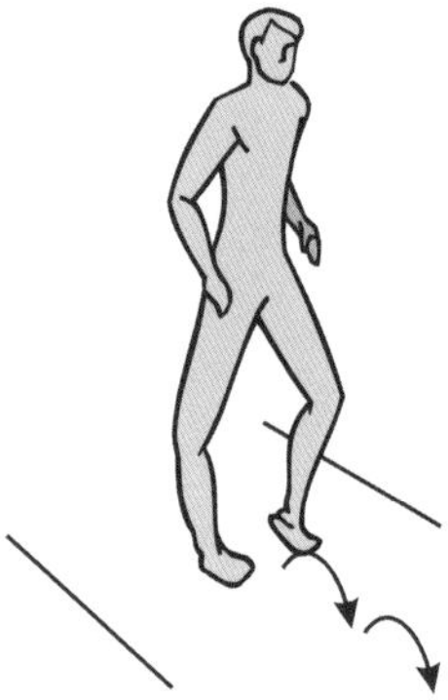

Jumps forward on lateral sides of feet
Leichte Sprünge nach vorn auf den Außenseiten der Füße

19

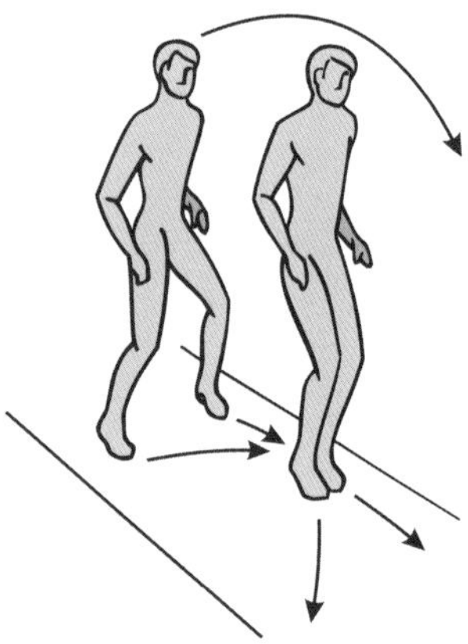

Forward Heel Touch Jumps
Leichte, schnelle Sprünge nach vorn mit Berührung der Füße in der Luft

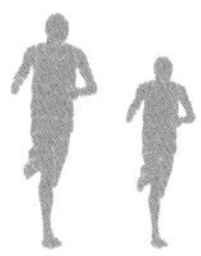

20

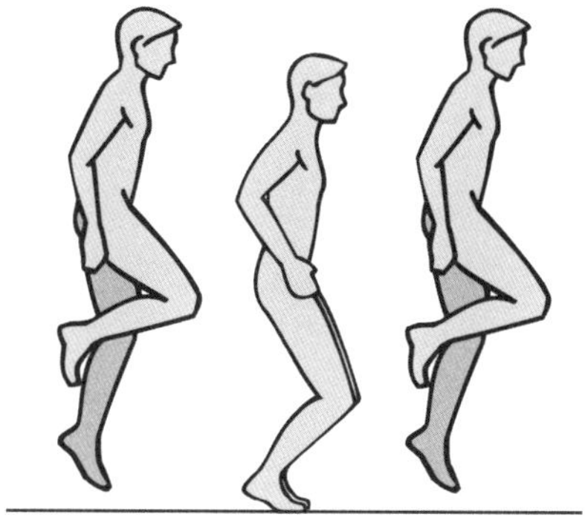

Skipping on 1 leg

Sprünge auf einem Bein mit Fokus auf Pulling-Aktion

21

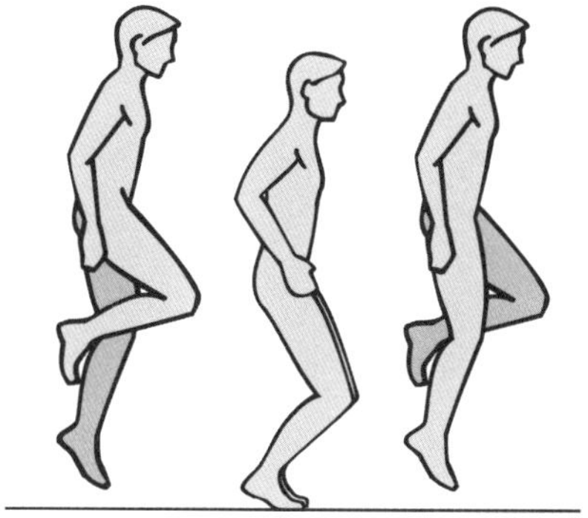

Skipping alternating

Wechselsprünge von einem zum anderen Bein mit Fokus auf Pulling-Aktion

22

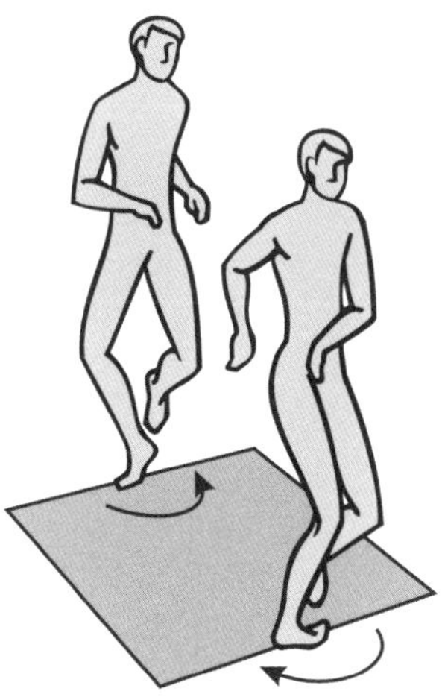

Toes in/out on 1 leg

Ein- und Auswärtsdrehung des Fußes auf einem Bein mit leichter Vorwärtsfallbewegung

23

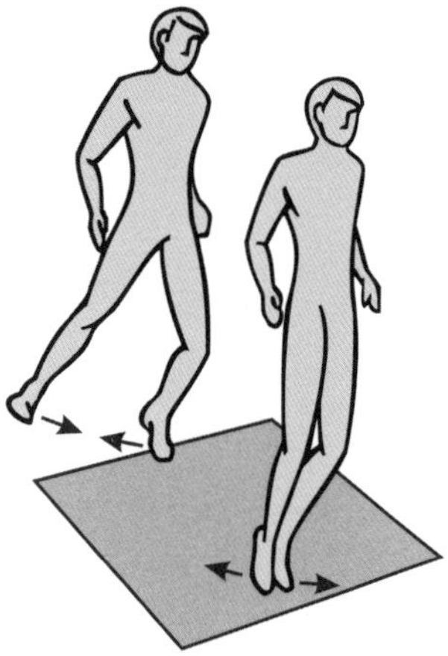

Side Pendulum Jumps

Sprünge auf einem Bein, das andere Bein in Seithalte mit leichter Vorwärtsfallbewegung

24

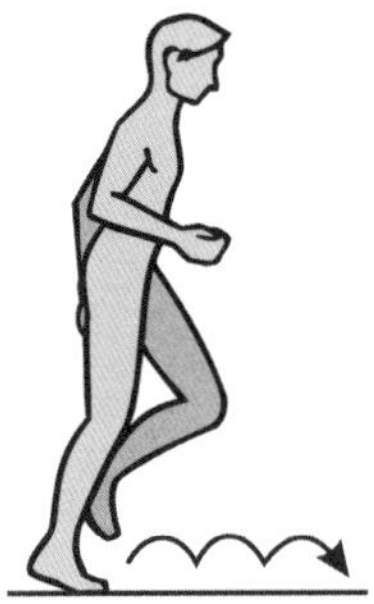

1-Leg Hop

Leichte Sprünge nach vorn auf einem Bein mit leichter Vorwärtsfallbewegung

25

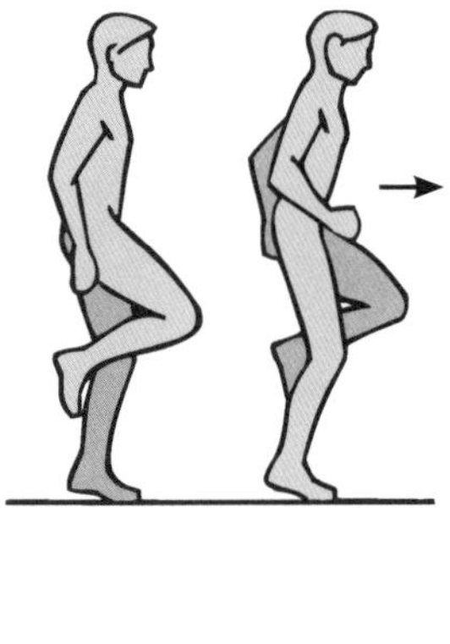

Forward Change of Support

Wechsel des Support mit Vorwärtsfallbewegung – nach dem Wechsel kurze Pause in der Laufpose. Danach auf das andere Support-Bein wechseln und wieder mit der Fallbewegung beginnen.

26

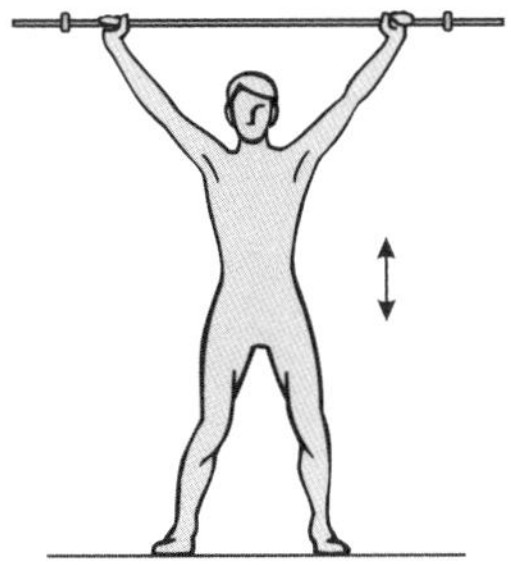

Pose Jumps with bar overhead
Bounce-Sprünge mit beiden Beinen und einer (Hantel-)Stange über dem Kopf

27

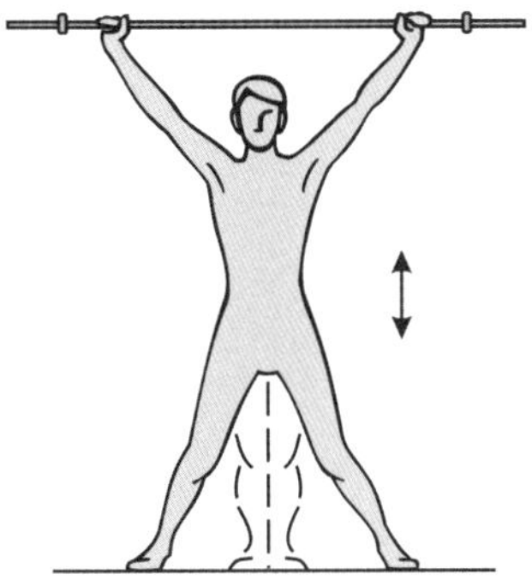

Pose wide/Narrow Jumps with bar overhead
Bounce-Sprünge mit Auseinander- und Zusammensetzen der Beine und einer (Hantel-)Stange über dem Kopf

28

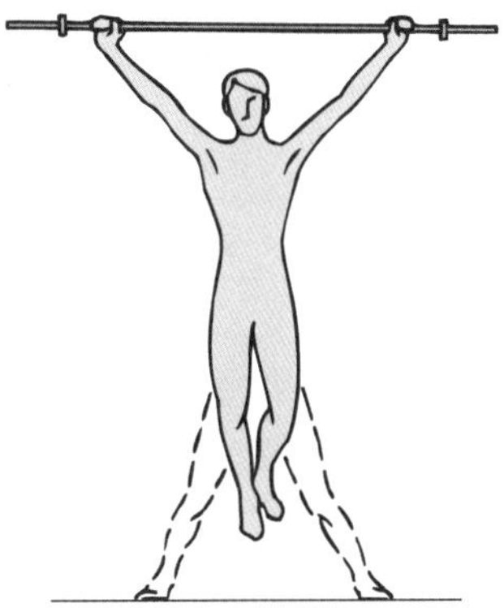

Pose Heel Touch Jumps with bar overhead
Bounce-Sprünge mit einer (Hantel-)Stange über dem Kopf, die Füße berühren sich in der Luft

29

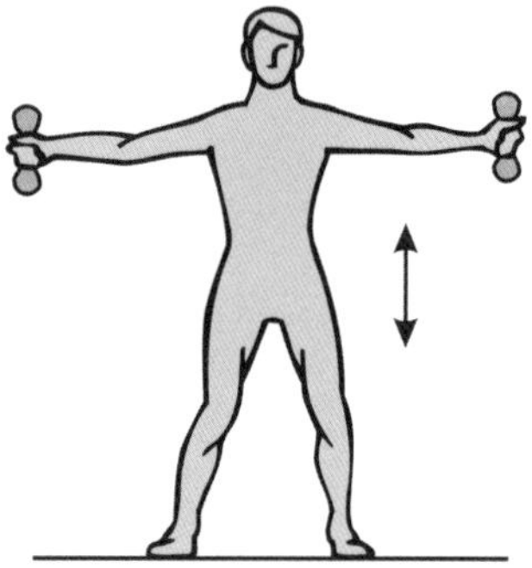

Wide Pose Jumps with Dumbbell

Bounce-Sprünge mit beiden Beinen mit kleinen Hanteln

30

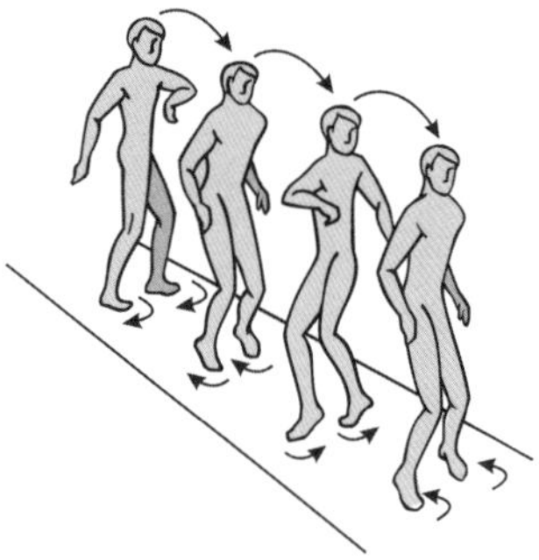

Forward Twist

Fuß- und Hüftdrehung zu beiden Seiten mit Vorwärtsfallbewegung

31

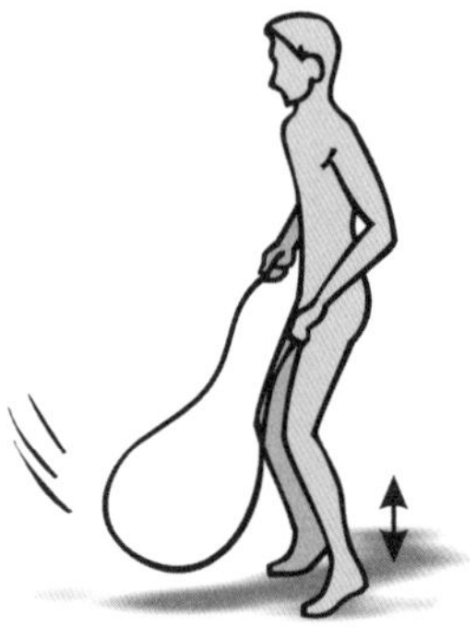

Rope Jumps

Seilspringen mit beiden Beinen (Ferse zum Boden absenken!)

32 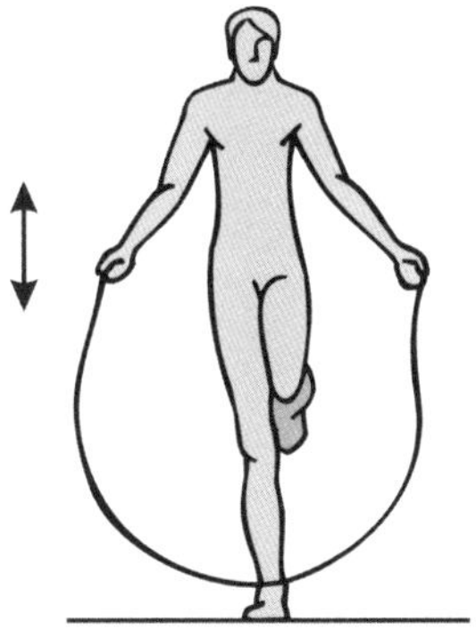

1-Leg Rope Jumps

Seilspringen auf einem Bein

33 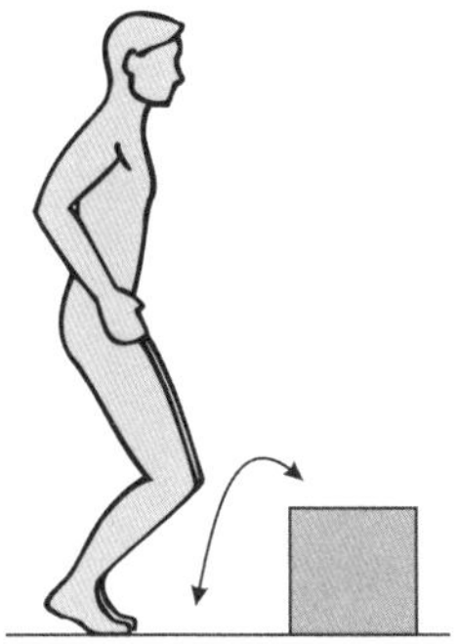

2-Leg Box Jumps

Sprünge auf und von einem Kasten mit beiden Beinen (Unweighting)

34 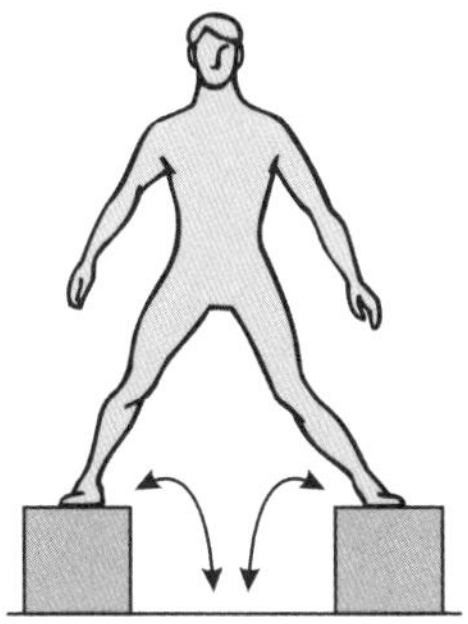

2-Leg Boxes Jumps

Pose-Sprünge auf und zwischen zwei Kästen mit beiden Beinen

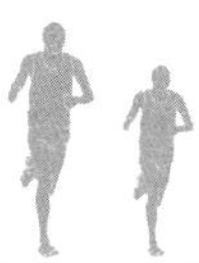

35 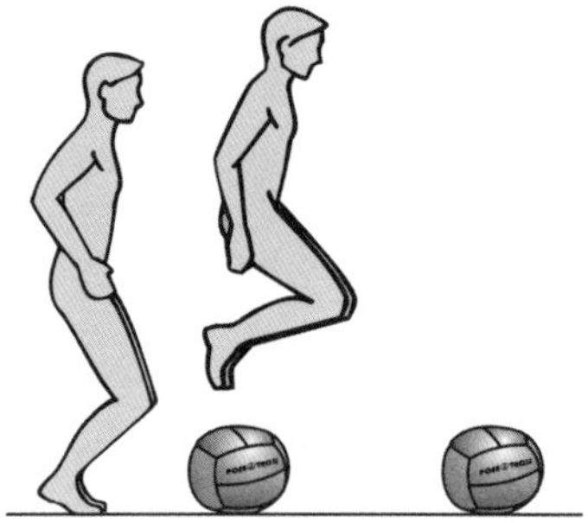

2-Leg Jumps over med balls
Sprünge über mehrere Medizinbälle mit beiden Beinen

36 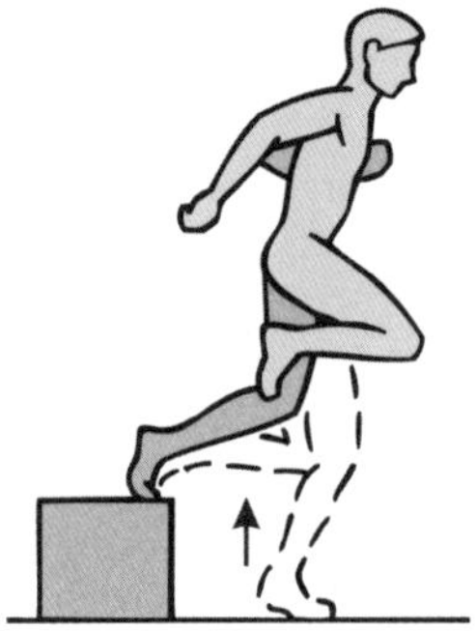

Elevated Front Lunge
Schnelle Pulling-Aktion auf dem vorderen Bein, das andere bleibt auf dem Kasten, das Körpergewicht bleibt vorn.

▶ Sprungübungen für Fortgeschrittene

1 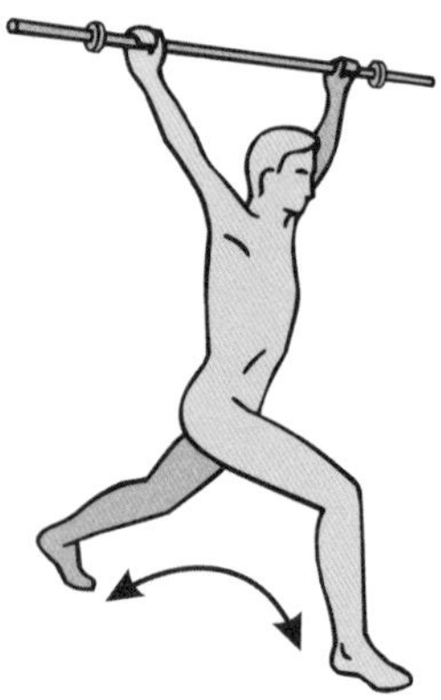

Lunge Jumps with bar overhead
Sprünge mit (Hantel-)Stange im Ausfallschritt von einer Seite zur anderen

2 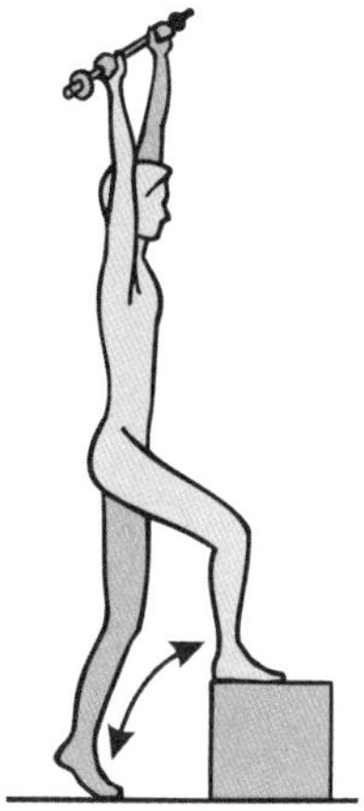

1-Leg Box Jumps with bar overhead
Sprünge mit einer (Hantel-)Stange über Kopf, die Füße wechseln zwischen Boden und Kasten

3 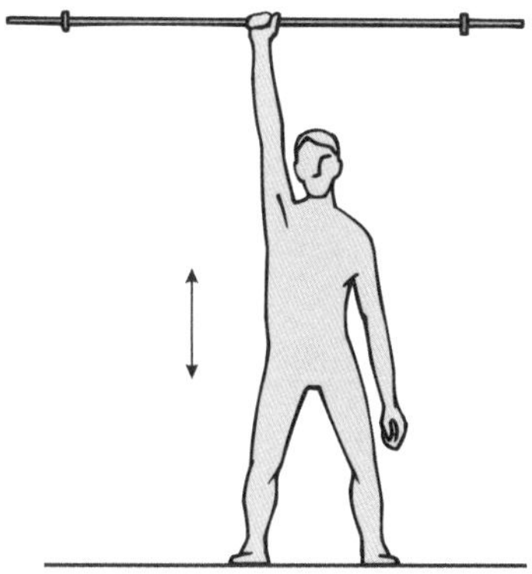

2-Leg Pose Jumps with 1 hand bar overhead
Bounce-Sprünge mit beiden Beinen, mit einer (Hantel-)Stange in einer Hand

4 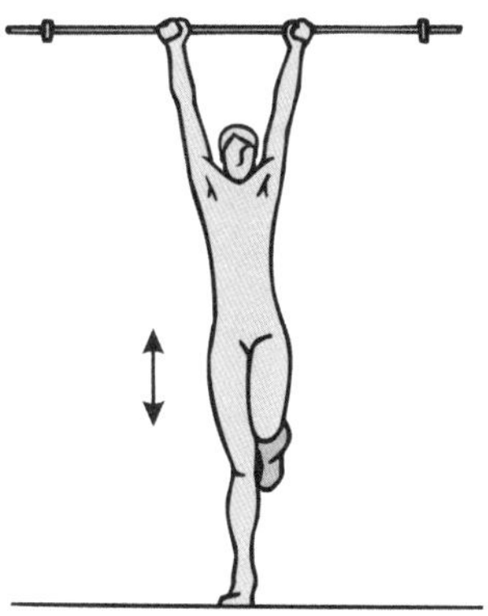

1-Leg Pose Jumps with bar overhead
Bounce-Sprünge auf einem Bein mit einer (Hantel-)Stange in beiden Händen

5

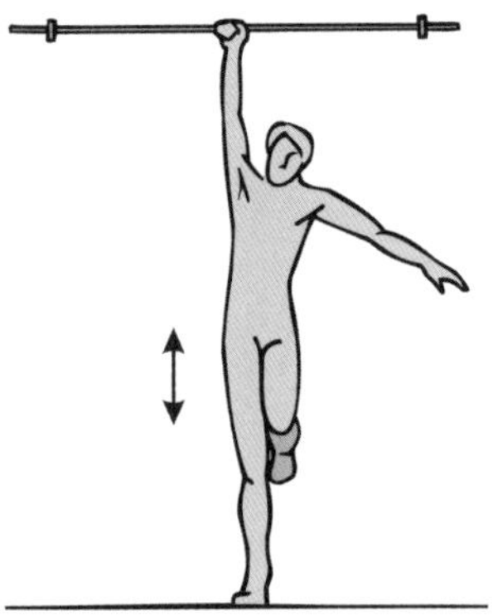

1-Leg Pose Jumps with 1 hand bar overhead, same side
Bounce-Sprünge auf einem Bein mit einer (Hantel-)Stange in der Hand auf der gleichen Seite

6

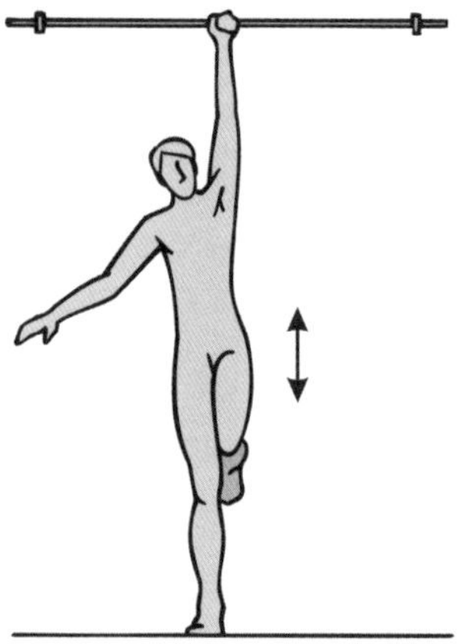

1-Leg Pose Jumps with 1 hand bar overhead, opposite side
Bounce-Sprünge auf einem Bein mit einer (Hantel-)Stange in der Hand auf der anderen Seite

7

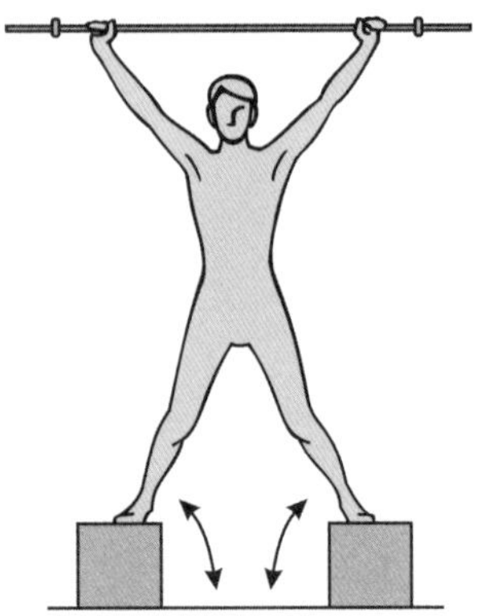

2-Leg Boxes Jumps with bar overhead
Sprünge mit einer (Hantel-)Stange von und auf zwei Kästen

8 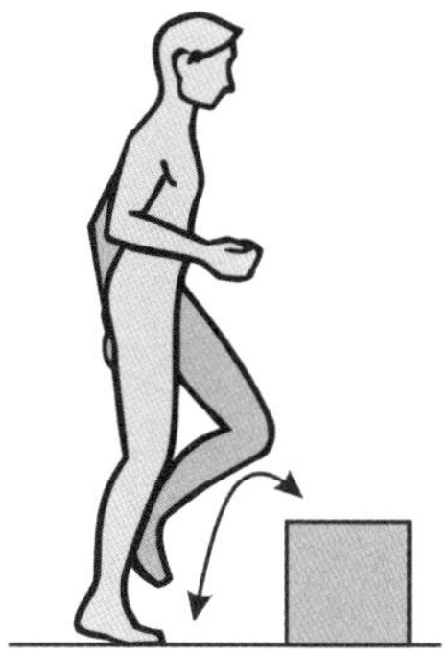

1-Leg Box Jumps

Pose-Sprünge auf und von einem Kasten mit einem Bein

9 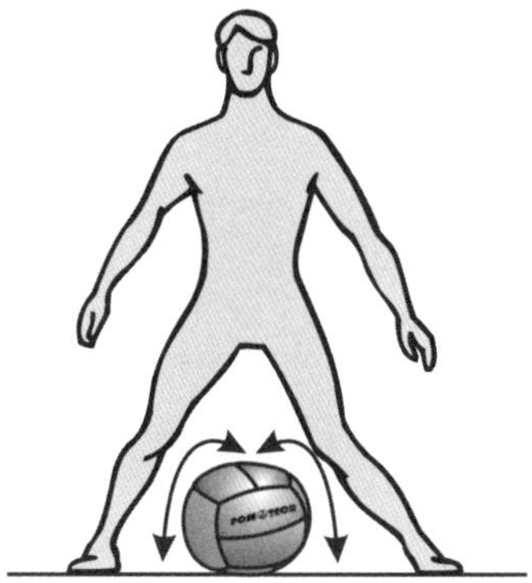

2-Leg med ball Jumps

Sprünge auf einen Medizinball und hinunter mit beiden Beinen

10 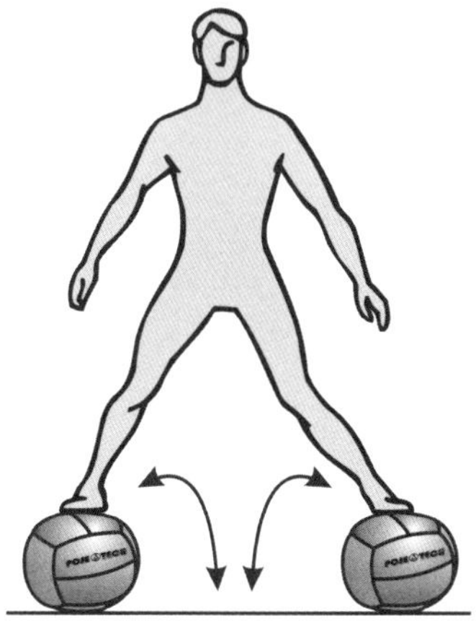

2-Leg Jumps on 2 med balls

Sprünge auf und zwischen zwei Medizinbälle

11

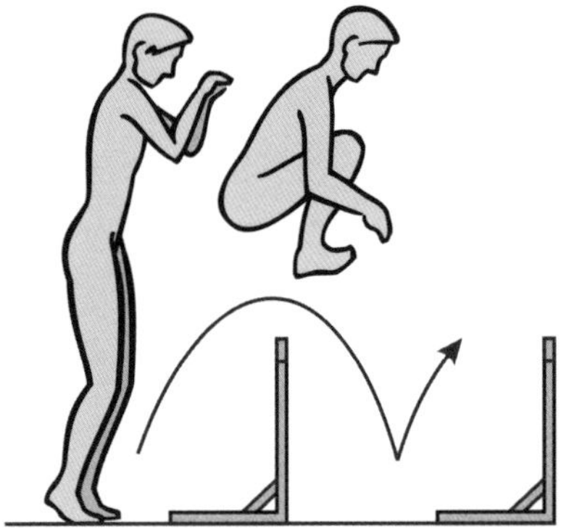

2-Leg Hurdle Jumps

Sprünge über Hürden mit beiden Beinen

12

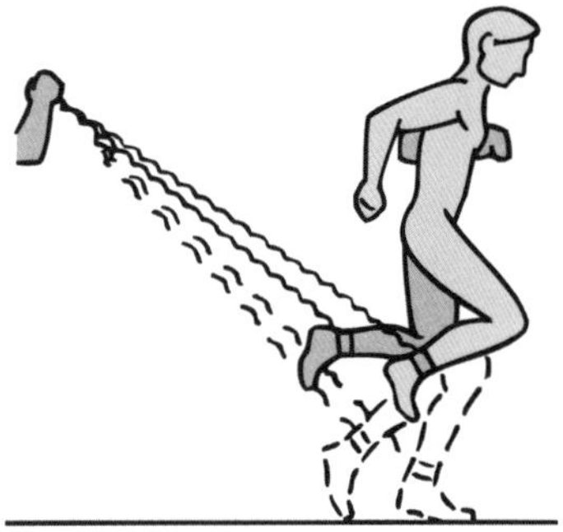

Hops on 1 leg with stretch cordz

Schnelle Pulling-Aktion mit versetzten Beinen mit Unterstützung eines Widerstandsbands

TRAINING DER HÜFTMUSKULATUR (CORE-STABILITY)

»Das Leben gewährt uns Sterblichen nichts ohne harte Arbeit.«
Horaz

Durch die anatomische und biomechanische Position der Hüfte beeinflusst die sie umgebende Muskulatur maßgeblich die Bewegung unseres Körpers als Ganzes – deshalb sind diese Übungen so wichtig. Die Hüfte spielt eine zentrale Rolle als Brücke zwischen Beinen und Oberkörper. Ihre Stabilität und Stärke bereitet die Basis für einen effizienten Bewegungsfluss durch unseren Körper. Zudem ist sie das Fundament für die Last, die unsere Beine tragen müssen. Wenn dieses Fundament gut trainiert ist, reduziert es die Belastung des unteren Rückens beträchtlich.

Die Hüftübungen im Stehen und im Knien schulen Ihr Gleichgewicht für das Laufen und trainieren gleichzeitig die Muskeln im Hüftbereich. Die Übungen auf dem Boden isolieren die Bewegung der Hüfte. So können Sie sich ganz auf die dynamische Bewegung dieses Teils Ihres Körpers konzentrieren. Bei den Übungen in Seitlage wird Ihr Gleichgewicht stärker gefordert, und die Kraft und die Koordination werden weiterentwickelt.

Alle diese Übungen stärken Ihre Wahrnehmung für die Bedeutung der Hüfte in jeder Bewegung. Je nachdem, auf wie viele Punkte Sie sich stützen und in welchem Maße Ihr Körpergewicht mit einbezogen wird, variiert der Schwierigkeitsgrad der Übungen.

Die Stabilität, die Sie mit den einfachen Übungen entwickelt haben, wird später durch die Partnerübungen wieder gestört. Sie werden zu ständigen Korrekturen gezwungen, um die Bewegung perfekt auszuführen. Der Partner kann den Widerstand genau so dosieren, wie Sie ihn gerade brauchen – je nach Intensität, Bewegungsrichtung, Geschwindigkeit und Ihrem Können. Aufgrund des höheren Schwierigkeitsgrades sollten Sie die Übungen mit Partner erst beginnen, wenn Sie sie allein beherrschen.

▶ Hüftübungen für Anfänger

1

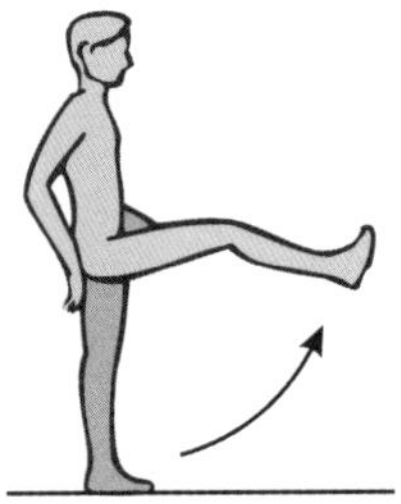

Bewegen Sie das freie Bein nach vorn auf und ab.

2

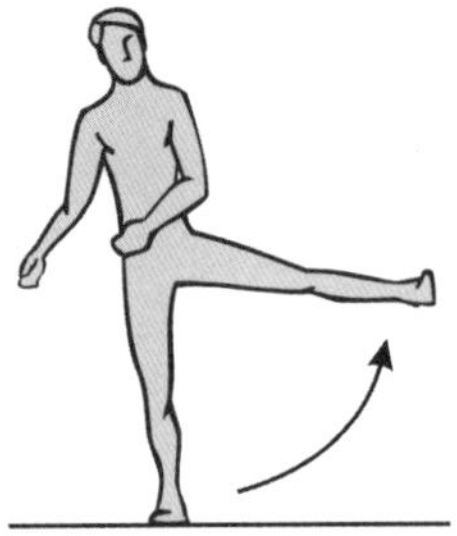

Bewegen Sie das freie Bein zur Seite auf und ab.

3

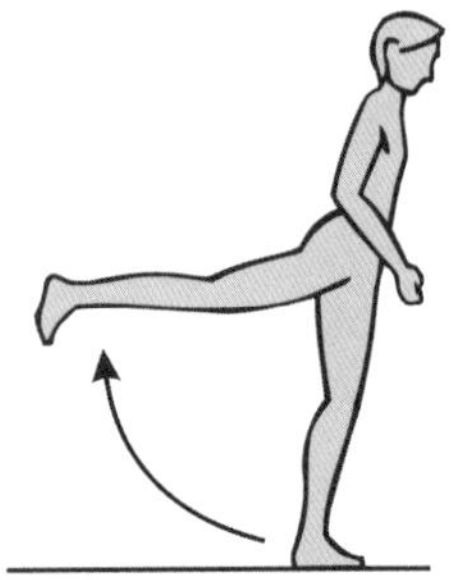

Bewegen Sie das freie Bein nach hinten auf und ab.

4

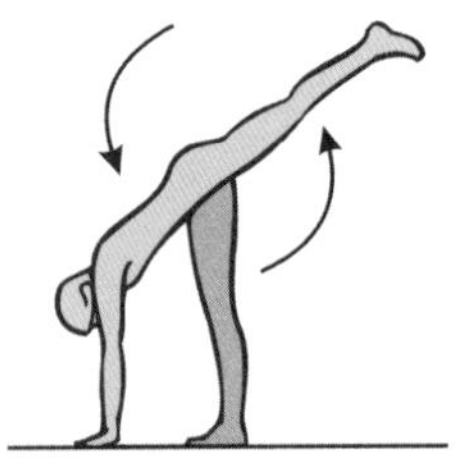

Beugen Sie sich nach vorn, bis Ihre Hände den Boden berühren, und bringen Sie das freie Bein nach hinten oben.

5 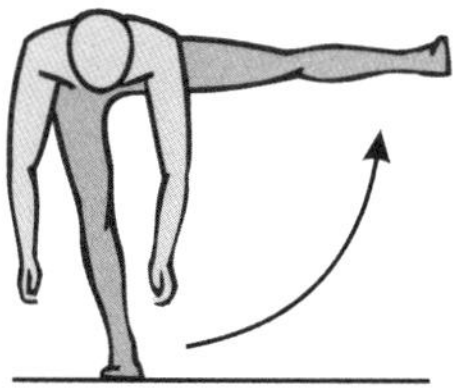

Sie stehen mit nach vorn gebeugtem Oberkörper auf einem Bein und bewegen das freie Bein zur Seite auf und ab.

6 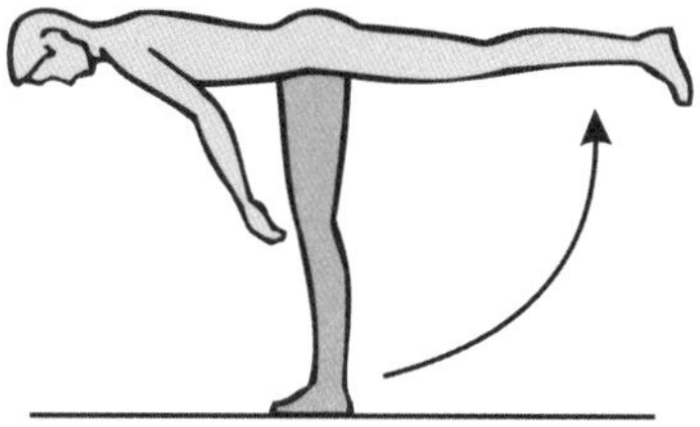

Sie stehen mit nach vorn gebeugtem Oberkörper auf einem Bein und bewegen das freie Bein nach hinten auf und ab.

7 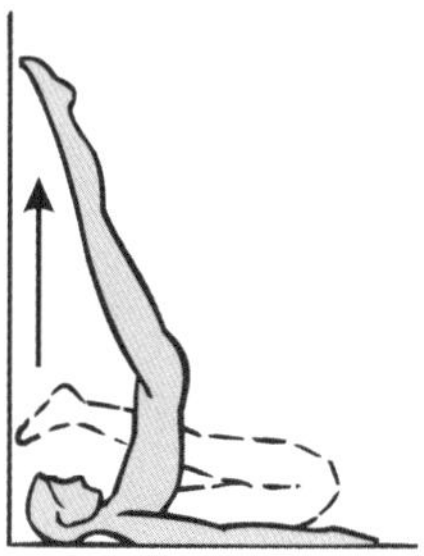

Legen Sie sich auf die Schultern. Bringen Sie Ihre Beine über sich und strecken Sie sie entlang der Wand.

8 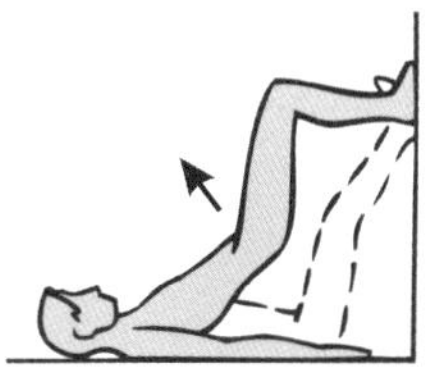

Legen Sie sich auf die Schultern und stellen Sie die Füße an die Wand. Heben und senken Sie die Hüfte.

9 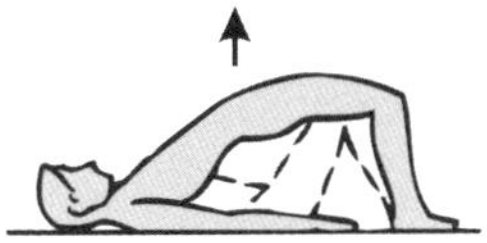

Legen Sie sich mit angestellten Beinen auf den Rücken. Heben und senken Sie die Hüfte.

10

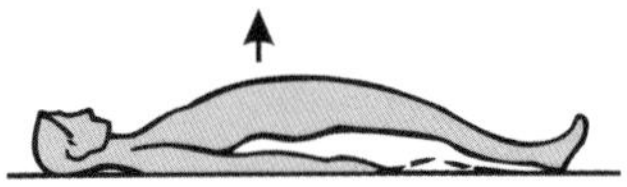

Ihr Gewicht liegt auf den Schultern und Fersen. Heben und senken Sie die Hüfte.

11

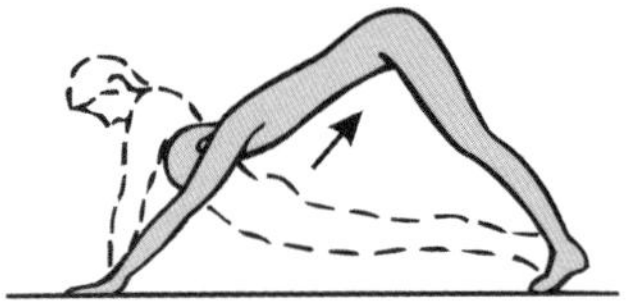

Face down Hip Dips

Beide Hände und beide Füße bleiben am Boden.

12

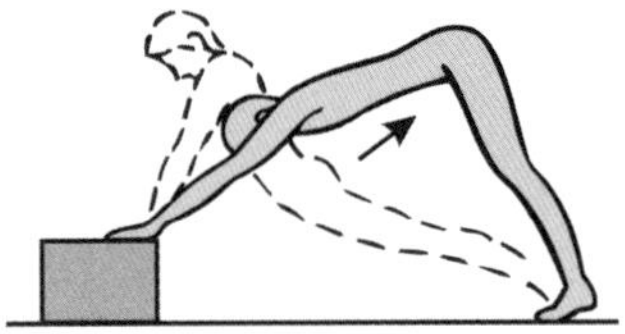

Face down Hip Dips with elevated arms

Führen Sie Übung 11 auch mit Händen oder Füßen auf einem Kasten aus – die Hüfte bewegt sich auf und ab.

13

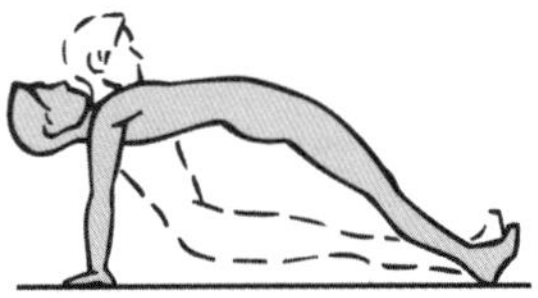

Face up Hip Dips

Beide Hände und beide Füße bleiben am Boden.

14

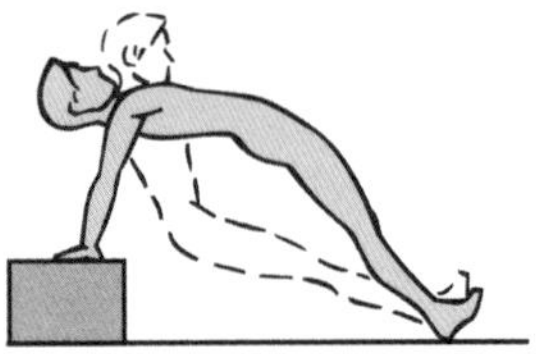

Face up Hip Dips with elevated arms

Führen Sie die Übung 13 mit den Händen auf einem Kasten aus – die Hüfte bewegt sich auf und ab.

15

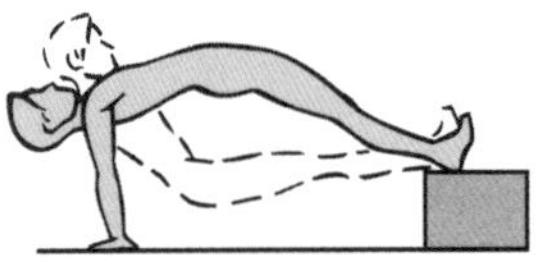

Face up Hip Dips with elevated feet

Führen Sie die Übungen 11 und 13 mit den Füßen auf einem Kasten aus – die Hüfte bewegt sich auf und ab.

16 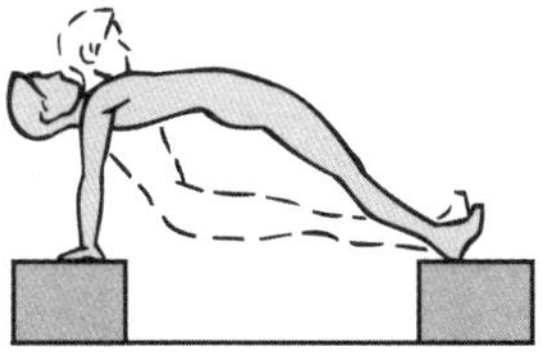

Face up Hip Dips with elevated arms and feet
Führen Sie die Übungen 11 und 13 mit Händen und Füßen auf zwei Kästen aus – die Hüfte bewegt sich auf und ab.

17 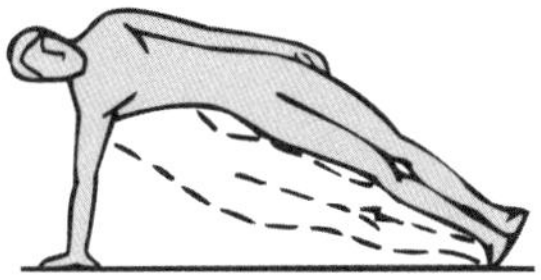

Hip Dips sideward
Eine Hand und beide Füße bleiben am Boden.

18 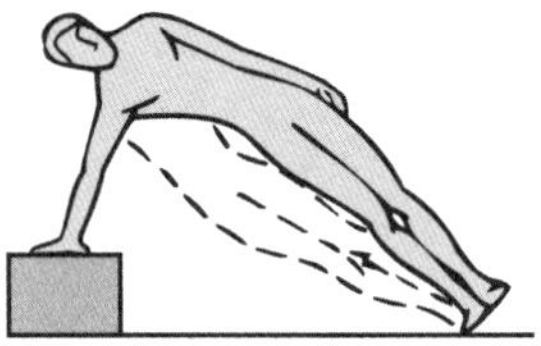

Hip Dips sideward with elevated arm
Führen Sie die Übung 17 mit der Hand auf einem Kasten aus – die Hüfte bewegt sich auf und ab.

Hüftübungen für Fortgeschrittene

1 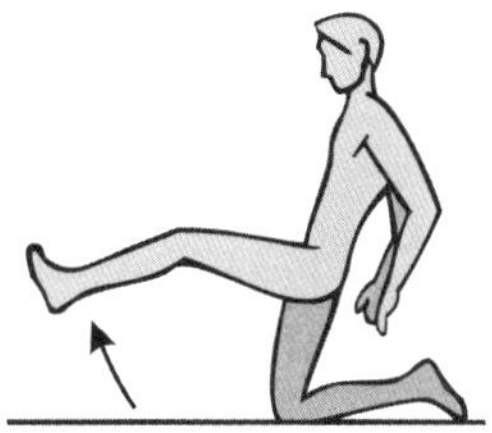

Knien Sie auf einem Bein und bewegen Sie das freie Bein vor sich auf und ab.

2 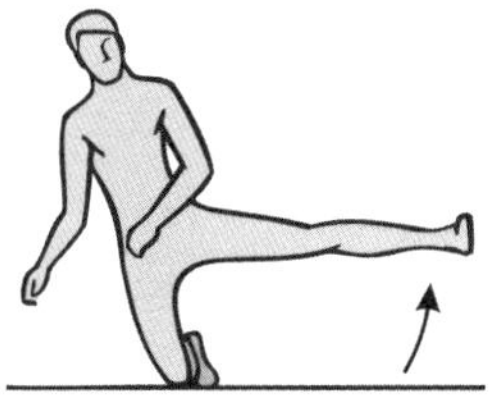

Knien Sie auf einem Bein und bewegen Sie das freie Bein an der Seite auf und ab.

3

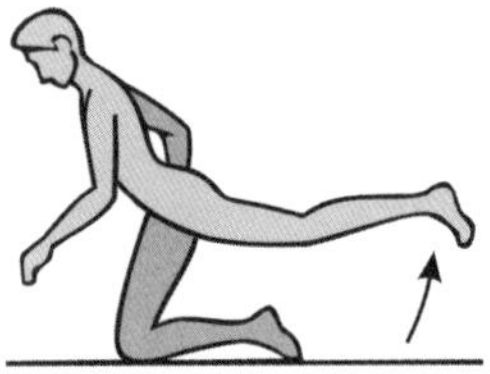

Knien Sie auf einem Bein und bewegen Sie das freie Bein hinter sich auf und ab.

4

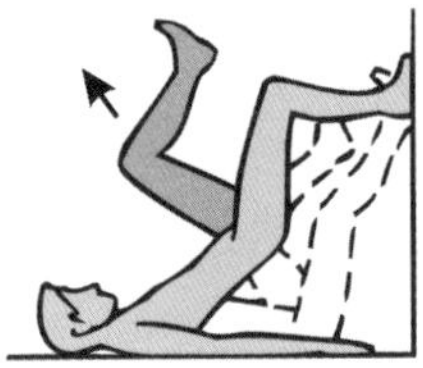

Legen Sie sich auf die Schultern und stellen Sie nur einen Fuß an die Wand. Heben und senken Sie die Hüfte.

5

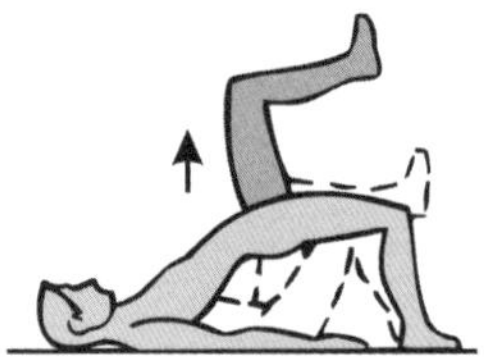

Legen Sie sich mit angestellten Beinen auf den Rücken. Heben und senken Sie die Hüfte. Schultern und ein Fuß bleiben am Boden.

6

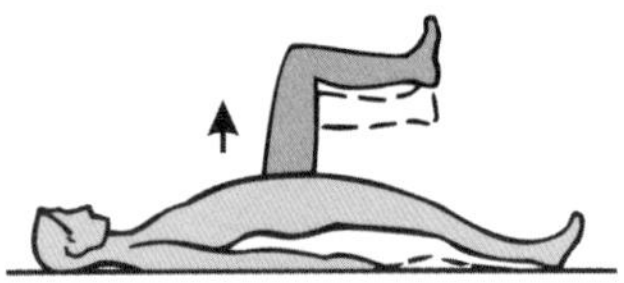

Die Schultern und ein Fuß bleiben am Boden. Heben und senken Sie die Hüfte.

7

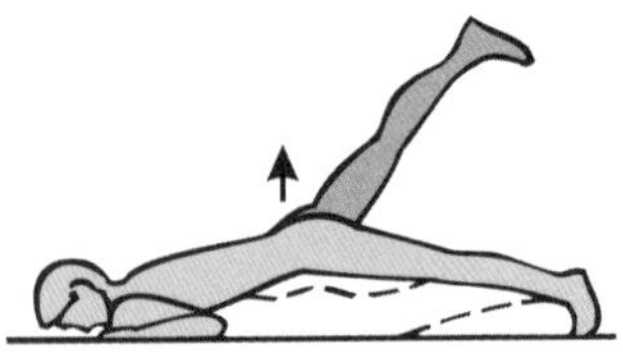

Arme, Brust und ein Fuß bleiben am Boden.

8 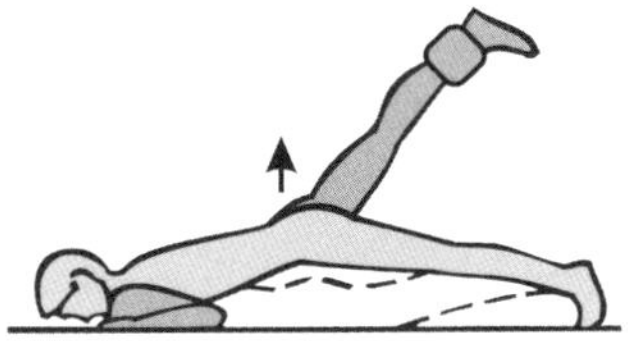

Arme, Brust und ein Fuß bleiben am Boden, mit Zusatzgewicht am freien Bein.

9 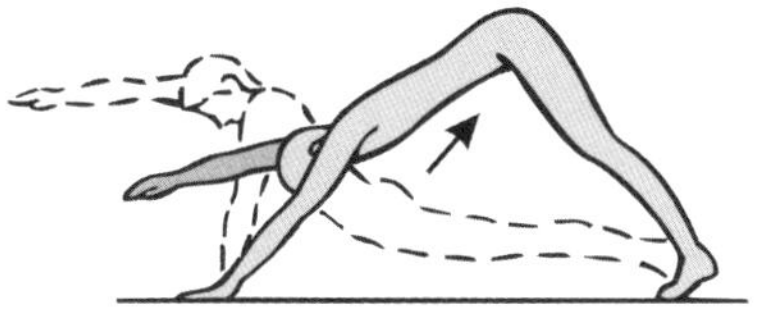

Face down Hip Dips on 1 arm and 2 legs
Eine Hand und beide Füße bleiben am Boden – die Hüfte bewegt sich auf und ab.

10 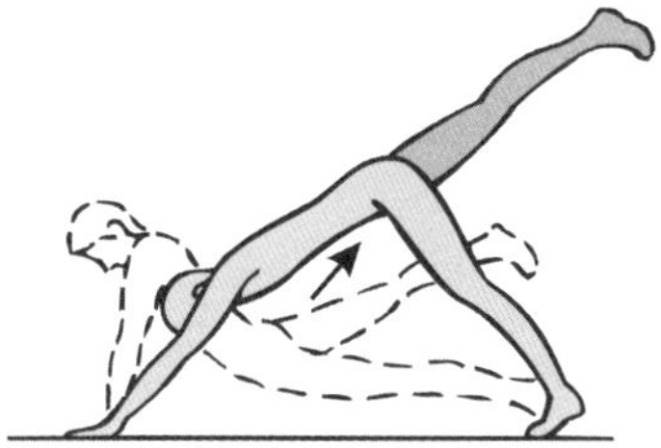

Face down Hip Dips on 2 arms and 1 leg
Beide Hände und ein Fuß bleiben am Boden – die Hüfte bewegt sich auf und ab.

11 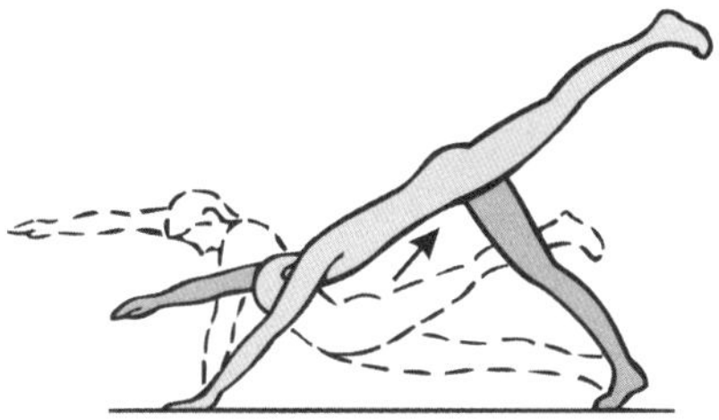

Face down Hip Dips on 1 arm and 1 leg opposite side
Eine Hand und der gegenüberliegende Fuß bleiben am Boden – die Hüfte bewegt sich auf und ab.

12 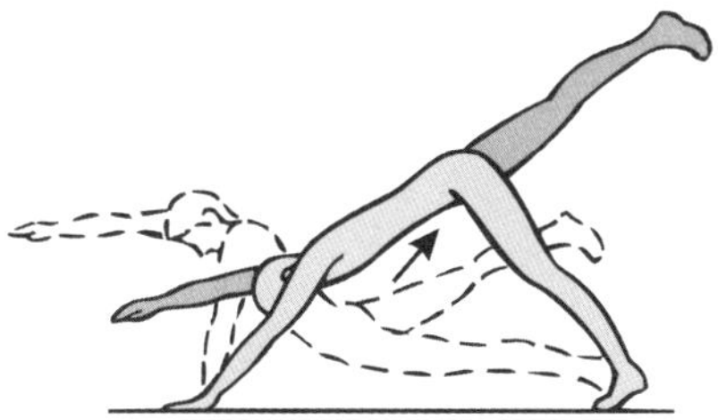

Face down Hip Dips on 1 arm and 1 leg same side
Eine Hand und der Fuß auf der gleichen Seite bleiben am Boden – die Hüfte bewegt sich auf und ab.

13 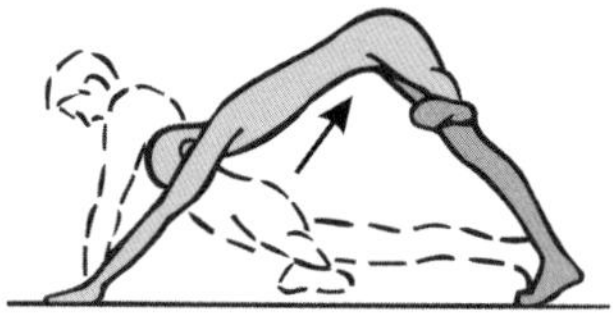

Face down Hip Dips 1 leg on side
Beide Hände und ein Fuß bleiben am Boden, das freie Bein wird zur Seite gehalten – die Hüfte bewegt sich auf und ab.

14 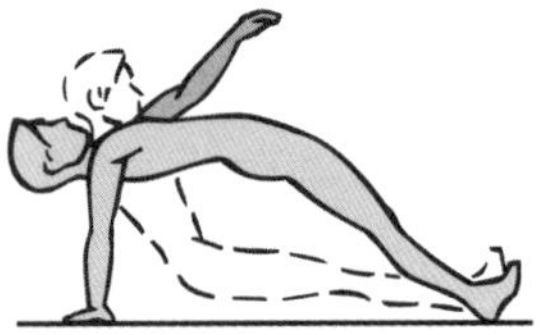

Face up Hip Dips on 1 arm and 2 legs
Eine Hand und beide Füße bleiben am Boden – die Hüfte bewegt sich auf und ab.

15 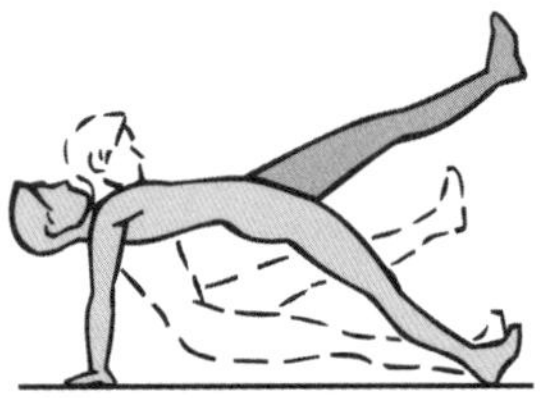

Face up Hip Dips 1 leg up
Beide Hände und ein Fuß bleiben am Boden – die Hüfte bewegt sich auf und ab.

16 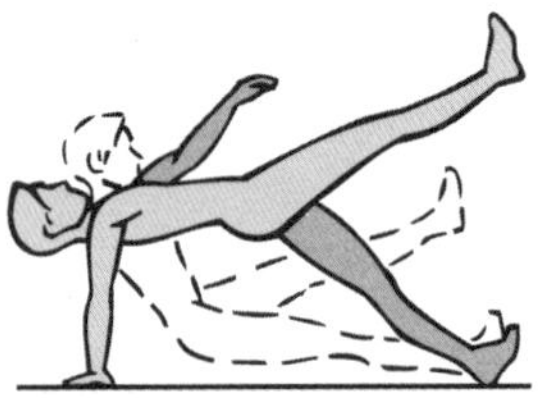

Face up Hip Dips on 1 arm and 1 leg opposite side
Eine Hand und der gegenüberliegende Fuß bleiben am Boden – die Hüfte bewegt sich auf und ab.

17 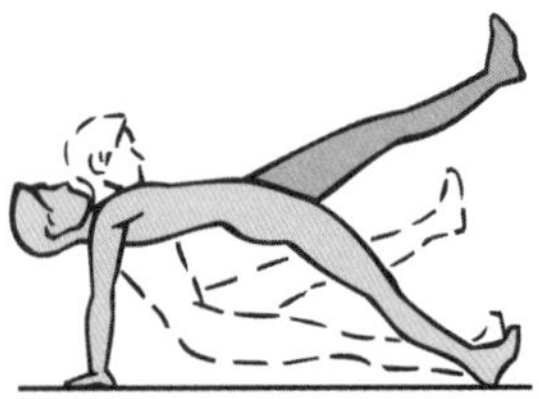

Face up Hip Dips on 1 arm and 1 leg same side
Eine Hand und der Fuß auf der gleichen Seite bleiben am Boden – die Hüfte bewegt sich auf und ab.

18

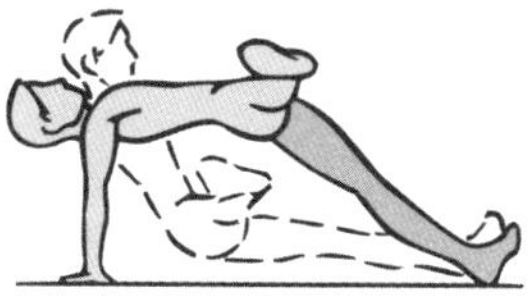

Face up Hip Dips on 2 arms and 1 leg on side

Beide Hände und ein Fuß bleiben am Boden, das freie Bein wird zur Seite gehalten – die Hüfte bewegt sich auf und ab.

19

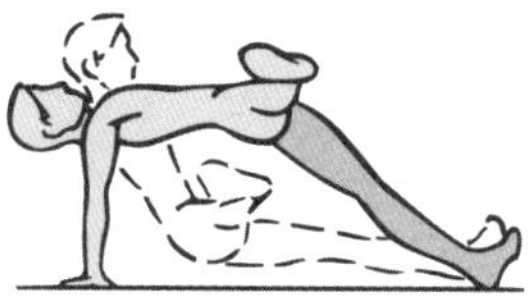

Face up Hip Rotation on 2 arms and 1 leg on opposite side

Beide Hände und ein Fuß bleiben am Boden. Drehen Sie die Hüfte und damit das freie Bein zur gegenüberliegenden Seite.

20

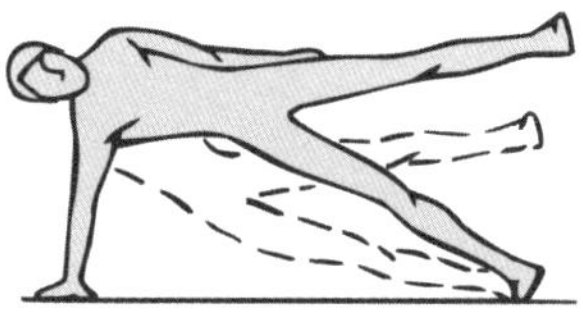

Hip Dips sideward with leg up

Eine Hand und der untere Fuß bleiben am Boden – die Hüfte bewegt sich auf und ab.

21

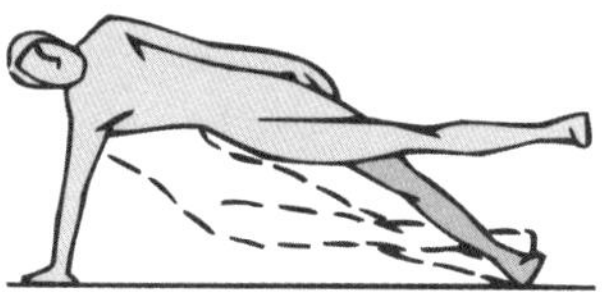

Hip Dips sideward with 1 leg up opposite side

Eine Hand und der obere Fuß bleiben am Boden – die Hüfte bewegt sich auf und ab.

22

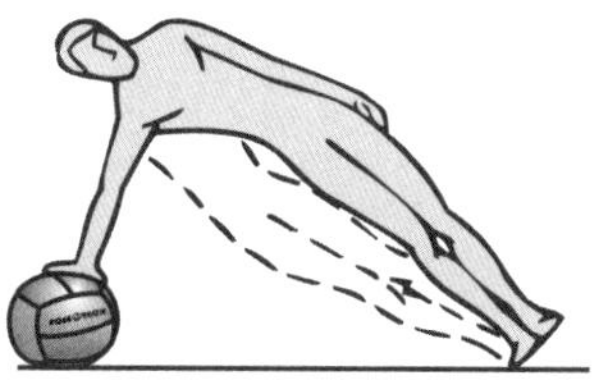

Hip Dips sideward with elevated arm on med ball

Führen Sie die Übungen 20 und 21 mit der Hand auf einem Medizinball aus – die Hüfte bewegt sich auf und ab.

TRAINING DER HAMSTRINGS

»Am stärksten ist, wer sich selbst beherrscht.«
Lucius Seneca

Die Hamstrings sind eine der größten Muskelgruppen in unserem Körper und die Arbeitspferde des Läufers. Sie sind dafür verantwortlich, dass die Füße/Unterschenkel rechtzeitig den Boden verlassen. Nur so ist ein nächster Schritt möglich. Auf diese anspruchsvolle Aufgabe müssen sie entsprechend vorbereitet werden, nicht nur, um schneller zu laufen, sondern auch, um Verletzungen zu vermeiden.

Die Übungen sind in zwei Kategorien unterteilt: Anfänger und Fortgeschrittene. Die Übungen an Kraftmaschinen sind sehr sicher und einfach auszuführen, stellen aber isolierte Bewegungen dar. Sie müssen Ihr Gleichgewicht nicht halten, können die Bewegung völlig isoliert ausführen und den Widerstand ganz einfach regulieren. Genau deshalb sind sie aber auch am ineffektivsten, weil gerade das Gleichgewicht und die Integration der Bewegung in den ganzen Körper wesentlich für das Laufen sind. Trotzdem können diese Übungen ein guter Einstieg in das Krafttraining sein, besonders wenn Sie noch keine Erfahrung damit haben. Auf dieser Grundlage können Sie dann die weiteren Übungen in Angriff nehmen.

Bei der Arbeit mit freien Gewichten sind Sie selbst für die Bewegungsgeschwindigkeit, das Gleichgewicht und vor allem die Bewegungsrichtung verantwortlich. Sie müssen viele kleine Korrekturen vornehmen, um die Bewegung perfekt auszuführen. Dieser Effekt wird durch den Einsatz von Widerstandsbändern noch verstärkt, weil sie einen »aktiven« Widerstand bieten, dem Sie entgegenarbeiten müssen. Dadurch schulen Sie Ihr Bewegungsgefühl und Ihr Gleichgewicht auch bei starken Widerständen. Für die weitere Verbesserung Ihrer Kraft und Ihrer Bewegungspräzision kann ein Partner eine wertvolle Hilfe sein, denn er kann den Widerstand genau dosieren und Ihre Bewegung in die richtige Bahn lenken. Je mehr die Übungen der Laufbewegung gleichen, desto effektiver sind sie, um die Hamstrings auf die Aufgabe während des Laufens vorzubereiten.

Hamstring-Übungen für Anfänger

1

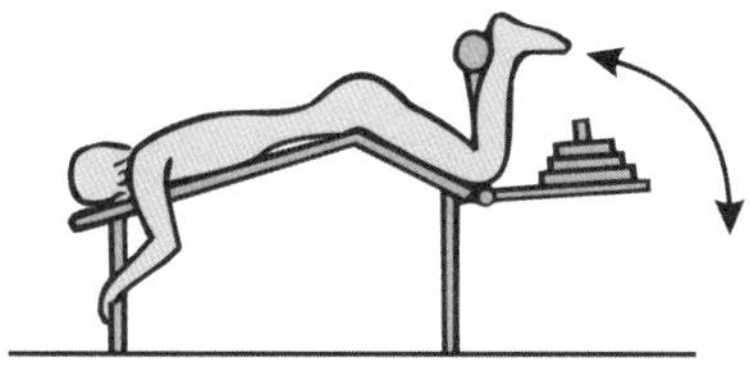

Gerätetraining der Hamstrings in Bauchlage

2

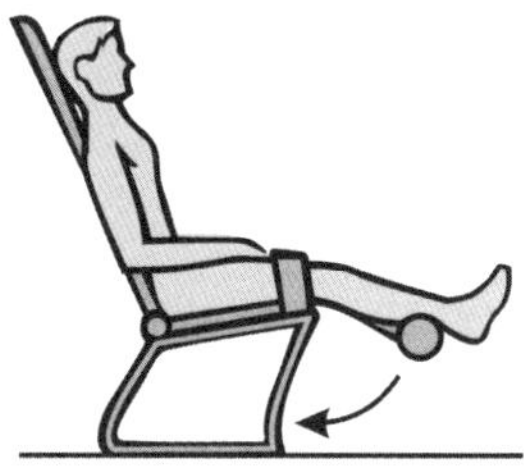

Gerätetraining der Hamstrings im Sitzen

3

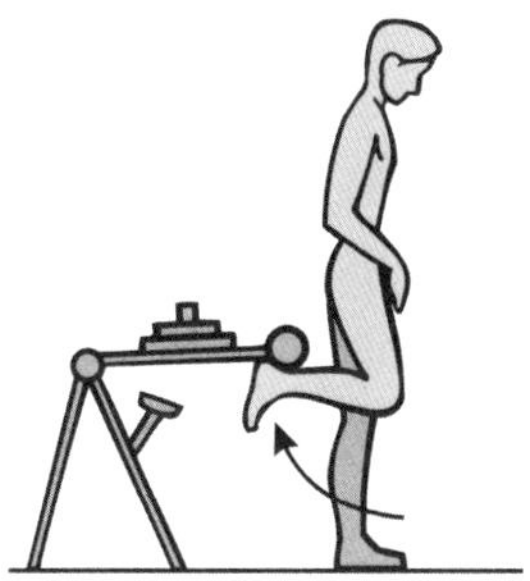

Gerätetraining der Hamstrings im Stehen

4

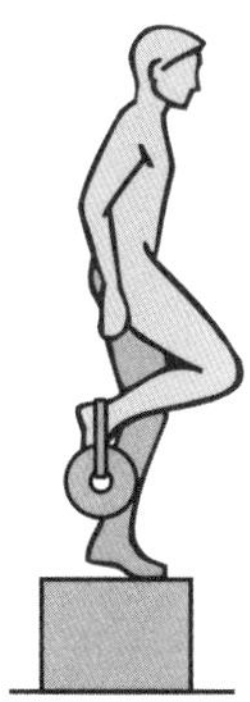

Sie stehen auf einem Bein auf einem Kasten und ziehen den anderen Fuß mit Gewichten gerade unterhalb der Hüfte nach oben.

5
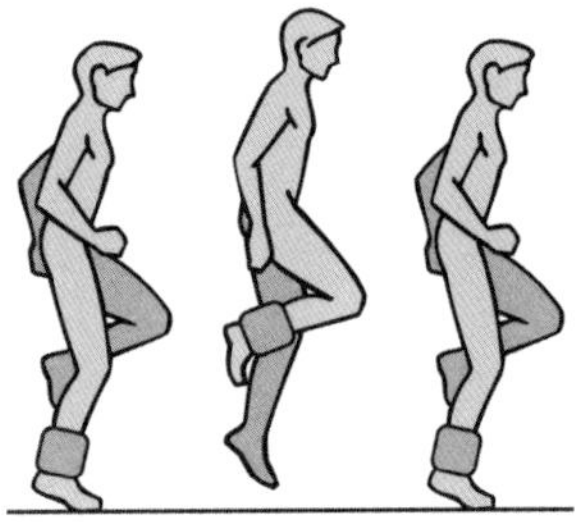

Führen Sie Sprünge in der Laufpose, auf der Stelle und mit Zusatzgewicht am Support-Fuß aus. Ziehen Sie den Fuß direkt unter der Hüfte nach oben.

6
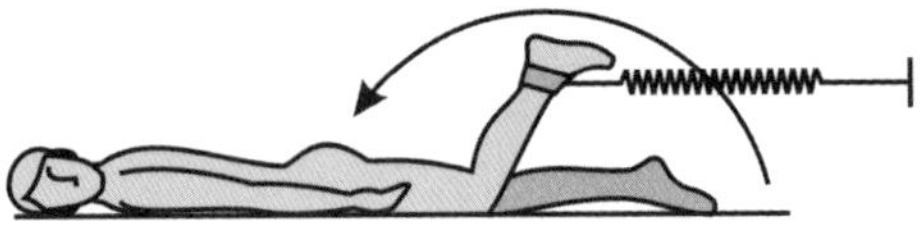

Legen Sie sich auf den Bauch und beugen Sie das Bein, an dem das Widerstandsband befestigt ist.

7
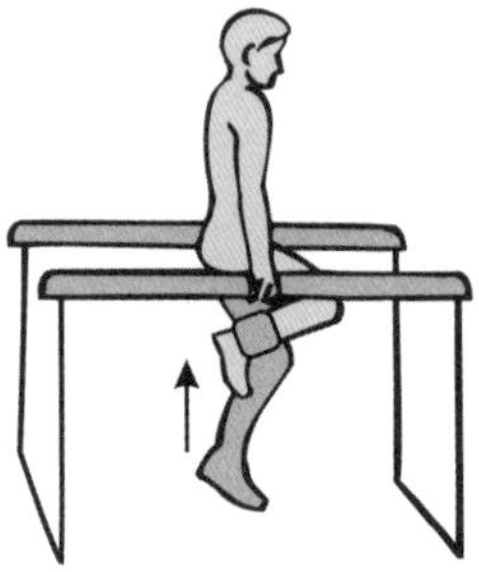

Stützen Sie sich mit den Händen auf und ziehen Sie den Fuß mit den Gewichten senkrecht unter der Hüfte hoch.

Weitere Übungen mit Widerstand

1
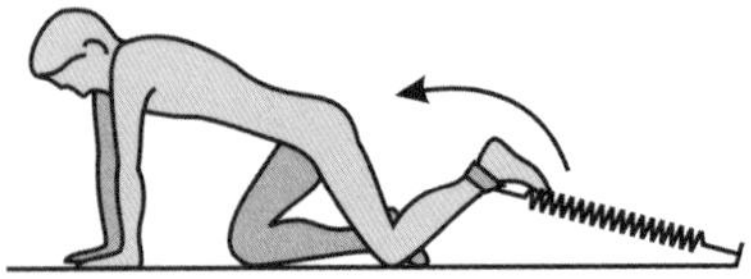

Stützen Sie sich auf Händen und Knien ab und ziehen Sie den Fuß zur Hüfte.

2
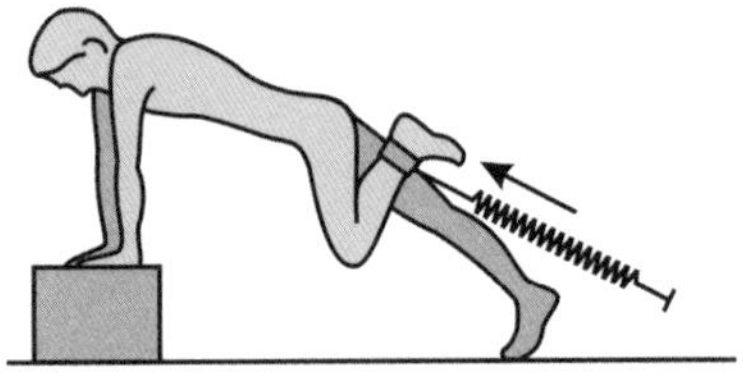

Stützen Sie die Hände auf einen Kasten und ziehen Sie den Fuß Richtung Hüfte.

3

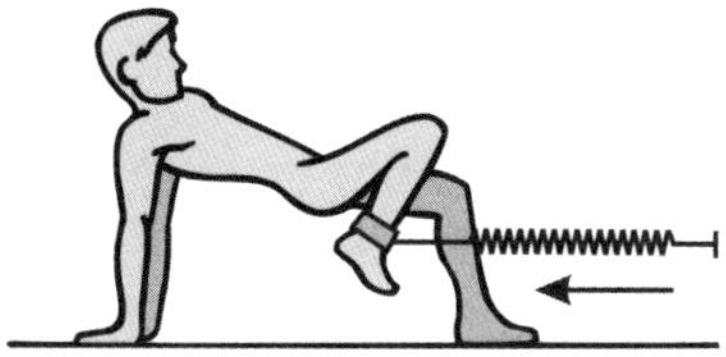

Stützen Sie sich auf die gestreckten Arme und ziehen Sie den Fuß zu Ihrer Hüfte (der Fuß bleibt nahe über dem Boden!).

4

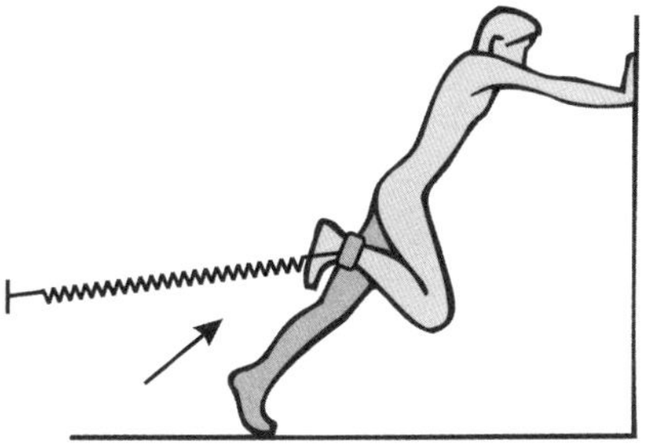

Lehnen Sie sich gegen eine Wand und ziehen Sie den Fuß zu Ihrer Hüfte.

5

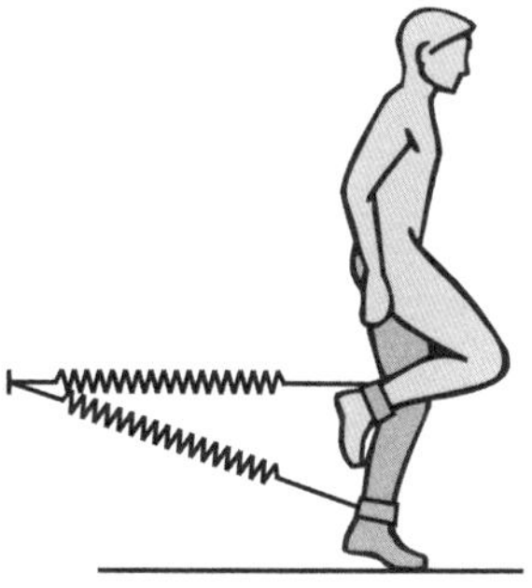

Change of Support mit Widerstandsbändern an beiden Fußgelenken: Ziehen Sie den Fuß senkrecht unter der Hüfte nach oben.

▶ Hamstring-Übungen für Fortgeschrittene

1

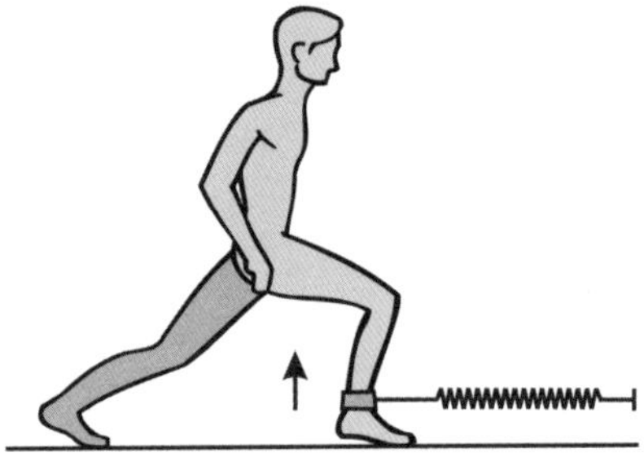

Sie stehen im Ausfallschritt, das Widerstandsband vor Ihnen, und ziehen das vordere Bein unter Ihre Hüfte nach oben.

2

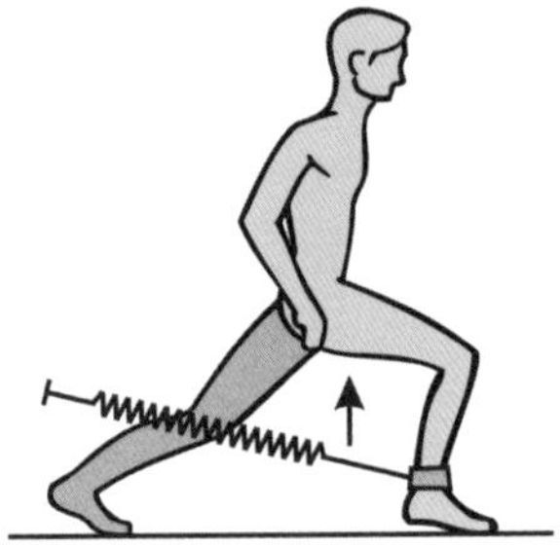

Sie stehen im Ausfallschritt, das Widerstandsband hinter Ihnen, und ziehen das vordere Bein unter Ihre Hüfte nach oben.

3

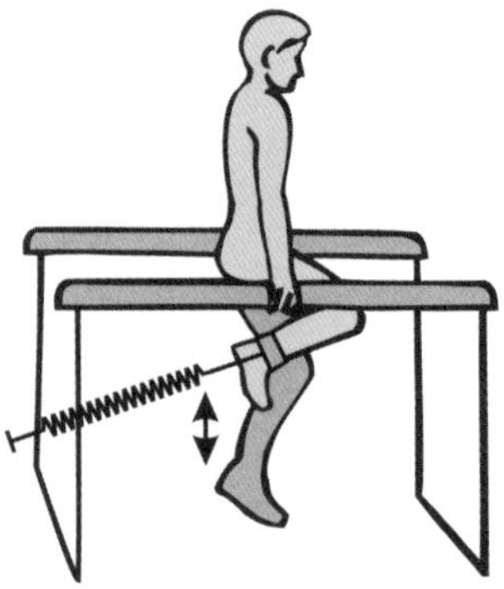

Stützen Sie sich mit den Händen auf und ziehen Sie den Fuß unter der Hüfte hoch.

4

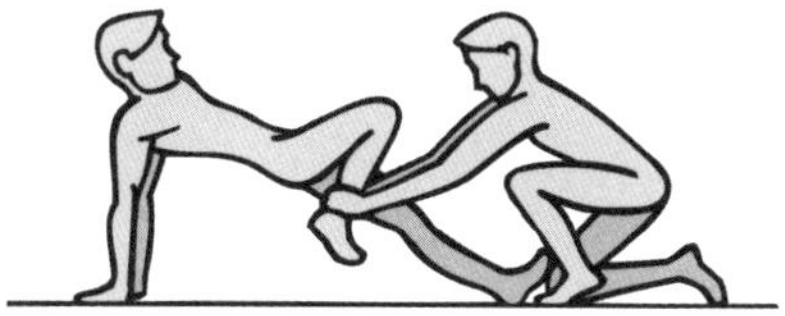

Seated Resistance Pull
Stützen Sie sich auf beide Hände und einen Fuß und ziehen Sie den freien Fuß gegen den Widerstand des Partners zur Hüfte.

5

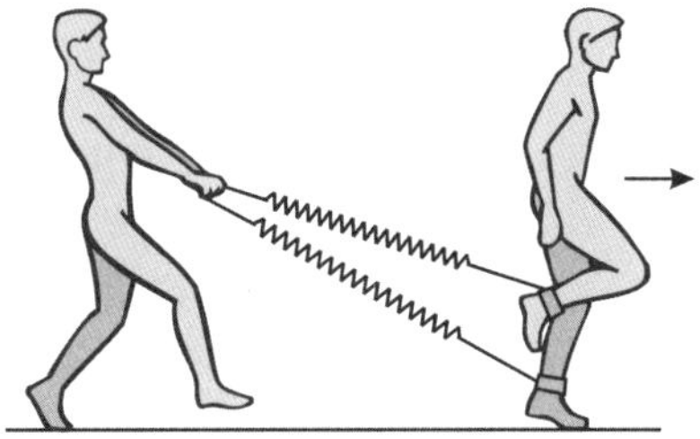

Change of Support forward with stretch cordz behind
Change of Support mit Vorwärtsfallbewegung, der Partner hält die Widerstandsbänder von hinten.

6

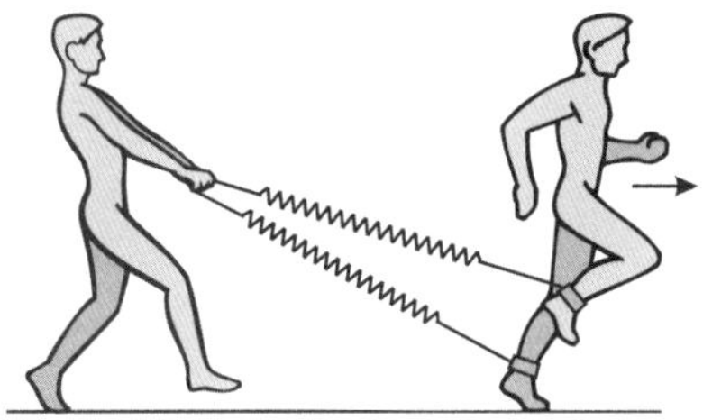

Running forward with stretch cordz behind
Laufen Sie mit Partner, der die Widerstandsbänder von hinten hält.

7

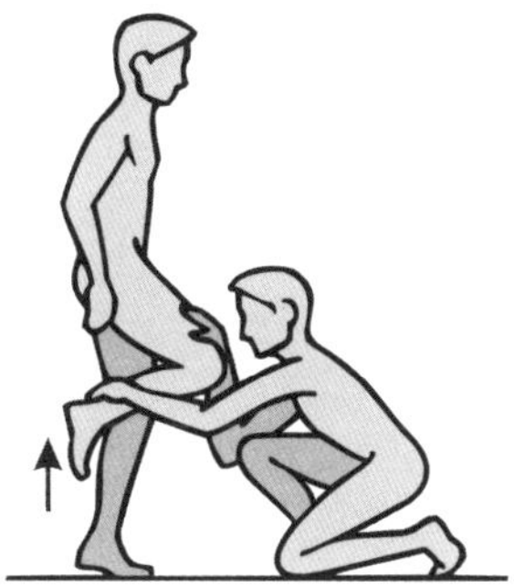

Standing Resistance Pull
Ziehen Sie den Fuß gegen den Widerstand des Partners unter die Hüfte.

LAUFEN IM SAND

»Das freie Meer befreit den Geist.«
Johann Wolfgang von Goethe

Gibt es eine romantischere Vorstellung, als bei Sonnenunter- oder Sonnenaufgang am Strand entlangzulaufen? Das Laufen an der Grenze zwischen Land und Wasser hatte schon immer etwas Besonderes – die wohlverdiente Abkühlung im Meer mit inbegriffen.

Je nach Konsistenz des Sandes und dem Abstand zum Wasser sowie der Neigung des Geländes kann das Laufen am Strand ziemlich anstrengend werden. Doch gerade auf lockerem Sand zu laufen ist eine sehr gute Übung, um die Pose-Methode zu lernen und eventuelle Abweichungen zum Standard aufzuzeigen. Es kräftigt außerdem Muskeln, Sehnen und Bänder, stabilisiert Gelenke und trainiert das Gleichgewicht. Aber das Wichtigste ist: Es schult Ihre Wahrnehmung für die Interaktion mit dem Boden. Sand ist ein instabiler Untergrund, in den Ihre Füße einsinken und in alle Richtungen rutschen können. Das macht es viel schwieriger, die Füße schnell vom Boden zu lösen, und zwingt Sie dazu, Ihre Lauftechnik zu verbessern.

Unter diesen Bedingungen ist es fast unmöglich, zu große Bewegungen zu machen, sich aktiv abzudrücken oder weit vor dem Körperschwerpunkt zu landen. Das macht das Laufen im Sand zu einem idealen Hilfsmittel, um Ihre alten Gewohnheiten zu durchbrechen. Mit den kompakten und leichten Schritten der Pose-Methode versinken Sie weniger im Sand und kommen schneller voran. Ziehen Sie am besten Ihre Schuhe aus und laufen Sie barfuß. Die kleinere Fläche Ihrer Fußsohle lässt Sie noch schneller im Sand versinken, dafür spüren Sie viel mehr vom Boden und bekommen mehr Rückmeldung von Ihren Füßen. Mit einer feineren Wahrnehmung dafür, was unter Ihren Füßen passiert, können Sie Fehler leichter erkennen und Ihre Technik verbessern. Wenn Sie Abweichungen zum Lauftechnikstandard haben, wird das Laufen im Sand Ihnen diese aufzeigen.

Betrachten Sie das Laufen im Sand am Anfang mehr als eine Übung denn als richtigen Lauf: Zeit oder zurückgelegte Strecke sind nicht wichtig. Es ist ein Training für Ihre Technik und Ihre Kraft. Wundern Sie sich nicht, wenn Sie am nächsten Tag Muskelkater in den Waden und Oberschenkeln bekommen – Sie müssen sich erst an die neue Belastung und den Untergrund gewöhnen. Sie werden sehen, wie sehr das Laufen im Sand Ihre Kondition fordert.

Laufen Sie nur kurze Strecken und erholen Sie sich dazwischen mit Gehpausen. Der Fokus ist Ihre Fähigkeit, eine gute Lauftechnik beibehalten zu können. Je besser Sie werden, desto länger oder schneller können Sie laufen. Wenn Sie in der glücklichen Lage sind, einen Strand in der Nähe zu haben, nutzen Sie ihn ruhig ein- bis zweimal pro Woche; ansonsten sollten Sie die Gelegenheit ergreifen, wenn Sie Urlaub am Meer machen!

Seien Sie vorsichtig, wenn der Strand zum Wasser hin stark abfällt. Wenn Sie nur in eine Richtung laufen, muss Ihr Körper dieses Gefälle permanent ausgleichen, was zu unangenehmen Überlastungen und Verletzungen führen kann. Laufen Sie im Zweifel lieber etwas weiter oberhalb des Wassers, wo das Gefälle meist nicht mehr so stark ist.

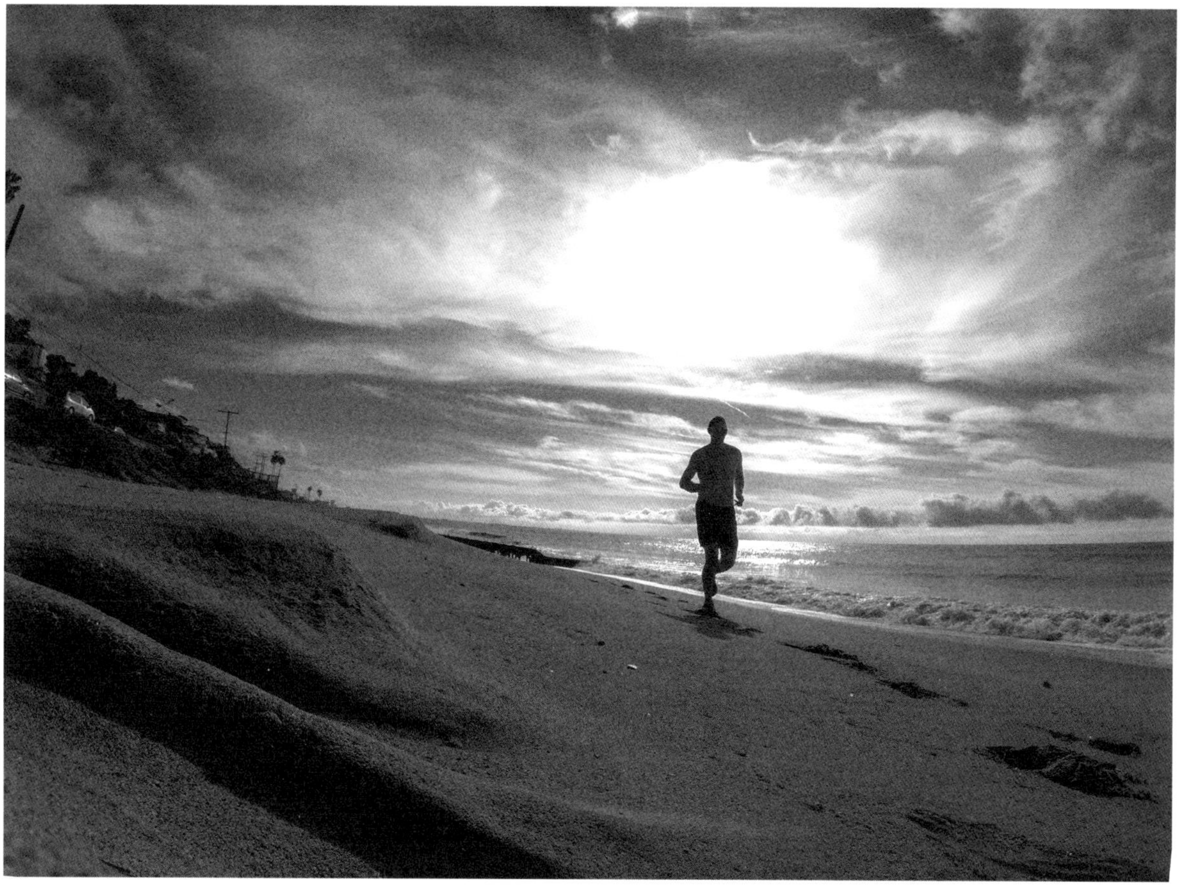

BERGAUF- UND BERGABLAUFEN

»Wer nicht auf die hohen Berge steigt, kennt die Ebene nicht.«
Chinesisches Sprichwort

Laufen in hügeligem Gelände kann ein wunderschönes Erlebnis oder eine Qual sein. Damit es für Sie das Erstere ist, erkläre ich Ihnen hier, wie Sie die Pose-Methode bergauf und bergab anwenden, was besondere Anforderungen an Physis und Psyche stellt – nehmen Sie die Herausforderungen der Natur an!

Die meisten vermeiden bewusst steile Anstiege auf Ihren Laufstrecken, nur wenige suchen sie als Gelegenheit, um sich weiterzuentwickeln. Gute Läufer finden sich hauptsächlich unter den Letztgenannten. Schwere Anstiege sind konstante, unnachgiebige Herausforderungen und ein unbestechlicher Realitätscheck für alle, die sich für fitter und schneller halten, als sie es wirklich sind.

Besonders das Bergauflaufen scheint der Logik der Pose-Methode zu widersprechen: Wie kann die Schwerkraft für die Vorwärtsbewegung genutzt werden, wenn Sie doch entgegengesetzt zur Schwerkraft bergauf laufen? Um diese Frage zu beantworten, machen wir einen kleinen Abstecher in das Handwerk der Holzfäller: Stellen Sie sich vor, Sie sollen eine Seite eines Hügels roden. Dabei stellt sich Ihnen ein ganz ähnliches Problem: Wie können Sie die Bäume fällen, sodass sie zum Berg hin umfallen? Man könnte meinen, dass der Baum immer den Berg hinunterfallen wird, aber in Wirklichkeit können Sie ganz einfach bestimmen, in welche Richtung er fällt. Als Erstes schlagen Sie einen Keil aus dem Stamm nahe des Bodens, und zwar auf der Seite, zu der der Baum fallen soll. Jetzt gehen Sie auf die gegenüberliegende Seite und beginnen, den Stamm von schräg oben in Richtung des herausgeschlagenen Keils anzusägen. Sobald Ihr zweiter Schnitt in die Nähe des herausgeschlagenen Keils kommt, lehnt sich der Baum mit seinem ganzen Gewicht auf diese Lücke und fällt dorthin, wo Sie ihn hinhaben wollen – ganz einfach!

Dasselbe Prinzip können wir auf das Bergauflaufen übertragen. Indem Sie sich wie auf ebenem Untergrund auch nach vorn lehnen, erzeugen Sie sozusagen die Kerbe, die Sie aus dem Baumstamm geschlagen haben – Sie fallen bergauf. Das soll nicht heißen, dass Bergauflaufen einfach wäre! Es gelten immer noch die Gesetze der Physik und Sie bewegen sich in die entgegengesetzte Richtung der Schwerkraft schräg nach oben/vorn; aber wenigstens nutzen Sie sie dabei gleichzeitig immer wieder zu Ihren Gunsten.

Bergauflaufen kann Ihnen beim Erlernen der Pose-Methode helfen und ist zudem ein hervorragendes Krafttraining. Sie müssen eine hohe Schrittfrequenz beibehalten und kompakte, kurze Schritte machen, um die Schwerkraft öfter zu Ihrem Vorteil zu nutzen. Ihre Hamstrings haben jede Menge

Arbeit damit, die Bewegungen schnell und explosiv auszuführen. Das verbessert auch die Elastizität Ihrer Muskeln und schult Ihre Wahrnehmung für das rechtzeitige Hochziehen der Füße/Unterschenkel.

Wenn Sie einmal verstanden haben, wie das Bergauflaufen funktioniert, wird es zu einer wichtigen Waffe in Ihrem mentalen Repertoire werden. Anstiege sind nicht länger Hindernisse, sondern Gelegenheiten, um Ihre Technik als Vorteil gegenüber Ihren Konkurrenten auszuspielen.

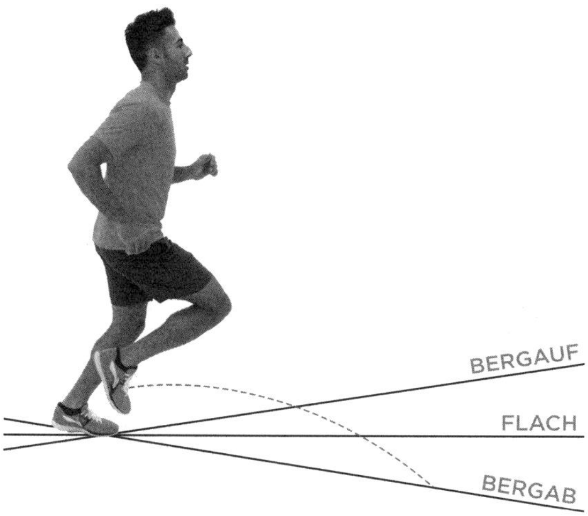

Die Schrittlänge hängt vom Grad der Steigung oder des Gefälles ab. Bergab ist sie am längsten – bergauf am kürzesten.

Wie sieht es mit dem Bergablaufen aus? Die Teilnehmer des Boston-Marathons werden bestätigen, dass weniger das Bergauf- als das Bergablaufen seine Spuren bei den Läufern hinterlässt. Das Gefährliche am Bergablaufen ist, dass es so einfach zu sein scheint. Nachdem man mühsam den Hügel erklommen hat, ist es eine verständliche Reaktion, sich auf dem Weg nach unten zu entspannen und gehen zu lassen.

Ihre Schritte werden länger und jeder wird zu einem kräftigen Schlag auf die Ferse und Ihre Kniegelenke. Diese Erschütterungen wandern durch Ihren ganzen Körper bis zur Wirbelsäule und zum Kopf und treffen jedes Gelenk Ihres Körpers. Ihre Muskeln, Sehnen und Bänder werden enormen Belastungen ausgesetzt. Ab einem gewissen Punkt versuchen Sie, die Belastung zu kontrollieren und die Geschwindigkeit zu begrenzen; das beschert Ihnen den Muskelkater in den Oberschenkeln am nächsten Tag. Sie treten sprichwörtlich auf die Notbremse. Das kann jedoch schnell nach hinten losgehen und Ihnen mehr schaden als nutzen.

Um die Herausforderung des Bergablaufens zu meistern, müssen Sie zuallererst Ihre Konzentration aufrechterhalten. Lassen Sie Ihre Gedanken nicht schweifen! Halten Sie Ihre Schritte kompakt und flach. Jedes überflüssige Auf und Ab verstärkt den potenziellen Schaden, den die Schwerkraft Ihrem Körper zufügen kann. Der Fußaufsatz sollte weiterhin sehr nahe unter und nicht vor Ihrem Körper erfolgen. Bleiben Sie kompakt und aufrecht, um nicht zu schnell zu werden. Auf diese Weise vermeiden Sie die harten Schläge und kommen in kontrollierter Weise den Hügel hinunter.

Bergablaufen schult die Fähigkeit, die Füße entspannt auf den Boden zurückfallen zu lassen, anstatt sie aktiv auf den Boden zu setzen. Hier können Sie sich leichter als auf ebenem Untergrund auf einen entspannten und lockeren Fußaufsatz konzentrieren. Dieses Gefühl sollten Sie auch beim Laufen auf ebenem Untergrund wiederfinden.

Wie viel Sie in welligem Gelände laufen, hängt sehr davon ab, wo Sie leben. Flachländer nutzen oft Brücken, Überführungen und Treppen, um wenigstens einige Steigungen in das Training zu integrieren. Wenn Sie dagegen in einer hügeligen Gegend leben, sind Sie wahrscheinlich für jedes flache Stück dankbar, um nicht ständig auf und ab laufen zu müssen.

Sie sollten wenigstens in ein Training pro Woche Steigungen integrieren. Fangen Sie mit kurzen Abschnitten an und achten Sie ausschließlich auf die Technik, bis Sie die Pose-Methode sicher bergauf und bergab beherrschen. Wenn Sie die Technik im Griff haben, können Sie hemmungslos bergauf und bergab laufen, bis Sie zu einer wahren Bergziege werden.

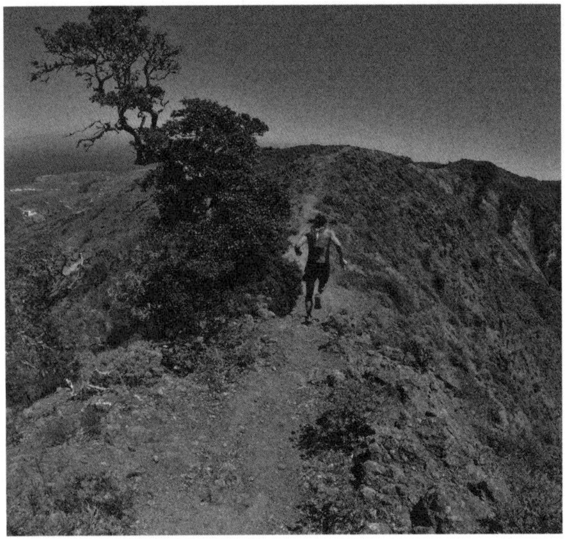

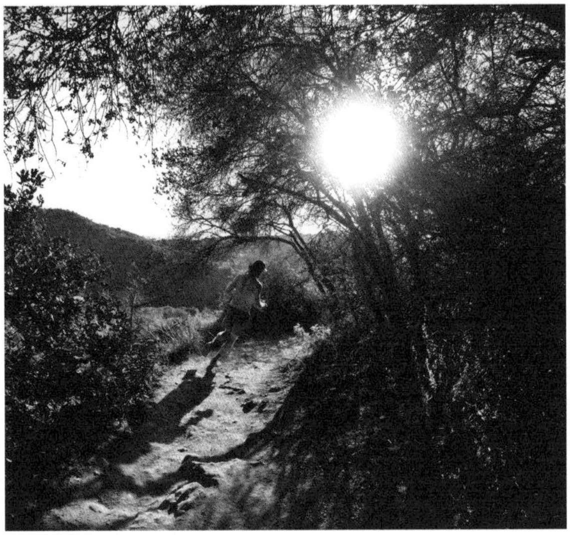

CROSSLÄUFE

»In der Natur fühlen wir uns so wohl, weil sie kein Urteil über uns hat.«
Friedrich Nietzsche

Crossläufe durch den Wald, über Wiesen, Felder und über Stock und Stein sind die ursprünglichste Form des Laufens. Weit weg von Asphalt und Autoabgasen schärfen sich Ihre Sinne für den Anblick und den Geruch der Umgebung. Laufen ist keine Schinderei mehr, es wird zum Abenteuer.

Crossläufe sind aber nicht nur gut für die Seele, sondern auch für den Körper. Der Untergrund ist abwechslungsreicher als auf der Straße: Es geht auf und ab, über Steine und Wurzeln, um Ecken und Kurven. Ihre Füße müssen sich mit jedem Schritt auf neue Bedingungen einstellen. Als guter Crossläufer brauchen Sie eine hohe Aufmerksamkeit und müssen kompakte, schnelle Schritte machen. Nur mit leichten, entspannten Schritten können Sie sich den ständig wechselnden Bedingungen anpassen.

Der Unterschied zum monotonen Laufen auf der Straße ist, dass Sie eine kurze Bodenkontaktzeit und eine gut entwickelte Faszienelastizität im Fall der Fälle vor einem verknacksten Fußgelenk bewahren können. Ihr neuromuskuläres System wird beim Crosslaufen darauf trainiert, auf alle Herausforderungen der Umgebung blitzschnell zu reagieren. Auf der Straße passt sich Ihr Körper an die gleichförmigen Bewegungen an. Solange es nur geradeaus geht, ist er stark, aber auf unerwartete Fehltritte in Schlaglöcher, auf Äste oder Steine ist er nicht vorbereitet. Der unebene Untergrund im Gelände führt zu einer ausgeglicheneren Entwicklung Ihrer Muskeln, Sehnen, Bänder und Gelenke. Ihr Körper lernt, mit jeder Art von Untergrund umzugehen, und entwickelt die umfassenden Kraftvoraussetzungen, die zu einem verletzungsfreien Laufvergnügen beitragen. Gleichzeitig ist es ein gutes psychologisches Training, schnell auf wechselnde Bedingungen reagieren zu müssen.

Kein Trainingsplan ist ohne gelegentliche Crossläufe komplett. Nutzen Sie die Gelegenheit, wenn Sie abwechslungsreiches Gelände vor der Haustür haben, Ihr Körper und Ihr Geist werden es Ihnen danken!

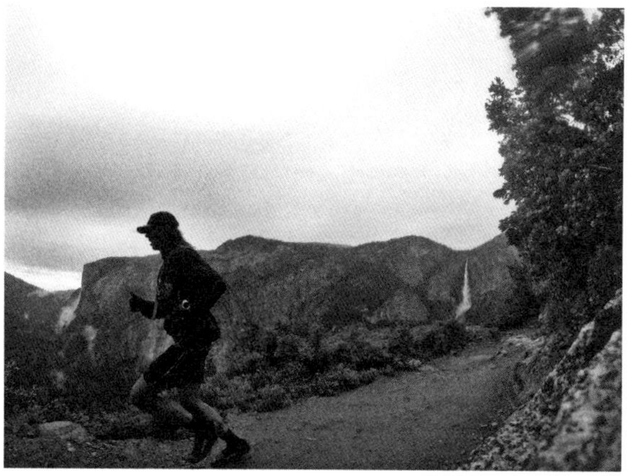

BARFUSSLAUFEN

»Wer barfuß geht,
den drücken die Schuhe nicht.«
Sprichwort

Moderne Laufschuhe bringen trotz des enormen Aufwandes, der für ihre Entwicklung betrieben wird, eine Reihe von Problemen mit sich. Die Werbung verspricht Komfort, Stabilität und natürlich Dämpfung. Auf den ersten Blick sind das alles erstrebenswerte Eigenschaften. Letztendlich werden jedoch mit künstlichen Mitteln die Auswirkungen einer schlechten Lauftechnik verschleiert, Ihre Wahrnehmungen getrübt und die Rückmeldungen des eigenen Körpers unterbunden.

Die dick aufgebaute Dämpfung unter der Ferse fördert sogar eine schlechte Lauftechnik und erhöht einen Teil der Aufprallenergien. Sie wissen, dass Sie auf dem Vorfuß, nicht auf der Ferse aufkommen sollten; es ist sogar völlig normal, dass der Aufsatz auf der Ferse wehtut. Wir sind nicht dafür gebaut, so zu laufen. Doch mit modernen Laufschuhen haben Sie *fast* keine andere Wahl, als auf der Ferse aufzukommen, weil so viel Material im Weg ist. Wenn Sie barfuß laufen, gehen Sie wie von selbst einen Schritt in Richtung Pose-Methode: Sie machen kompaktere Schritte und setzen auf dem Vorfuß auf. Da Sie wahrscheinlich wie alle anderen westlich zivilisierten Menschen von Kindesbeinen an Schuhe getragen haben, können Sie natürlich nicht von heute auf morgen einen Marathon barfuß bestreiten, wie es der Äthiopier Abebe Bikila 1960 tat, als er die olympische Goldmedaille gewann. Wenn Sie jedoch *langsam* mit dem Barfußlaufen beginnen, wird es nur Vorteile für Sie haben.

Barfußlaufen stärkt Ihre Füße und Fußgelenke. Stabilität sollte nicht von künstlichen Mitteln wie breiten Sohlen, festem Obermaterial oder Einlagen kommen, sondern von starken Muskeln, Gelenken und flexiblem Bindegewebe. Indem Sie diese Stabilität entwickeln, anstatt sie zu kaufen, reduzieren Sie das Risiko für häufige Lauf- und Haltungsverletzungen beträchtlich.[29]

Der Fußaufsatz ist mitbestimmend für die richtige Ausrichtung des ganzen Körpers. Wenn Sie zu weit vor Ihrem Körperschwerpunkt landen oder sogar auf der Ferse, verliert Ihr Körper seine Stabilität und Balance. Barfußlaufen zwingt Sie zu einer besseren Ausrichtung Ihrer Körperhaltung von den Füßen bis zu den Haarspitzen. Dazu kommt eine kurze Bodenkontaktzeit und damit eine verbesserte Nutzung der Muskel- beziehungsweise Faszienelastizität.

Beginnen Sie langsam mit dem Barfußlaufen. Vielleicht gehen Sie zunächst sogar nur barfuß, um die Haut unter Ihren Füßen an die neue Belastung zu gewöhnen. Am besten können Sie am Strand, auf der Laufbahn oder auf dem Rasen eines Sportplatzes barfuß laufen. Hier ist die Gefahr am geringsten, dass Ihnen harte oder sogar scharfe Gegenstände in die Quere kommen und Ihre Füße verletzen. Sand ist am effektivsten, um sie zu kräftigen. Auf der

Laufbahn oder auf kurz gemähtem Rasen bekommen Sie dafür ein präziseres Feedback vom Boden.

Fangen Sie mit kurzen Wiederholungen an, vielleicht nur 25 Meter. Steigern Sie sich nur allmählich, wenn Sie sich barfuß wohlfühlen. Denken Sie daran, das Ziel der Übung ist, Kraft und Stabilität zu entwickeln, nicht Ausdauer. Es geht nicht darum, wie viele Kilometer Sie hier zurücklegen. Später, viel später, können Sie vielleicht sogar einen Crosslauf barfuß machen. Das klingt vielleicht unheimlich, aber wenn Ihre Füße daran gewöhnt sind, ist es kein Problem, barfuß auf Wald- oder Feldwegen zu laufen – in vollendeter Harmonie mit der Natur.

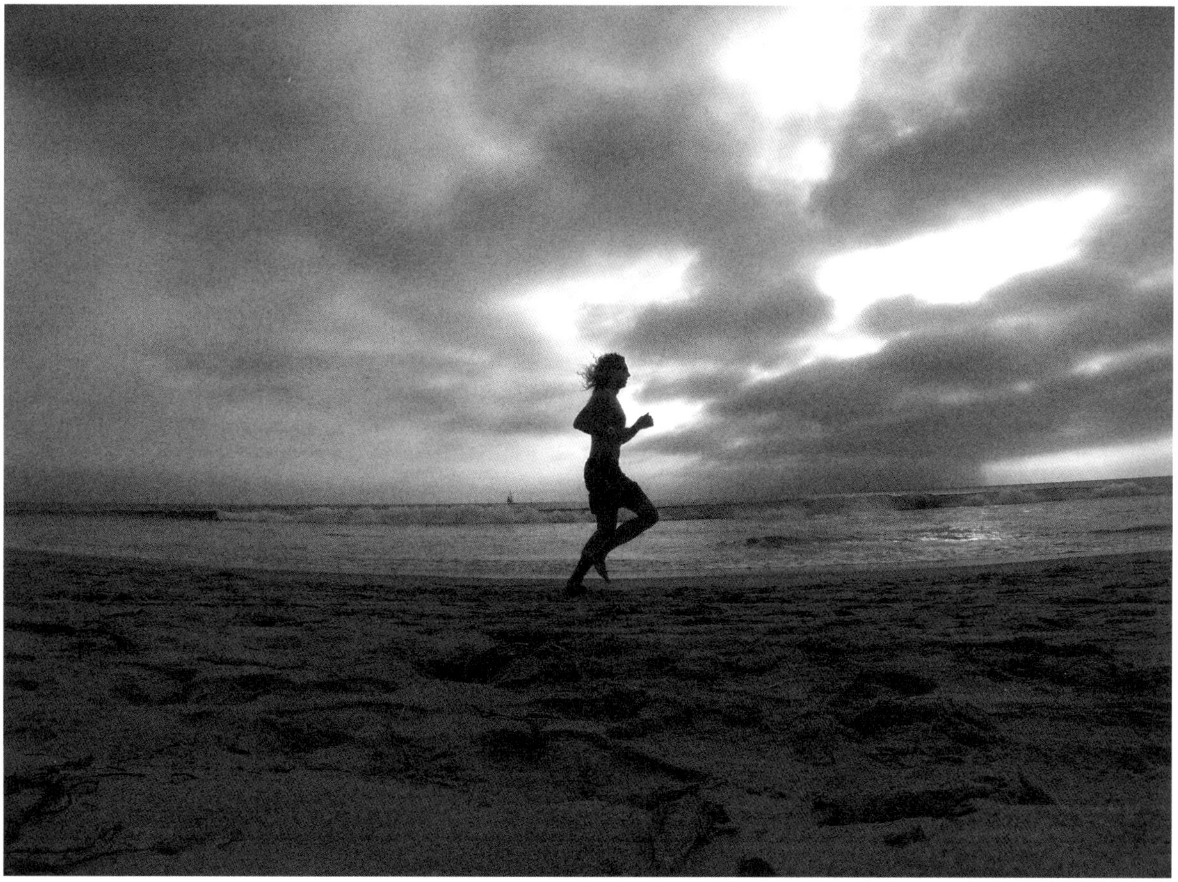

BEWEGLICHKEIT (FLEXIBILITÄT) SCHULEN

»Leben ist Bewegung und ohne Bewegung findet Leben nicht statt.«
Moshé Feldenkrais

Als Läufer sollten Sie sich um Ihren Körper kümmern, um die beste Leistung zu erzielen und mechanischem Versagen vorzubeugen. Unter den Schwimmern, Radfahrern und vielen anderen Sportlern finden sich ehemalige Läufer, deren Körper anscheinend der Belastung des Laufens nicht mehr gewachsen war. Doch nicht das Laufen an sich war das Übel, sondern die mangelhafte Lauftechnik und die unzureichende Vorbereitung des Körpers darauf.

Die Vernachlässigung des Beweglichkeitstrainings ist fast immer ein zeitliches Problem und irgendwie kennen wir es alle: Warum Zeit auf etwas verschwenden, was scheinbar keine Verbindung zu unserer Laufleistung hat? In der Hektik des modernen Lebens ist es nicht immer einfach, ein paar Stunden für das Lauftraining frei zu halten. Das hat eine einfache Rechnung zur Folge: Dehnen ist verlorene Zeit für das Laufen und weniger Laufen bedeutet langsamer laufen, nicht schneller. Dazu kommt, dass es einfach nicht in unsere Gewohnheiten passt, etwas anderes zu tun, als was uns Freude bereitet.

Es gibt drei Komponenten, die zur Beweglichkeit beitragen:

1. Beweglichkeit der Gelenke

2. Elastizität der Bänder und Sehnen

3. Entspannungsfähigkeit der Muskulatur

Wenn Sie am Morgen aufwachen und Ihre Knochen schmerzen, ist die Vorstellung, Ihre Zehen zu berühren, wahrscheinlich ziemlich abwegig. Es sind Ihre Gelenke, die noch nicht geschmiert sind und daher nicht reibungslos funktionieren. Das Knarren und Knirschen in den Gelenken ist nicht nur eine Alterserscheinung, sondern ein Zeichen von Vernachlässigung. Zum Glück können wir eine Menge dafür tun, um die vollständige Beweglichkeit unserer Gelenke wiederherzustellen.

Sie wollen doch auch nicht mit einem Auto oder einem Fahrrad fahren, wo alles quietscht – warum sollten Sie also mit Gelenken laufen, die schmerzen und knirschen? In enger Verbindung mit den Gelenken arbeiten die Bänder, Knorpel und Sehnen – diese Bindegewebe dienen als Schnittstelle zwischen Gelenken, Knochen und Muskeln und sorgen dafür, dass alles reibungslos zusammen funktioniert.

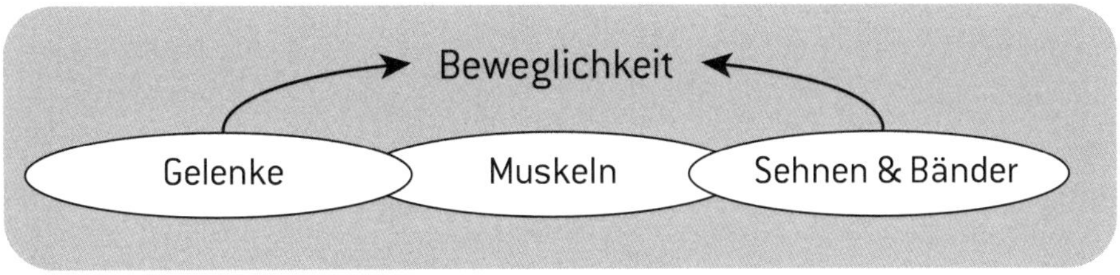

Komponenten der Beweglichkeit

Was die Beweglichkeit für die Gelenke ist, ist die Elastizität für das Bindegewebe. Ohne Elastizität verliert es seine Funktion als Puffer und die mechanische Belastung verschiebt sich auf die Gelenke, Knochen und Muskeln. Ein erhöhtes Verletzungsrisiko ist die Folge.

Da alle diese Strukturen so eng zusammenarbeiten, macht es Sinn, sich gemeinsam um ihre Bedürfnisse zu kümmern. Das zugrunde liegende Prinzip ist einfach: Es gibt keine unwichtigen Teile im menschlichen Körper. Auch wenn die Hamstrings die Arbeitspferde des Läufers sind, spielt jede Faser Ihres Körpers eine wichtige Rolle für die Leistungsfähigkeit und muss dementsprechend gepflegt werden. Vom kleinsten Gelenk bis zum größten Muskel – alles braucht Ihre Beachtung.

Auch wenn die Natur einige mit mehr Beweglichkeit gesegnet hat als andere, können wir uns doch alle mit wenig Aufwand verbessern. Die Beweglichkeitsübungen beginnen bei den Fingern und arbeiten weiter mit Händen, Handgelenken, Ellbogen, Schultern, Wirbeln, Hüften, Knien und Fußgelenken bis zu den Zehen. Diese Übungen sind sehr einfach und brauchen nicht viel Zeit. Bewegen Sie die Gelenke in alle Richtungen, strecken und beugen Sie sie behutsam, bringen Sie sie in Bewegung. Überstürzen Sie diesen Prozess nicht, nehmen Sie sich die Zeit, um zu spüren, wie Ihre Gelenke flexibler werden und die Wärme des umliegenden Gewebes hineinfließt. Sie werden erleben, wie gut es sich anfühlt, alles in Bewegung zu bringen.

BEWEGLICHKEITSÜBUNGEN (FLEXIBILITY ODER JOINT MOBILITY)

Die folgende Auswahl von Übungen gibt Ihnen einen Einblick, um Ihre elementare Beweglichkeit für Ihr Lauftraining zu verbessern – eine größere Auswahl an fortgeschrittenen Übungen und vollständige Flexibility-Routinen finden Sie unter http://video.posemethod.com.

Wiederholen Sie die Übungen gegebenenfalls jeweils für die linke und rechte Seite Ihres Körpers.

1a

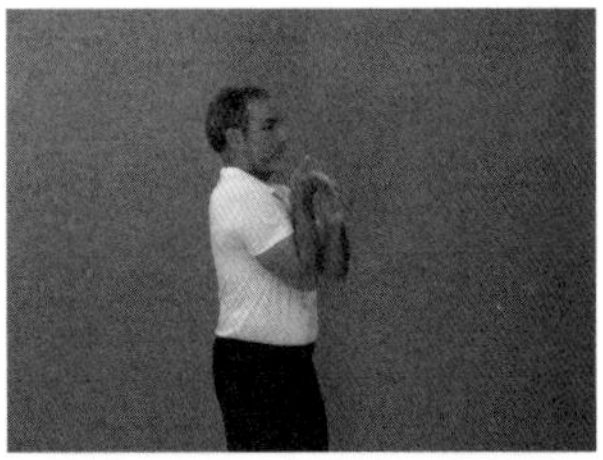

Ziehen Sie Ihre Finger nach unten und flexen Sie Ihre Handwurzel/Unterarme.

1b

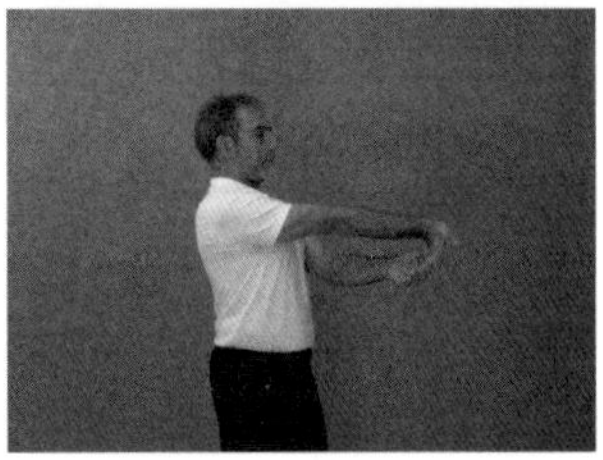

Strecken Sie nun den Ellbogen.

2

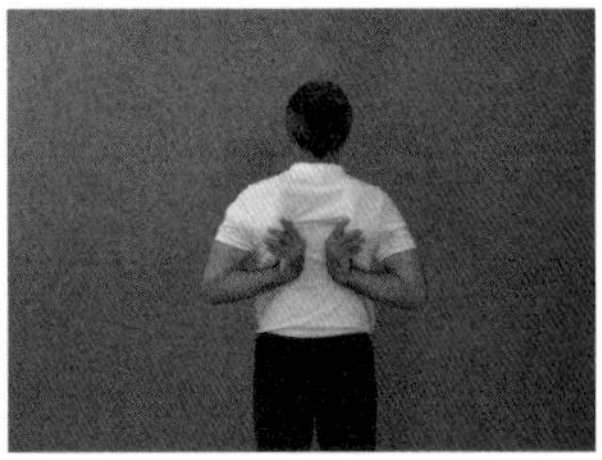

Berühren Sie mit beiden Händen die Schulterblätter.

3 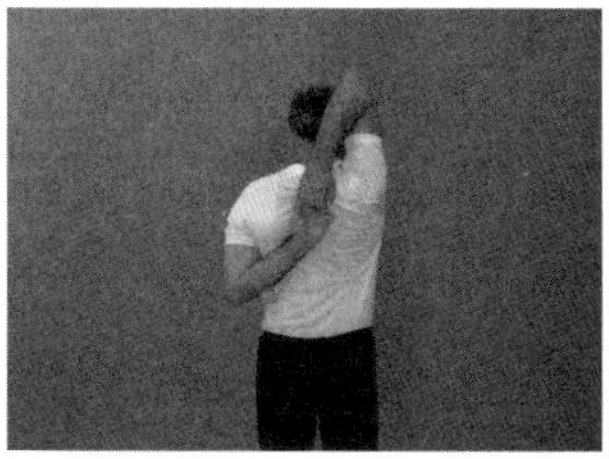

Greifen Sie Ihre Finger hinter dem Rücken.

4 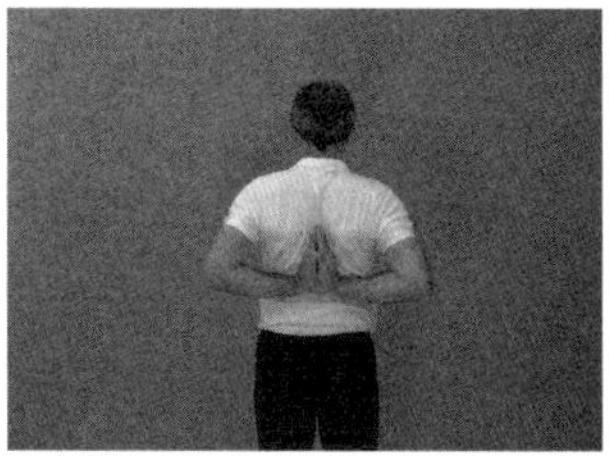

Legen Sie die Handflächen hinter dem Rücken aneinander.

5 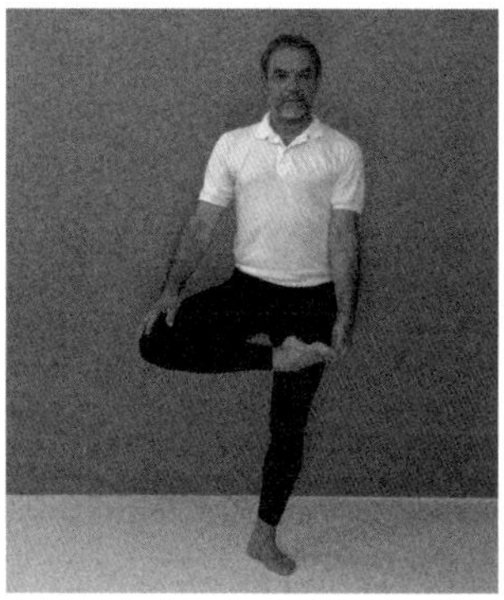

Im Stand legen Sie den Fuß auf den Oberschenkel des anderen Beins.

6 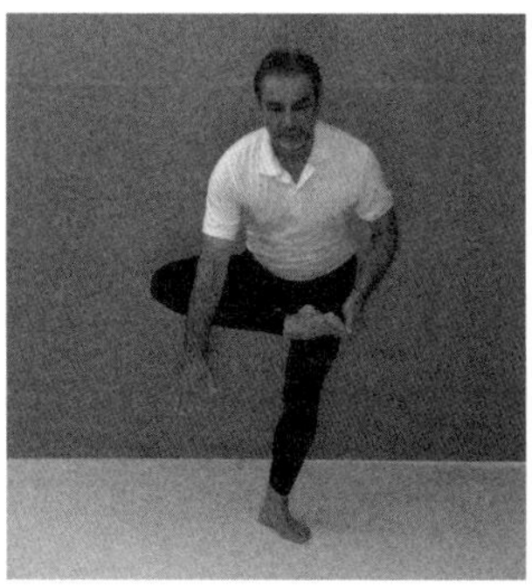

Beugen Sie sich nach vorn und greifen Sie mit der Hand zum Boden.

7a

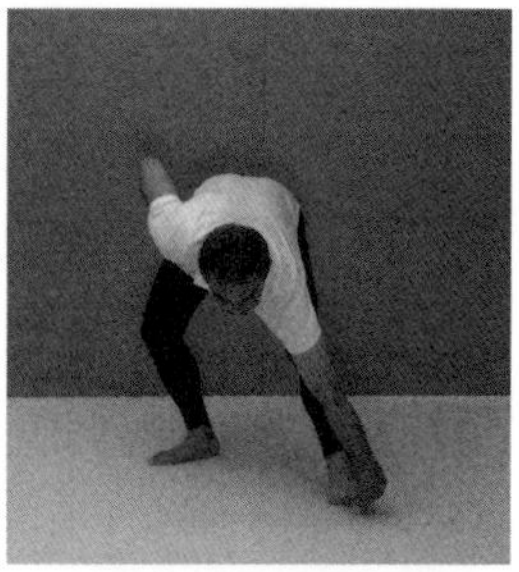

Stellen Sie ein Bein gestreckt nach vorn und greifen Sie mit der Hand derselben Seite zum Fuß.

7b

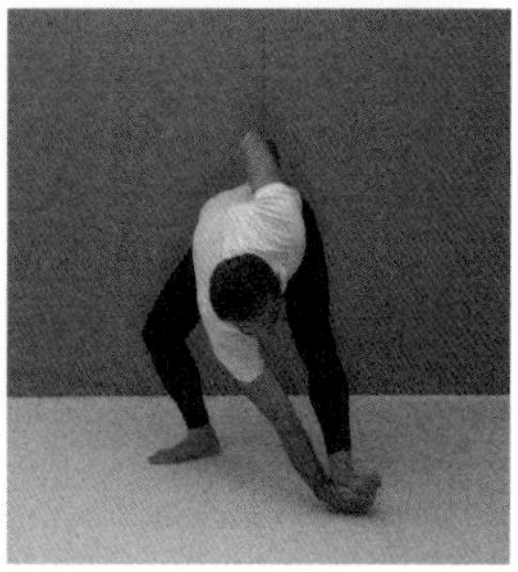

Greifen Sie nun mit der anderen Hand zum Fuß.

8a

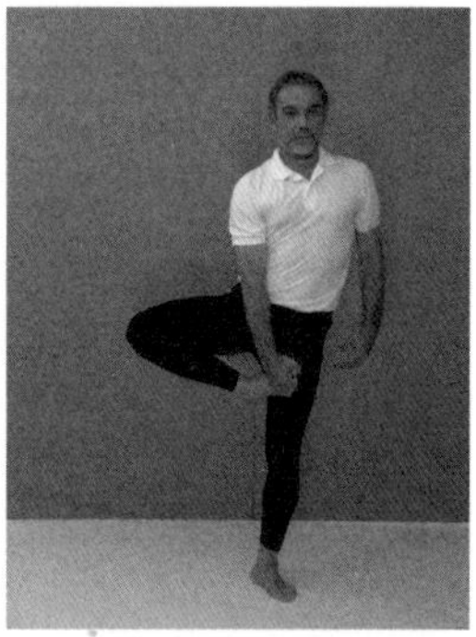

Legen Sie einen Fuß auf den Oberschenkel des anderen Beins und greifen Sie die Oberseite des Fußes.

8b

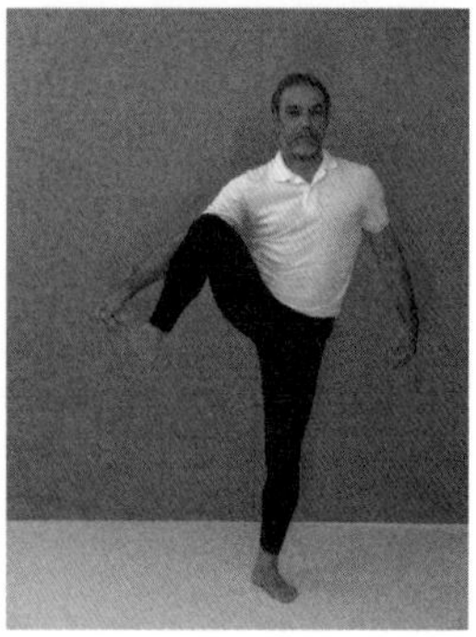

Bewegen Sie den Fuß seitlich nach hinten.

8c

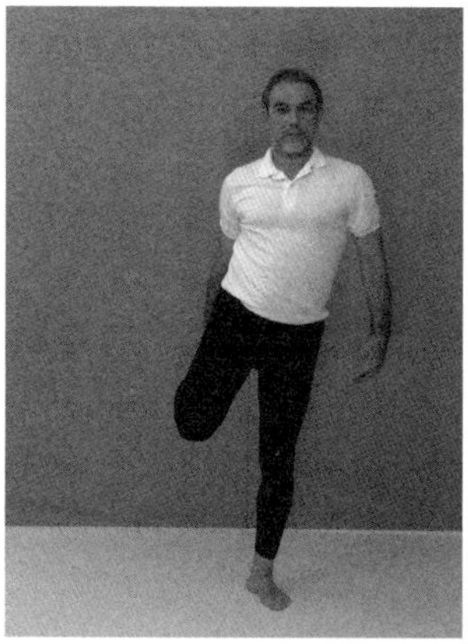

Ziehen Sie den Fuß hinten zum Gesäß, das Knie zeigt nach unten.

8d

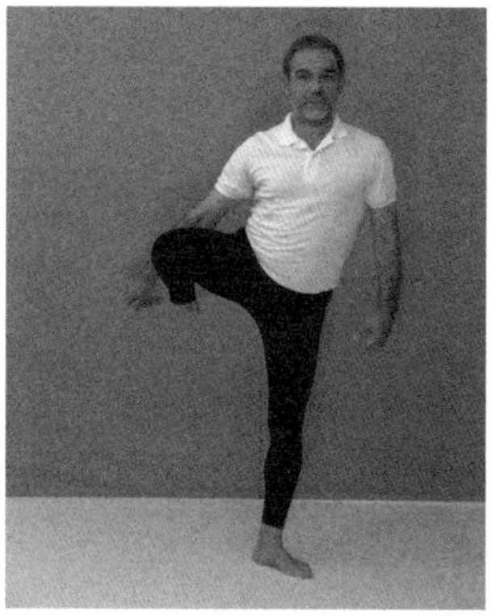

Bewegen Sie den Fuß seitlich wieder nach vorn.

8e

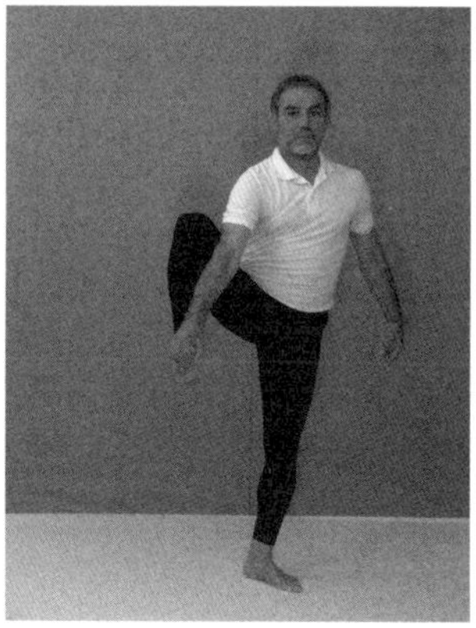

Führen Sie den Fuß zurück in die Ausgangsstellung.

9a

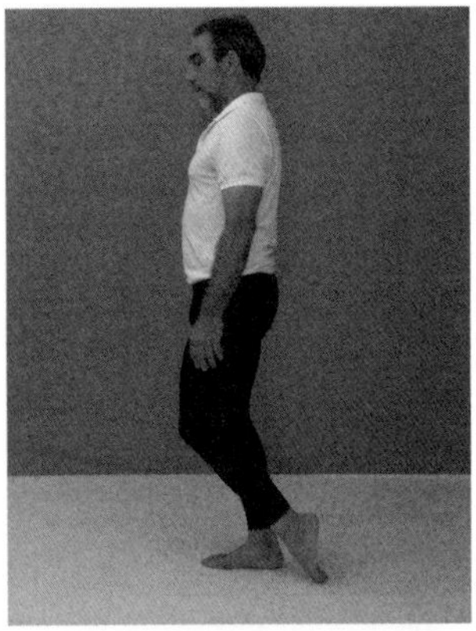

Legen Sie den Spann des linken Fußes auf den Boden.

9b

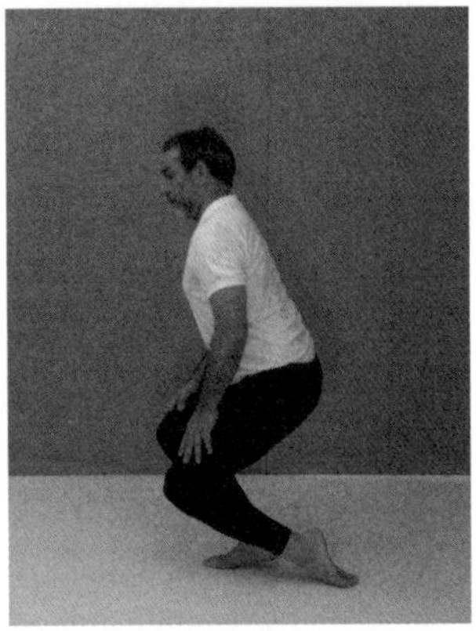

Gehen Sie langsam in die Hocke.

9c

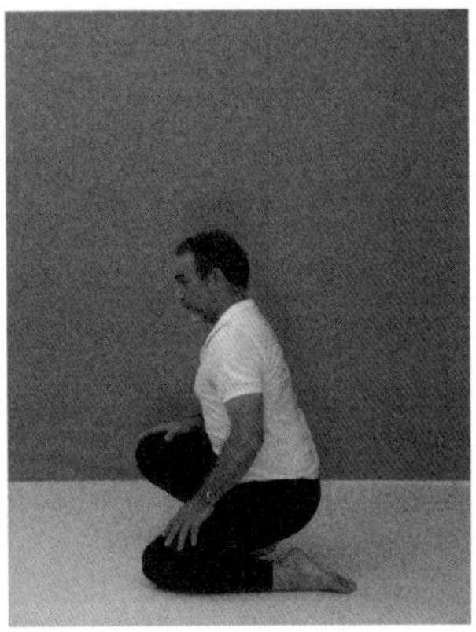

Legen Sie den linken Unterschenkel flach auf den Boden.

10a

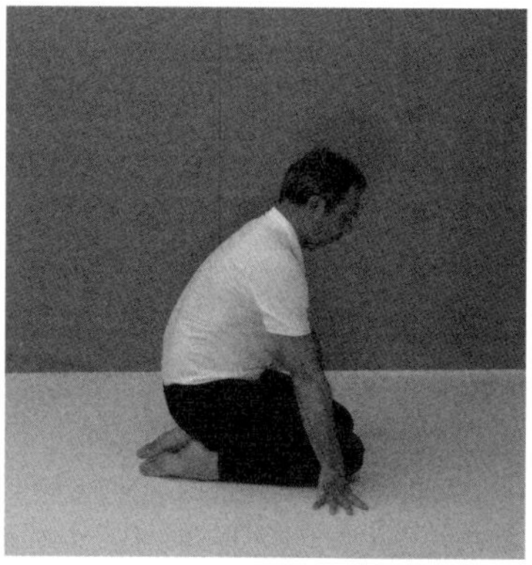

Setzen Sie sich auf die Unterschenkel, die Füße nach hinten gestreckt.

10b

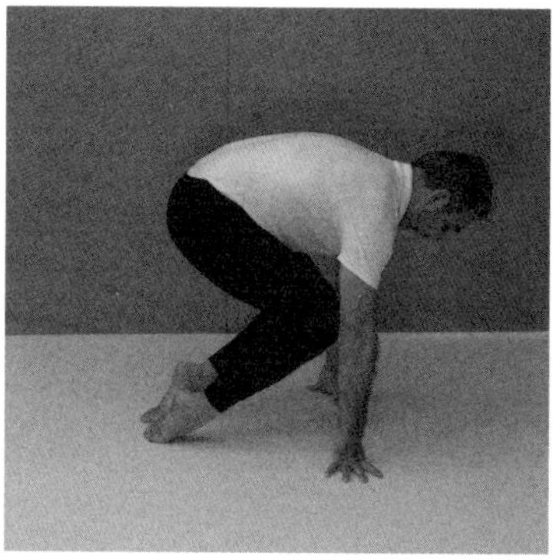

Drücken Sie sich von hier aus mit den Händen nach oben.

10c

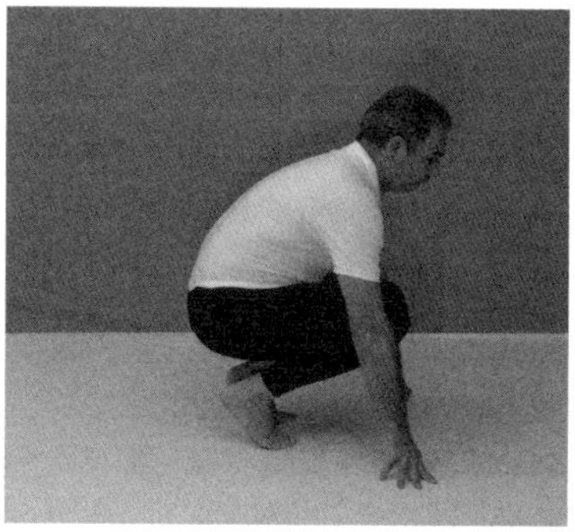

Und stellen Sie sich in der Hocke auf die Fußballen.

11a

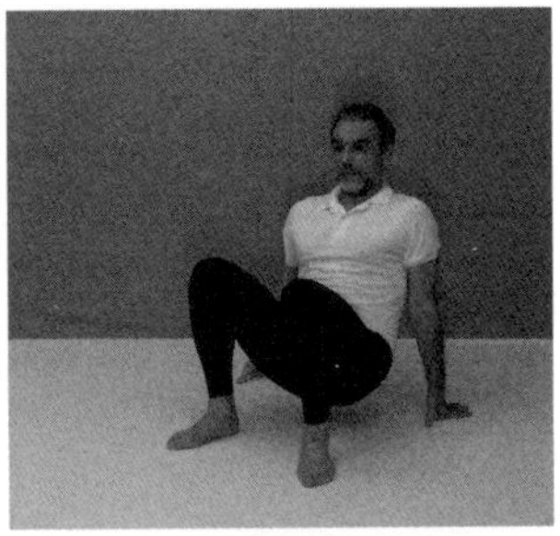

Stellen Sie sich rücklinks auf Hände und Füße.

11b

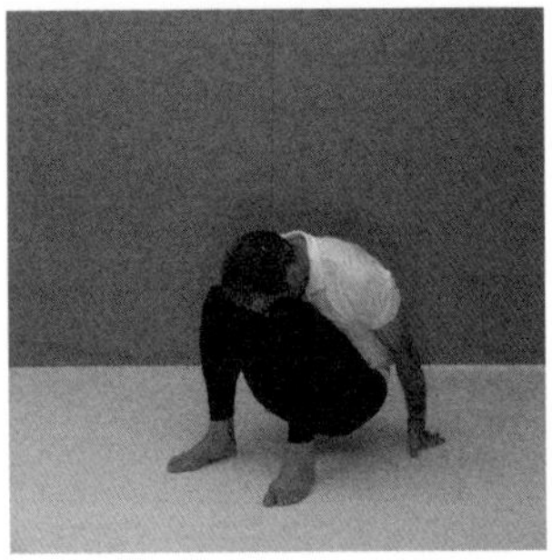

Beugen Sie sich mit dem Oberkörper zu den Oberschenkeln.

11c

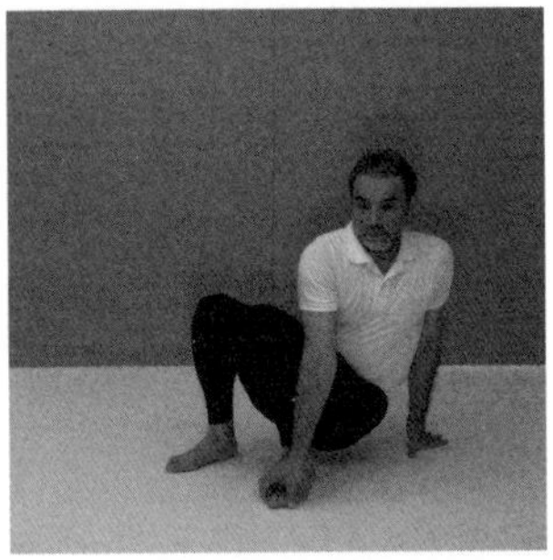

Greifen Sie mit der rechten Hand zum linken Fuß.

11d

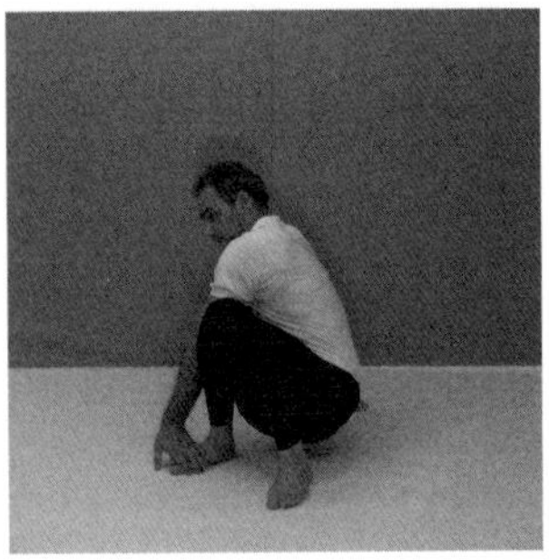

Greifen Sie mit der linken Hand zum rechten Fuß.

12a 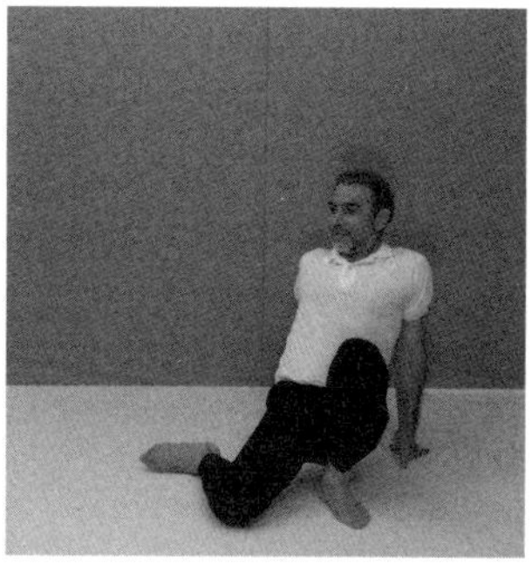

Legen Sie das rechte Knie nach links (innen) auf den Boden.

12b 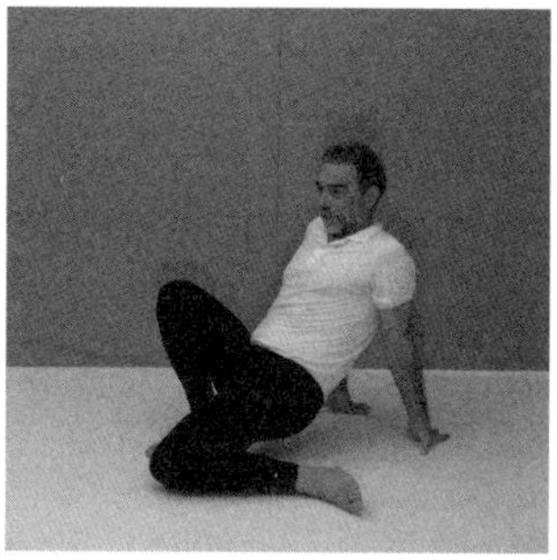

Legen Sie das linke Knie nach rechts (innen) auf den Boden.

13a 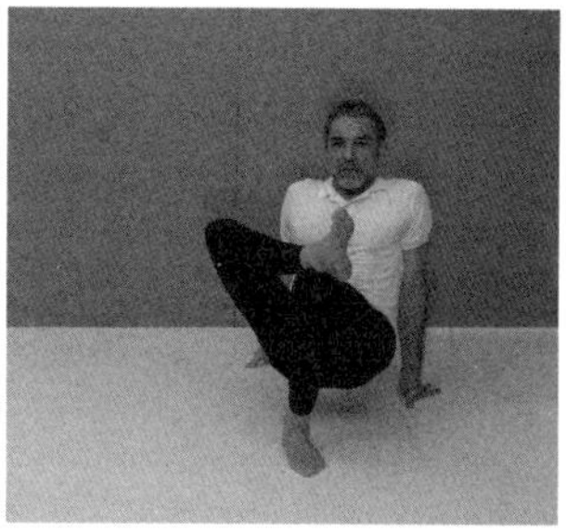

Legen Sie den rechten Fuß auf das linke Knie.

13b 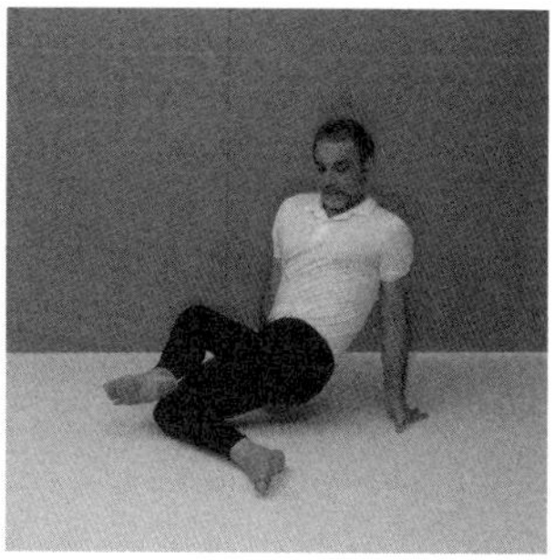

Legen Sie das linke Knie nach rechts auf den Boden.
Der rechte Fuß bleibt auf dem linken Knie.

14a

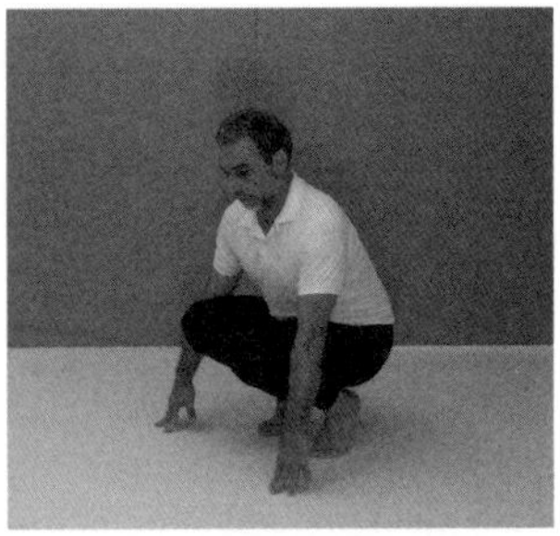

Gehen Sie in die Hocke.

14b

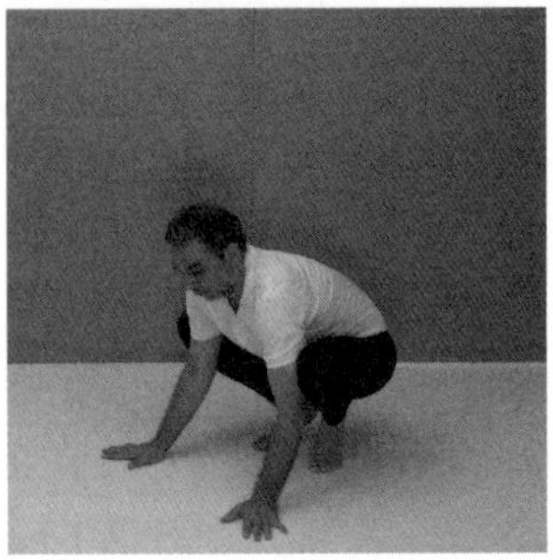

Spreizen Sie die Oberschenkel, sodass die Arme dazwischen zum Boden greifen können.

14c

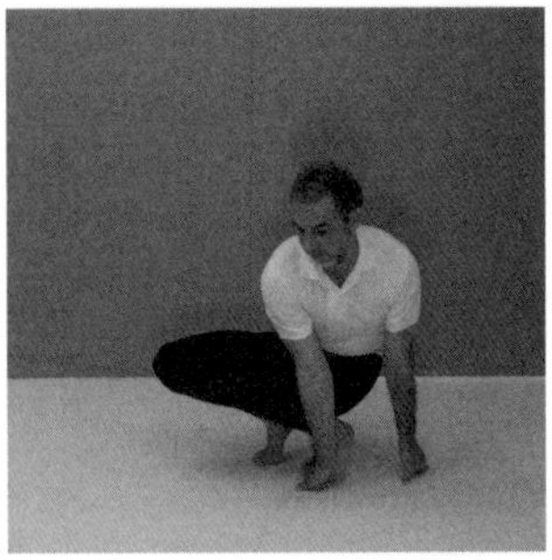

Greifen Sie mit den Händen links neben die Beine – die Unterarme zeigen nach außen.

14d

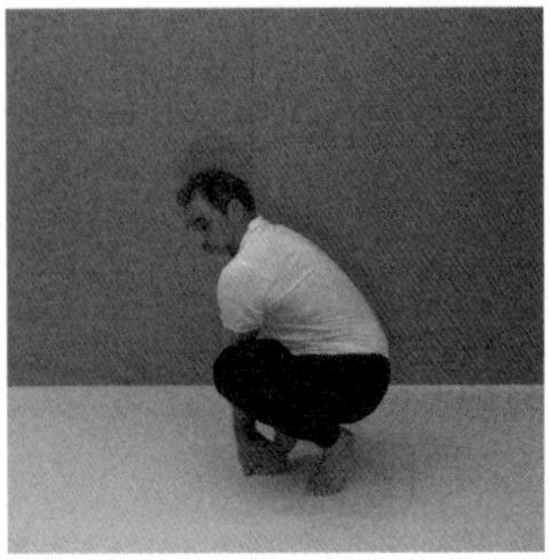

Greifen Sie mit den Händen rechts neben die Beine – die Unterarme zeigen nach außen.

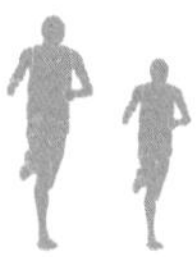

15a 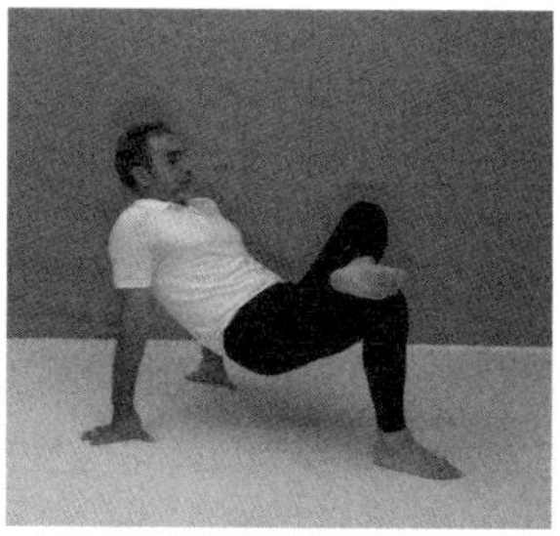

Stützen Sie sich rücklinks auf Arme und Beine, legen Sie nun den linken Fuß auf das rechte Knie.

15b 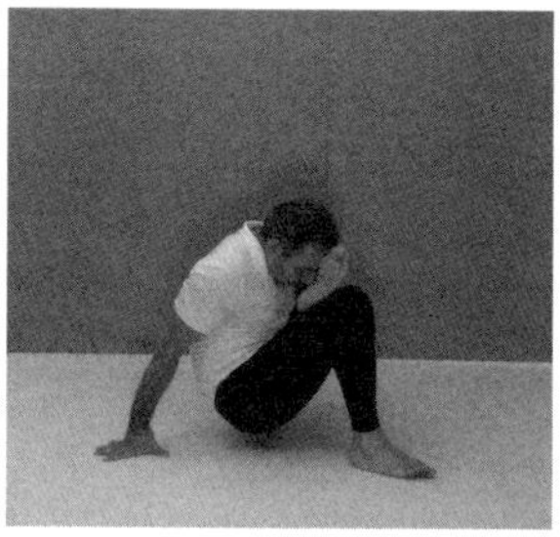

Beugen Sie sich mit dem Kopf/Oberkörper zum linken Fuß nach vorn.

16a 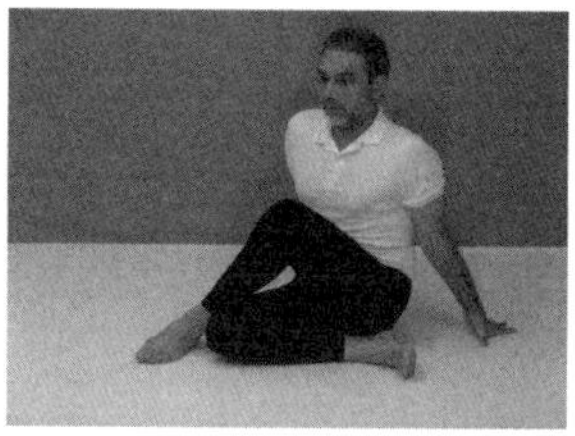

Legen Sie das rechte Bein mit der Außenseite auf den Boden und setzen Sie den linken Fuß neben den rechten Oberschenkel.

16b 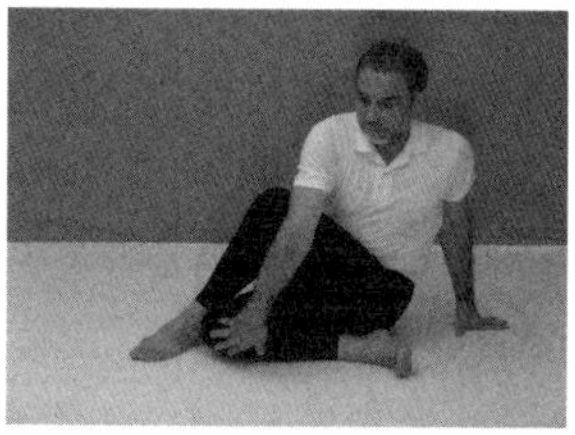

Greifen Sie nun mit der rechten Hand zum linken Knie und drehen die rechte Schulter vor.

16c 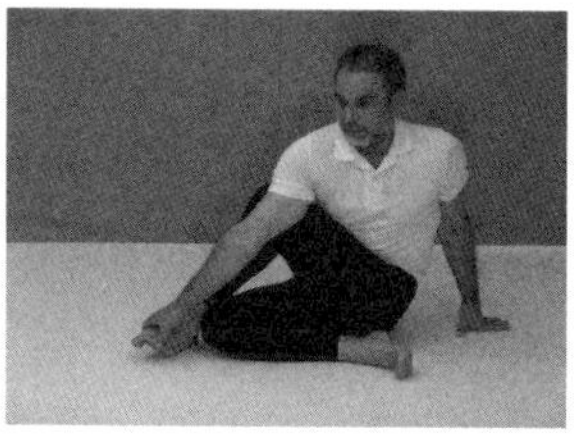

Greifen Sie nun mit der rechten Hand zum linken Fuß.

17a

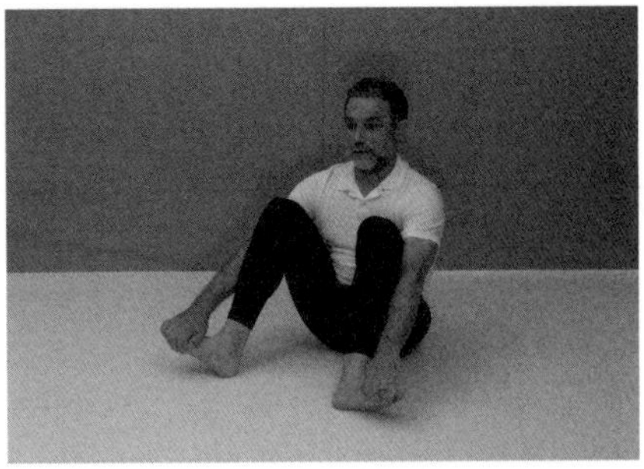

Ziehen Sie im Sitzen die Beine an und greifen Sie außen an den Beinen vorbei um die großen Zehen – ziehen Sie diese nach außen.

17b

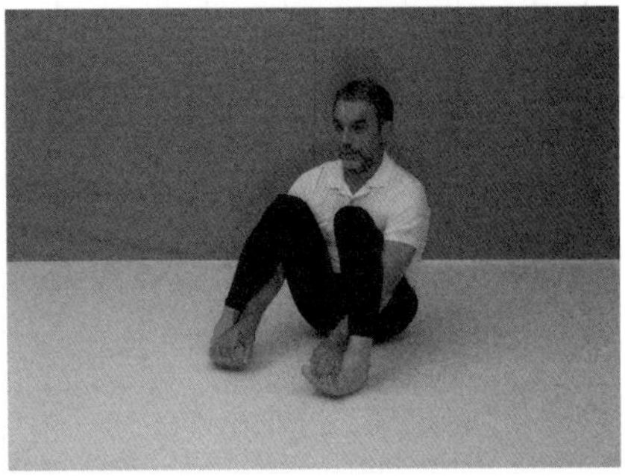

Greifen Sie nun von außen unter den Kniekehlen hindurch um die Zehen der Füße und ziehen Sie sie nach innen.

17c

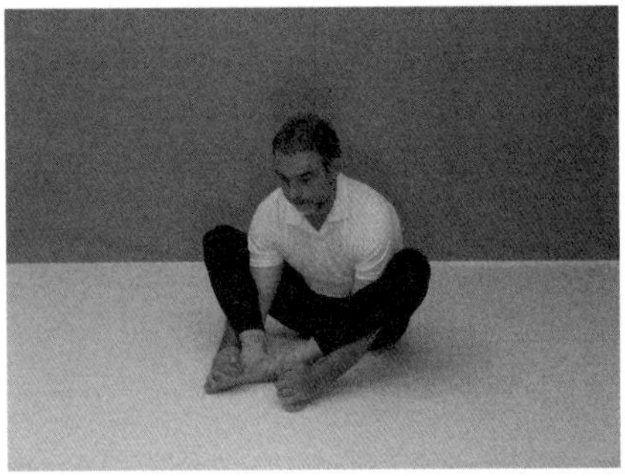

Greifen Sie nun von innen unter den Kniekehlen hindurch um die großen Zehen und ziehen Sie sie nach außen.

18a

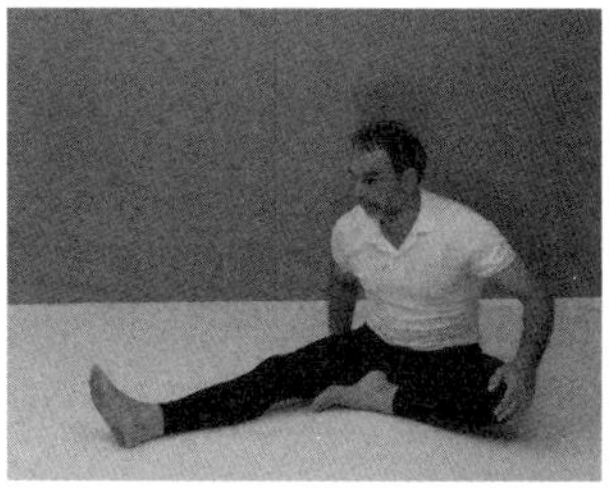

Legen Sie die linke Fußsohle gegen den gestreckten rechten Oberschenkel.

18b

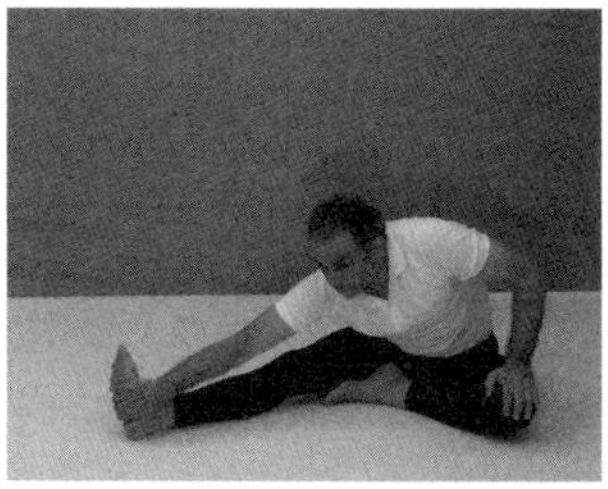

Greifen Sie mit der rechten Hand zum rechten Fuß und der linken Hand zum linken Knie.

18c

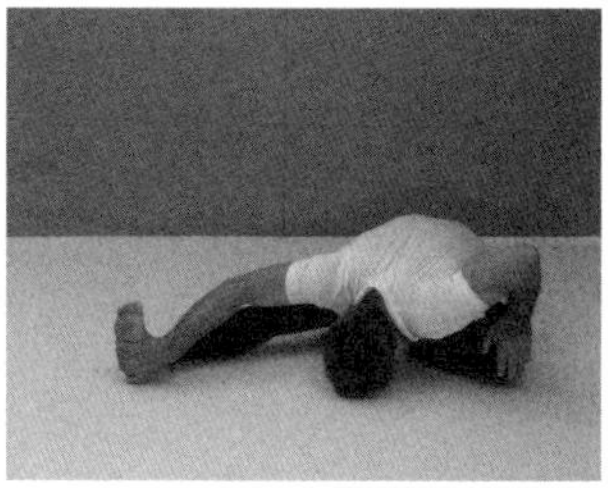

Beugen Sie den Oberkörper/Kopf nach vorn zum Boden.

18d

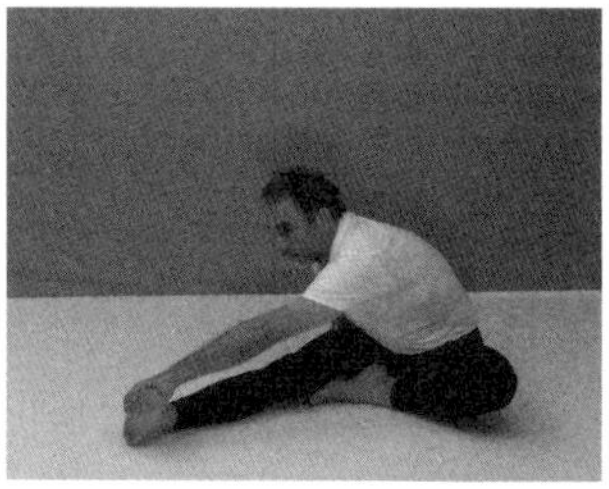

Greifen Sie mit der linken Hand den rechten Fuß von außen.

18e

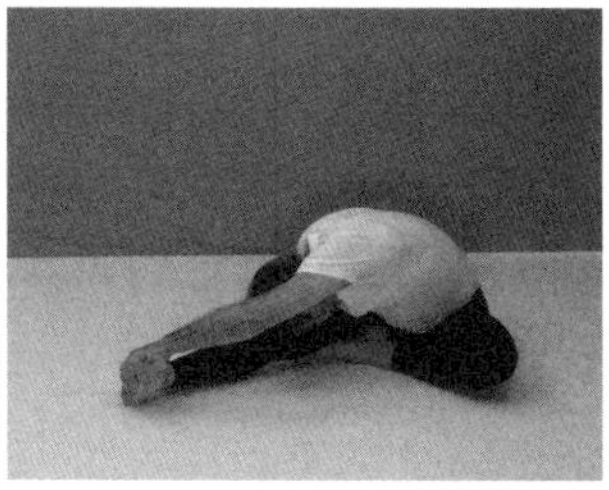

Beugen Sie den Oberkörper/Kopf nach vorn zum Knie.

19a

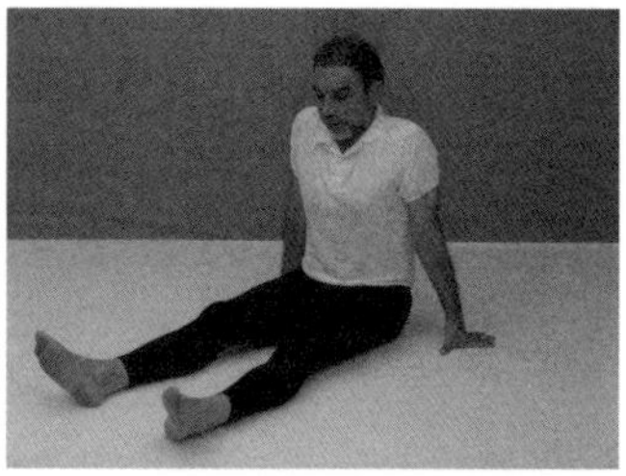

Legen Sie die Beine hüftbreit gerade vor sich ab.

19b

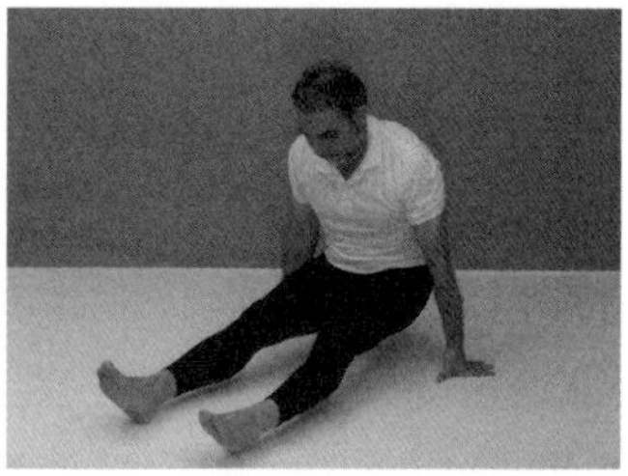

Stützen Sie sich mit den Armen ab, sodass Ihr Gesäß in der Luft ist.

19c

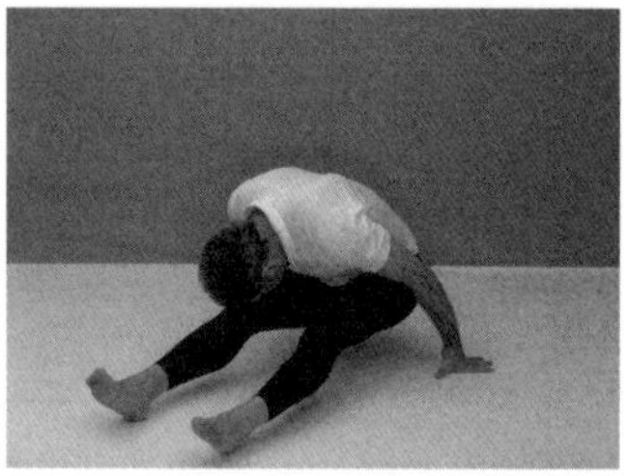

Beugen Sie sich mit dem Oberkörper nach vorn.

19d

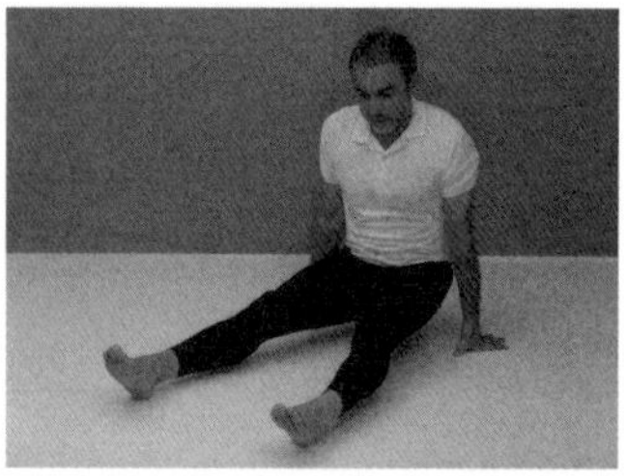

Nehmen Sie den Oberkörper wieder hoch und ziehen Sie die Füße auf Schulterbreite auseinander.

19e

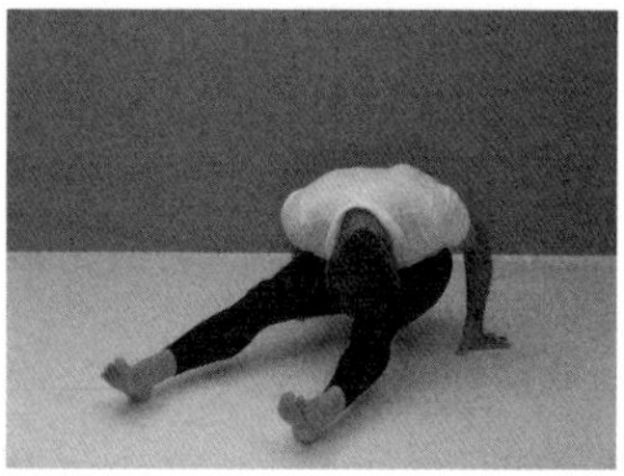

Beugen Sie sich mit dem Oberkörper/Kopf zum linken und danach zum rechten Knie nach vorn.

20a

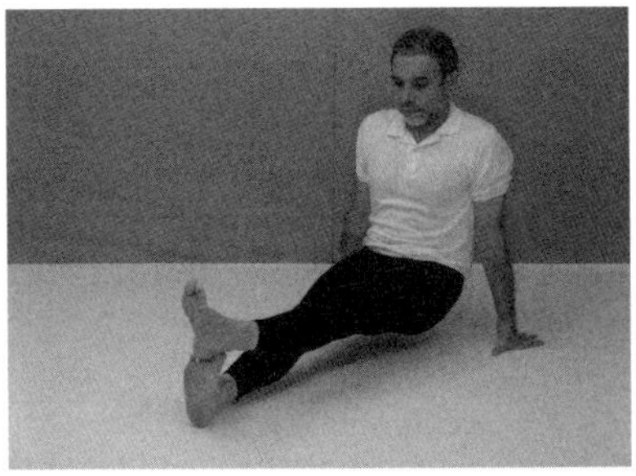

Stützen Sie sich auf den Händen ab, die Beine sind gestreckt. Legen Sie die linke Ferse auf die rechten Zehen.

20b

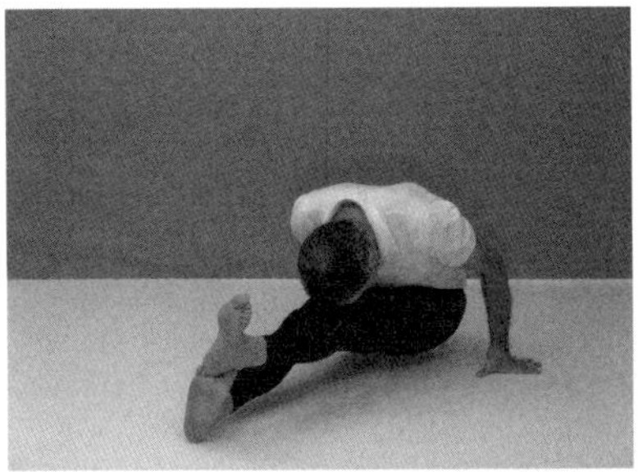

Beugen Sie sich mit dem Oberkörper/Kopf zum linken Knie nach vorn.

MUSKELN ENTSPANNEN

Auf den ersten Blick scheint es widersprüchlich zu sein, dass die Fähigkeit der Muskeln zu arbeiten von Ihrer Fähigkeit zu entspannen abhängt. Aber entspannte Muskeln sind die Voraussetzung für flüssige Bewegungen; angespannte Muskeln führen zu eckigen Bewegungen und schlechten Leistungen und können im schlimmsten Fall Verletzungen verursachen. Denken Sie an die Zeitlupenaufnahmen von olympischen Sprintern. In diesen Bildern scheinen die Muskeln fast flüssig zu sein, sie bewegen sich trotz der enormen Anstrengungen völlig frei. Sprinter mit angespannten Muskeln sind oft diejenigen, die zum Beispiel mit einer Zerrung vom Platz gehen müssen. Muskeln arbeiten durch Ausdehnung und Anspannung. Wenn ein Muskel bei voller Ausdehnung nicht entspannt ist, kann schnell eine Zerrung oder ein Riss die Folge sein. Er lässt sich also nur so weit dehnen, wie er entspannt bleibt. In dem Moment, in dem die Dehnung die Entspannung übersteigt, kann das böse Folgen haben. Es ist ein Schlüsselelement jedes Trainings, die Muskeln auf Entspannung bei voller Dehnung vorzubereiten.

Bevor Sie jetzt die Gymnastikmatte herausholen, sollten Sie wissen, dass Beweglichkeit in erster Linie ein psychoemotionales Phänomen ist: Beweglichkeit ist ein Zustand des Geistes! Egal, ob Sie diese Übungen Joint Mobility oder Yoga nennen, die Idee ist nicht, an den Muskeln zu ziehen, sondern die Bewegungen auszuführen, die in den Übungen beschrieben werden. Beweglichkeit (Flexibilität) ist ein Nebenprodukt der Bewegung.

Das einfache Berühren des Bodens mit gestreckten Beinen ist ein sehr gutes Beispiel: Wenn Sie nicht gewohnt sind, diese Übung auszuführen, werden Sie vielleicht schon Schwierigkeiten haben, Ihre Fußgelenke zu erreichen. Diese Position auch noch einige Zeit zu halten, scheint fast unmöglich. Beim dritten oder vierten Versuch kommen Sie dann schon bis zu Ihren Zehen und können zehn oder mehr Sekunden dort bleiben. Nach einiger Zeit regelmäßigen Trainings sollten Sie in der Lage sein, Ihre Handflächen flach auf den Boden zu legen und diese Position für über eine halbe Minute zu halten. Wenn sich Ihre Faszien an die Dehnung gewöhnt haben, können Sie sich in einer Position entspannen, die Sie vor einigen Wochen noch nicht einmal erreicht haben.

KAPITEL 6

DAS ZIEL

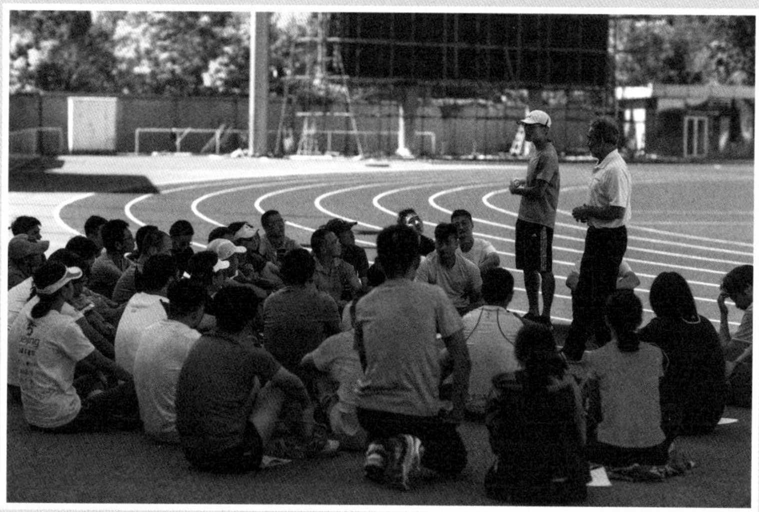

TRAININGSPLÄNE

»Die Praxis sollte das Ergebnis des Nachdenkens sein, nicht umgekehrt.«
Hermann Hesse

Im Folgenden gebe ich Ihnen ein Beispiel, wie Ihr wöchentlicher Trainingsplan aussehen sollte. Egal, für welche Distanz oder welchen Wettkampf Sie trainieren, Ihre Trainingseinheiten sollten immer diese Elemente enthalten:

1. Aufwärmen

2. Techniktraining

3. Krafttraining

4. Tägliche Laufeinheiten

5. Cool-down

Krafttraining ist ein wichtiger Bestandteil des Trainings und wesentlich für verletzungsfreies Laufen. Wenn ich mit meinen Athleten arbeite (egal, welches Niveau sie haben), investieren wir immer viel Zeit ins Krafttraining. Sie werden merken, dass das Laufen einfacher und leichter wird, wenn Sie stärker sind. Lassen Sie also das Krafttraining nicht ausfallen!

Da man ein paar Hilfsmittel und mehr Platz braucht, kann es sein, dass Sie die Krafteinheiten für andere Tage als das Lauf- und Techniktraining einplanen müssen. Deswegen habe ich dafür separate Pläne erstellt, die Sie ab Seite 76 finden.

Jeder Läufer sollte mindestens an zwei bis drei Tagen pro Woche trainieren. Manche werden mehr trainieren wollen, andere weniger, da jeder unterschiedlich viel Energie hat – wichtig ist, dass Sie auf Ihren Körper hören. Außerdem werden Sie beim Training feststellen, dass Ihnen manche Aspekte der Pose-Methode leichter fallen als andere. Es steht Ihnen offen, sich auf bestimmte Punkte zu konzentrieren, wenn Sie das Gefühl haben, dass diese mehr Training benötigen. Wenn Sie zum Beispiel merken, dass Ihr Pulling langsamer ist, als es sein sollte – konzentrieren Sie sich auf Pulling-Drills und absolvieren Sie Krafttraining für Ihre Hamstrings. Sie können Basic-Drills mit anderen ersetzen, um Ihren Plan ausgewogen zu halten und Ihre bisherigen Grundlagen zu wahren.

Ich empfehle, einen Tag pro Woche für einen Lauf zu reservieren (meistens ist das Samstag oder Sonntag, aber damit das wirklich klappt, absolvieren Sie den Lauf am Samstag, damit Sie am Sonntag ausruhen können). Es ist unmöglich, Läufern das Laufen zu verbieten, auch wenn Sie gerade erst angefangen haben, einen neuen Technikansatz in Ihr Training zu integrieren. Deswegen bitte ich Sie nur, es nicht zu übertreiben. Konzentrieren Sie sich beim Training unter der Woche etwas mehr auf die Lauftechnik und genießen Sie am Wochenende einen schönen

Lauf. Achten Sie dabei allerdings darauf, Ihre Technik umzusetzen. Wenn Sie merken, dass Sie nachlässig werden, hören Sie auf zu laufen, trainieren Sie ein paar Technik-Drills, um die Wahrnehmung für die Technik zurückzugewinnen, und laufen Sie nur weiter, wenn Sie sicher sind, dass Sie die Lauftechnik verinnerlicht haben. Es macht keinen Sinn, mit schlechter Technik weiterzulaufen. Sie setzen sich damit selbst der Gefahr aus, sich zu verletzen oder zu überlasten.

Behalten Sie während des Trainings Ihre Zeiten im Auge und legen Sie sich ein Tagebuch zu, um Zeiten, Daten, Gefühle, Wahrnehmungen und Gedanken aufzuschreiben. Ein Lauftagebuch ist ein wichtiges Hilfsmittel, das Sie dabei unterstützt, Ihren Fortschritt zu verfolgen und rechtzeitig zu bemerken, wenn Sie nachlassen.

LAUFTECHNIKSPEZIALISTEN (= POSE METHOD® RUNNING TECHNIQUE SPECIALIST)

Es ist nicht immer möglich, mit einem Coach zu trainieren, aber ich empfehle es dringend, wenn Sie gerade erst anfangen, wiedereinsteigen oder sich auf ein Rennen vorbereiten. Es macht einen großen Unterschied und ist eine lohnenswerte Investition in Sie selbst und der richtige Weg zu einer besseren Lauftechnik. Um sicherzustellen, dass Ihr Coach auch wirklich weiß, was er tut, haben wir ein weltweites Netz an Lauftechnikspezialisten, die in der Pose-Methode zertifiziert sind, entwickelt. Sie finden es unter https://TechniqueSpecialist.com.

QUELLEN FÜR TRAININGSPROGRAMME

▶ Videoserie (http://video.posemethod.com)

Hier finden Sie wöchentliche Trainingspläne für 5 000- und 10 000-Meter-Läufe sowie Halbmarathon und Marathon. Zusätzlich gibt es Anleitungen, wie Sie die Pläne ändern und an Ihre individuellen Bedürfnisse anpassen können, sodass Sie Ihren Fähigkeiten und Ihrem Trainingslevel entsprechen und Sie Ihre Lauftechnik richtig umsetzen. Verwenden Sie den Rabattcode: BESSERLAUFEN.

▶ UberFit Lauftrainingsapp (http://posemethod.com/app)

Seit Kurzem bieten wir eine App an, die für Sie ein auf Ihren persönlichen Daten basierendes individuelles Trainingsprogramm erstellt. Die App passt Ihren Plan nach jedem Training und Update Ihrer Daten an und kalkuliert Ihre Leistung neu, sodass er konstant Ihre physiologischen Bedürfnisse bedient, damit Sie Ihre maximale Leistung erreichen können.

Im Folgenden finden Sie ein Beispiel für einen Trainingsplan, mit dem Sie gut einsteigen können. Ergänzen Sie ihn im Laufe der Zeit durch fortgeschrittene Drills und Übungen aus der Videoserie und erstellen Sie sich so Ihren perfekten Trainingsplan. Und denken Sie daran: Unsere Coaches und unser Forum (http://facebook.com/groups/runningforum) unterstützen Sie gerne in Ihrem Vorhaben!

Beispiel für einen wöchentlichen Lauftrainingsplan

Alle Übungen und Drills 1 bis 3 Einheiten à 8 bis 12 Wiederholungen

Informationen zur Ausführung der Übungen finden Sie unter http://video.posemethod.com.

	Montag	Diens-tag	Mittwoch	Donners-tag	Freitag	Samstag	Sonntag
Warm-up	Leichtes Hopping auf der Stelle 5 Minuten leich-tes Joggen		Seilspringen 5 Minuten leich-tes Laufen		Leichtes Hopping Pony-Drill 5 Minuten leichtes Joggen	Pendu-lum-Drill Timber-Drill Pony-Drill	
Technik/ Kraft	Springness Position Laufpose Bodyweight-Wahrnehmung		Body-weight-Drills (Wahrnehmung) Hip Dips Squats with bar overhead		Hip Dips Change of sup-portmitWiderstands-band	Hip Dips Wall-fall Change of Support	
Laufen	3 × 200 m (42,3–48,2 Sek.)		30 Minuten leichtes Joggen (Fokus auf Technik; verschiedene Drills einfügen)		5 × 200 m (44,3–50,6 Sek.)	Laufen (Distanz nach Wahl)	
Cool-down	5 Minuten leich-tes Joggen Leichtes Flexibility-Trai-ning		Leichtes Hopping Tapping Body-weight-Drills (Wahrnehmung)		Leichtes Joggen KomplettesFlexibility-Programm	Leichtes Hopping Tapping	

VON DEN ÜBUNGEN ZUM LAUFEN

»Selbst die längste Reise beginnt mit dem ersten Schritt.«
Laotse

Wenn Sie allmählich die Distanz Ihrer Läufe steigern, ist die primäre Herausforderung nicht physisch, sondern mental. Bevor Sie die Pose-Methode kennengelernt haben, haben Sie sich vor und während des Laufens nur Gedanken darüber gemacht, wo entlang, wie schnell und wie weit Sie laufen – abgesehen von den vielen persönlichen und alltäglichen Dingen, die sich in den einsamen Stunden auf Straßen und Wegen langsam einschleichen. Sie haben wahrscheinlich nie darüber nachgedacht, wie Sie überhaupt laufen. Laufen war wie ein Reflex.

Das wird sich jetzt ändern – alles, woran Sie denken sollten, ist der Wechsel des Supports (CoS) von einem Fuß zum anderen. Bleiben Sie mit Ihren Gedanken und Gefühlen voll und ganz bei dem, was Sie gerade tun. Wie das oben zitierte Sprichwort schon sagt: Selbst die längste Reise beginnt mit dem ersten Schritt. Machen Sie diesen ersten Schritt so gut wie möglich – damit legen Sie einen guten Grundstein für den weiteren Weg.

Das Ziel dieser Reise, also das, was Sie mit Ihrem Training der Pose-Methode erreichen wollen, ist die Perfektion jedes einzelnen Schritts. Dabei spielt es zunächst keine Rolle, wie schnell oder wie weit Sie laufen, solange Sie perfekte Schritte machen. Es ist wirklich so einfach – aber einfach bedeutet nicht leicht! Es bleibt Ihnen nicht viel mehr als die Zeit eines Wimpernschlags, um die richtigen Aktionen auszuführen. Ein langer Lauf besteht nur aus vielen perfekten Schritten nacheinander, die alle in sehr kurzer Zeit stattfinden.

Um das Ganze zu vereinfachen und zugleich entspannt und konzentriert zu bleiben, fokussieren Sie Ihre Gedanken und Ihre Handlungen auf das, was Sie bewusst kontrollieren können: den Fuß/Unterschenkel unter der Hüfte nach oben zu ziehen. Das hört sich einfach an, aber je länger Sie laufen, desto mehr beschäftigen sich Ihre Gedanken damit, wie Sie sicher über die Straße kommen, wie Sie mit einem gefährlich aussehenden Hund umgehen oder wie Sie ein bestimmtes Tempo beibehalten.

Während all das in den Vordergrund rückt, kommen Ihnen plötzlich Ihre Arbeit oder die Pläne für das Wochenende in den Sinn. Müdigkeit schleicht sich ein. Ihr Geist, der zu Beginn so auf die Lauftechnik, und speziell das Pulling konzentriert war, beschäftigt sich mittlerweile mit einem halben Dutzend anderer Dinge. Das Ergebnis ist eine Verschlechterung der Lauftechnik, an der Sie so fleißig gearbeitet haben. Selbst wenn Sie sich nicht müde fühlen, ist es in diesem Moment die beste Entscheidung, stehen zu bleiben. Entweder legen Sie eine Pause ein, um Ihre Gedanken zu sammeln, oder Sie beenden das Training für diesen Tag. Wichtig ist, dass Sie nur dann laufen, wenn Sie sich wirklich auf die Lauftechnik konzentrieren können. Machen Sie einfach weiter, obwohl Ihre Lauftechnik bereits den Bach hinuntergegangen ist, trainieren Sie nur, schlecht zu laufen. Genauso können Ablenkungen und mangelnde Aufmerksamkeit Ihre langfristigen Pläne stören.

Wenn Sie sich entschließen, die Pose-Methode zu erlernen, treibt Sie Ihr Eifer an, die Lauftechnik zu verbessern und die Früchte dieser Arbeit zu ernten. Aber mit der Zeit wird Ihr Enthusiasmus für den Lernprozess vielleicht abnehmen und das Bedürfnis schleicht sich ein, einfach mal laufen zu gehen, ohne über die Lauftechnik nachzudenken. Vielleicht entscheiden Sie auch irgendwann, einige Elemente der Pose-Methode beizubehalten, mit denen Sie sich wohlfühlen, und es dabei bewenden zu lassen. Aber indem Sie andere, genauso wichtige Elemente außen vor lassen, bleiben Sie in einer für Sie komfortablen Zone, in der Sie sich nicht weiter verbessern werden. Ihre Leistung stagniert.

Interessanterweise ist die rein physische Ermüdung der unwichtigste Faktor, wenn es darum geht, länger und schneller mit der Pose-Methode zu laufen. Gute Läufe sind, genauso wie herausragende Leistungen im Golf, Ballett oder in der Gymnastik, die physische Manifestation extrem starker mentaler Fähigkeiten. Wenn Sie stagnieren und sich Ihre Zeiten nicht weiter verbessern, haben Sie keine physische Grenze erreicht; Sie haben eine unbewusste Entscheidung getroffen, nicht schneller zu laufen, und die Entwicklung gestoppt. Ihre psychoemotionale Verfassung legt die Grenzen Ihrer Leistungsfähigkeit fest.

Durch die Reduzierung des Laufens auf seine elementarste Form, das Hochziehen der Füße unter der Hüfte, steigt die Bedeutung der mentalen Fähigkeiten. Die Lauftechnik der Pose-Methode ist mehr als nur die Mechanik des Laufens. Sie ist ein ganzheitlicher Zugang, der Ihre volle Aufmerksamkeit fordert. Die mentale Fähigkeit, die ideale Lauftechnik von Anfang bis Ende beibehalten zu können, ist die wichtigste Komponente Ihrer Leistungsfähigkeit. Denn es ist nicht zuerst die physische, sondern die mentale Ermüdung, die Ihre Lauftechnik verschlechtert. Wenn Ihre Konzentration verloren geht, verschlechtert sich auch Ihre Lauftechnik und die physische Müdigkeit setzt sich durch. Wenn Sie dagegen Ihre Konzentration aufrechterhalten, können Sie die physische Ermüdung hinauszögern.

Das Erlernen der Pose-Methode ist eine lebenslange Aufgabe, von den einfachen, mechanischen Bewegungen bis zu der Komplexität mentaler Fähigkeiten. In diesem Prozess gibt es keine Pausen, Sie müssen ständig aufmerksam bleiben und dazulernen. Jeder Lauf ist eine Chance, Ihre Fähigkeiten weiter zu verbessern, jedes Rennen eine Erkundung Ihrer physischen und geistigen Möglichkeiten.

Mit der Zeit werden Sie dabei immer weniger an das Laufen mit der Pose-Methode denken: Die Pose-Methode *ist* Laufen – schlicht und einfach.

DIE ANGST VOR DEM LAUFEN

> *»Ich möchte behaupten, dass wir nur vor der Angst selbst Angst haben müssen.«*
> Franklin D. Roosevelt

Sie kennen jetzt die Grundlagen des Laufens mit der Pose-Methode und dennoch sind Sie gerade erst am Anfang eines langen Weges, Ihr Potenzial voll auszuschöpfen. Hier erfahren Sie etwas über die symbiotische Beziehung zwischen Lauftechnik, Kondition und Psychologie und wie diese Elemente mit dem Erzielen von Spitzenleistungen zusammenhängen.

Die Verbindung zwischen Lauftechnik und Schnelligkeit beziehungsweise Ausdauer ist relativ offensichtlich: Perfekte Lauftechnik führt zu geringerem Energiebedarf, flüssigeren, besser koordinierten Bewegungen und geringerer Belastung für Gelenke, Bänder und Sehnen. Auf diese Weise schaffen wir sehr gute Voraussetzungen, um so schnell und so weit zu laufen, wie wir können. Es gibt allerdings einen weiteren Faktor, der unsere Leistung limitiert: unser Geist.

Wenn Ihr Körper nicht harmonisch mit Ihrem Geist zusammenarbeitet, sind Spitzenleistungen unmöglich. Ohne die Signale des Geistes würde nicht einmal der erste Schritt geschehen. Wenn Sie nur den Körper trainieren und den Geist ignorieren, reicht das vielleicht, um den Sport auf einem mehr oder minder befriedigenden Niveau auszuüben, um jedoch Ihr Potenzial auszuschöpfen, ist das nicht genug: Körper und Geist müssen zu einer Einheit werden.

»Mens sana in corpore sano«: ein gesunder Geist in einem gesunden Körper. Dieses lateinische Sprichwort gilt auch andersherum: Ohne einen gesunden Geist gibt es auch keinen gesunden Körper. Wenn wir im Kontext des Laufens über den Geist sprechen, geht es dabei um drei verschiedene Ebenen: die psychologische, die mentale und die spirituelle Ebene. Nur wenn sich die Bewegung auf alle drei gleichermaßen stützt, wird Ihre Leistung all Ihre Vorstellungen übertreffen. Ich will Ihnen mit zwei Beispielen veranschaulichen, welche Leistungen dann möglich sind.

Kennen Sie die griechische Legende von Phidippides? In der Antike beschäftigten die Armeen trainierte Läufer, um wichtige Informationen von Ort zu Ort zu übermitteln. Die meisten Versionen der Legende erzählen, dass Phidippides ausgewählt wurde, um von Marathon nach Sparta zu laufen und Hilfe für die Griechen in ihrem Kampf gegen die Perser anzufordern. Phidippides legte die brutale, hügelige Strecke von mehr als 200 Kilometern in zwei Tagen zurück, nur um zu erfahren, dass die Spartaner nicht vor Ende eines neuntägigen religiösen Festes helfen konnten. Mit dieser Information lief er die ganze Strecke zurück nach Marathon und überbrachte die schlechte Nachricht. Als der griechische Befehlshaber realisierte, dass die Hilfe der Spartaner zu spät kommen würde, befahl er einen Überraschungsangriff auf die Perser und führte seine Truppen trotz zahlenmäßiger Unterlegenheit zu einem großen Sieg. Mit dieser Nachricht schickte er abermals Phidippides nach Athen, um die Kunde vom großen Sieg zu verbreiten. Die Neuigkeiten waren so überwältigend, dass er trotz seiner Erschöpfung die Strecke bewältigte und die Nachricht überbrachte, bevor er auf der Stelle tot zusammenbrach. Er hatte sich buchstäblich zu Tode gelaufen.

Zugegeben, dieses Beispiel ist etwas drastisch. Nur keine Sorge – das zweite Beispiel wird Ihnen bekannter vorkommen: Wenn Sie schon Erfahrungen in Wettkämpfen gesammelt haben, kennen Sie bestimmt dieses Gefühl nach der Hälfte der Strecke: Es breitet sich ein allgemeines Unwohlsein im Körper aus, Sie kämpfen gegen den Schmerz und werden langsamer. Es passiert immer und immer wieder. Wenn Sie dann hinterher mit Ihren Freunden über das Rennen reden, werden Sie wahrscheinlich sagen: »Ab Kilometer X ging es mir richtig schlecht und ich habe nur noch gekämpft.« Von Zeit zu Zeit gibt es jedoch Rennen, in denen Sie besser laufen als jemals zuvor und neue persönliche Bestzeiten aufstellen. In diesen Fällen werden Sie fast immer sagen: »Das hat sich heute richtig leicht angefühlt – ich glaube, ich hätte noch schneller laufen können.«

Denken Sie darüber nach: Wenn Sie sich am meisten anstrengen, wenn Sie leiden und sich schlecht fühlen, laufen Sie trotz aller Mühen nicht schnell. Wenn es sich dagegen mühelos anfühlt, sind Sie am schnellsten. Dieser Zustand, wenn alles zusammenpasst, ist das große Ziel. Um es nicht nur einmal zufällig, sondern immer wieder zu erreichen, bedarf es einer langen Vorbereitung, die nicht nur physisches, sondern auch mentales und spirituelles Training mit einschließt. Die ideale Lauftechnik ist nur der erste Schritt dieses langen Weges.

Das Erlernen der Pose-Methode stellt nicht nur eine physische, sondern besonders eine mentale Herausforderung dar. Sie kämpfen dabei gegen tief verwurzelte Gewohnheiten und denken darüber nach, dass Sie in derselben Zeit zehn Kilometer hätten laufen können – stattdessen haben Sie mit den Übungen nicht mal einen geschafft. Der Drang, einfach nur laufen zu gehen, spukt ständig in Ihrem Kopf herum.

Die Pose-Methode ist viel mehr als eine Sammlung mechanischer Bewegungen Ihres Körpers: Wenn Ihr Geist offen, entschlossen und konzentriert ist, wird es Ihnen relativ leichtfallen, sie zu erlernen. Sind Sie jedoch nicht bereit für Neues und lassen Ihre Gedanken schweifen, werden Sie Mühe haben, den grundlegenden Bewegungsablauf zu meistern. In erster Linie sollten Sie also die mentale Kontrolle trainieren.

Der nächste Schritt in Ihrer Entwicklung als Pose-Läufer beginnt, wenn Sie die neue Lauftechnik anwenden. In diesem Stadium sind die neuen Bewegungen noch nicht gefestigt und verlangen Ihre volle Konzentration – und das immer länger, je weiter Sie laufen. Auch hier könnte man denken, dass das nur ein physisches Problem ist, aber das Gegenteil ist der Fall. In fast allen Fällen ermüden Läufer zuerst mental, psychologisch oder spirituell, bevor Sie wirklich physisch erschöpft sind. Warum passiert das? Warum geben Läufer auf, lange bevor Sie wirklich körperlich ermüdet sind? Die Antwort lautet: aus Angst vor dem Laufen.

Denken Sie zurück an das typische Beispiel eines Rennens, in dem Sie sich nach der Hälfte der Strecke ziemlich elend fühlen. Was geschieht hier? Oder besser gefragt: Warum trainieren Sie so, dass es geschieht? Die Antwort wird Sie überraschen. Für gewöhnlich bleiben Läufer aus einer unbewussten Angst vor besseren Leistungen hinter ihren Möglichkeiten zurück. Sie schaffen sich Ihre eigenen Hindernisse und die enttäuschenden Leistungen sind allzu oft sich selbst erfüllende Prophezeiungen.

Die gute Nachricht ist: Genau wie Sie Ihr physisches Potenzial durch das Erlernen der Pose-Methode erweitert haben, können Sie auch Ihren Geist trainieren, um die selbst geschaffenen Hindernisse zu überwinden.

Viele Menschen laufen, um dem Alltag zu entkommen, um über Probleme nachzudenken oder um alles andere hinter sich zu lassen. Mit anderen Worten: Sie verwenden Ihre mentale Energie beim Laufen auf alles Mögliche, nur nicht auf das Laufen selbst. Auch wenn das vielleicht einen therapeutischen Effekt haben mag, ein besserer Läufer werden Sie so nicht. Wenn Sie die Probleme des Alltags beim Laufen wälzen, können Sie auch gleich einen 30 Kilo schweren Rucksack auf dem Rücken tragen. Sie laufen nicht schneller, wenn Sie physische oder mentale Energie verschwenden. Wenn Sie wirklich ein besserer Läufer werden wollen, sollten Sie sich einen anderen Zeitpunkt suchen, um über Ihr Leben nachzudenken, damit Ihr Geist beim Laufen frisch und konzentriert ist.

Es gibt noch eine andere Herausforderung, die Sie als Läufer meistern müssen: Sie müssen die Probleme, die beim Laufen auftreten können, richtig diagnostizieren und korrigieren. Bei langen Läufen zum Beispiel bemerken viele Läufer, dass sich Ihr Schritt wegen einsetzender Müdigkeit verkürzt. Die Korrektur lautet dann meistens: Streng dich mehr an, um die Schrittlänge wieder auf das ursprüngliche Maß zu bringen. Das unmittelbare Ergebnis ist eine höhere Herzfrequenz, mehr Spannung in der Muskulatur, eine verschlechterte Lauftechnik und weiter geminderte Leistung. Die richtige Korrektur wäre, die Schrittfrequenz zu erhöhen, um die Vorteile der muskulären Elastizität und einer kompakten Bewegung zu nutzen. Dazu bedarf es keiner größeren physischen Anstrengung, sondern einer stärkeren mentalen Fokussierung, um den Körper das tun zu lassen, was er am besten kann: sich von der Schwerkraft vorwärtsziehen lassen.

In den genannten Beispielen für die Bedeutung mentaler Disziplin beim Laufen geht es immer um bewusste Entscheidungen und Kontrolle. Allerdings gibt es auf einer tieferen Ebene unserer Psyche einen Punkt, an dem unser bewusster Verstand einen schwierigen Kampf mit dem Unbewusstsein[30] um die Kontrolle des Körpers führt.

Wir Menschen sind immer noch ein Teil der Tierwelt; tief in uns existieren fest verwurzelte Mechanismen, die unser Überleben sichern. Unser Organismus hat Strategien, mit denen er Gefahren abwendet und sich selbst vor allem schützt, was als Angriff von außen gewertet wird. Zu einer solchen Gefahr kann auch ein langer oder harter Lauf werden. Die verbrauchte Energie und die damit verbundene physiologische und mentale Ermüdung senden ein deutliches, wenn auch unbewusstes Signal an den Organismus. Was wir als bewusste Handlung begonnen haben, wird von unserem Körper als lebensgefährlich wahrgenommen – als etwas, das sofort gestoppt werden muss. Sie verspüren diese Angst nicht bewusst, aber die Symptome dafür sind klar: steife Muskeln, brennende Schmerzen, Atemprobleme, Muskelkrämpfe und ein hämmerndes Herz.

Auch wenn Ihr Bewusstsein immer noch das Kommando »Vollgas voraus!« sendet, hat das Unbewusstsein schon längst damit begonnen, dem Körper gegenteilige Anweisungen zu geben, um das Leben zu schützen. Selbst wenn Sie diese Anweisungen nicht »hören« oder ihnen keine Beachtung schenken, übernimmt es langsam die Kontrolle über den Körper und bremst Sie aus: Ihre Schrittfrequenz wird langsamer, die Bodenkontaktzeit verlängert sich, die Muskeln verspannen sich, Sie lehnen sich nach hinten und die Füße landen weit vor dem Körperschwerpunkt. Kurz gesagt, Ihre Form geht zum Teufel – Sie bremsen mit allem, was Sie zur Verfügung haben. Und als wenn das nicht genug wäre, verbreitet sich auch noch ein allgemeines Unwohlsein in Ihrem Körper. Die Botschaft Ihres Unbewusstsein ist eindeutig: »Mach langsamer!«

An dieser Grenze zu den Überlebensmechanismen liegt die Chance zur Verbesserung. In Wirklichkeit ist die Situation, der Ihr Körper ausgesetzt ist, nicht lebensbedrohlich, sie wird nur so interpretiert. Jedes Mal, wenn der Körper an diesen Punkt kommt und das Unbewusstsein ihn stoppt, hinterlässt das seine Spuren. Mit der Zeit entwickelt der bewusste Teil des Geistes eine ganze Reihe von Rechtfertigungen, um die unvermeidliche Verlangsamung zu erklären.

Auch wenn Ihre Leistung zuerst durch das Unbewusstsein behindert wird, das Bewusstsein zieht viel zu schnell nach und akzeptiert diese Grenzen als gegeben. Das ist der Grund, warum es Ihnen während eines Rennens immer wieder schlecht geht. Jedes Mal, wenn Sie diesen kritischen Punkt erreichen, steht Ihnen eine ganze Litanei von Ausreden bereit, die Sie garantiert für Jahre auf demselben Niveau halten: »Ich bin ja kein Profiläufer, ich mach das ja nur zum Spaß«, »Heute ist es zu feucht«, »Diese Strecke ist zu hügelig für mich«, »Ich möchte ja nicht zu früh in Form kommen« – all das sind Beispiele für die grenzenlose Kreativität unseres Verstandes, wenn es darum geht, Entschuldigungen zu finden.

Wenn Sie sich nicht weiter verbessern können, ist das selten ein physisches Problem. In den meisten Fällen ist es vielmehr ein mentales Manko. Das Zusammenspiel zwischen Bewusstsein und Unbewusstsein bietet aber auch neue Möglichkeiten. Auf jeder Ebene des menschlichen Organismus, angefangen von den Molekülen und Zellen bis zu dem ganzheitlichen System genannt »Mensch«, gibt es einen ständigen Wettbewerb zwischen dem Bewusstsein und dem Unbewusstsein. Beide haben ihre eigenen Ziele, Bedürfnisse und Befriedigungen. Da sie diese Dinge im selben Organismus verwirklichen müssen, ist das Verhältnis zwischen ihnen nicht immer freundlich. Wenn sich eine Seite durchsetzt, muss die andere klein beigeben.

Angenommen, Sie wollen eine schwierige Tempotrainingseinheit absolvieren. Ihr Unbewusstsein mit seiner evolutionär gewachsenen Aufgabe, das Überleben zu sichern, bekämpft dieses Vorhaben jedoch, indem es die Koordination verschlechtert, die Muskeln verkrampft, die Herzfrequenz in die Höhe treibt und riesige Mengen von Energie verbrennt. All das führt schließlich zu einer Verlangsamung – das Unbewusstsein hat dem Bewusstsein die Kontrolle entrissen.

Diese versteckten Siege des Unbewussten drängen das Bewusstsein allmählich zur Akzeptanz der schlechten Leistung. Wenn sich dann die physischen Symptome summieren, stehen schon die passenden Entschuldigungen parat: »Ich bin noch nicht bereit für Tempotraining«, »Ich bin übertrainiert«, »Ich habe schon genug getan«.

Das ist auch der Grund, warum Sie langsam mit dem Tempotraining beginnen sollten. Es sind weniger die fehlenden physischen Voraussetzungen als dieses empfindliche Gleichgewicht zwischen Bewusstsein und Unbewusstsein, das behutsam mit den neuen Anforderungen konfrontiert werden muss. Die Ziele, die Sie sich setzen, müssen für das Unbewusstsein glaubhaft sein. Um Ihre Leistung mit der Zeit zu steigern, sollten sowohl Bewusstsein als auch Unbewusstsein die gesetzten Ziele akzeptieren und daran glauben können, dass sie erreichbar sind. Wenn Sie 400 Meter immer in 75 Sekunden gelaufen sind, können Sie nicht einfach entscheiden, sie jetzt in 60 Sekunden zu laufen. Ihr Unbewusstsein wird in Panik geraten und Ihr Vorhaben mit der Notbremse stoppen. Sie können jedoch Ihre Laufzeit über 12 bis 16 Wochen langsam immer weiter reduzieren, bis Sie sich von 75 auf 60 Sekunden verbessert haben – zumindest wenn Sie wirklich daran glauben.

Natürlich gibt es auch Situationen, in denen der Selbsterhaltungstrieb des Unbewusstseins unsere bewussten Fähigkeiten bei Weitem übertrifft und enorme Kräfte freisetzt. Wer zweifelt daran, dass wir schneller laufen oder höher springen könnten, wenn ein bissiger Hund hinter uns her ist? Wenn es wirklich nötig ist, fordert unser Unbewusstsein eine perfekte Lauftechnik und eine hohe Geschwindigkeit ein, zumindest so lange, bis die Gefahr gebannt ist. Auch wenn solche Anlässe zum Glück sehr selten sind, beweisen sie doch, dass unsere physischen Fähigkeiten größer sind, als unser Bewusstsein bereit ist zu akzeptieren. In jedem von uns steckt die Fähigkeit, großartige Leistungen zu vollbringen. Lernen Sie, dieses Potenzial bewusst anzuzapfen.

Der nächste Aspekt unserer Überlegungen zu der Beziehung zwischen Lauftechnik, Kondition und Psychologie betrachtet die zeitliche Dimension. Der menschliche Körper, unabhängig von dem, was wir Geist nennen, ist in der Gegenwart gefangen. Der Geist dagegen besitzt die Freiheit, in die Vergangenheit zu schweifen, sich mit der Gegenwart auseinanderzusetzen oder auch über die Zukunft nachzudenken. Unabhängig von den Schranken, die den Körper begrenzen, kann sich der Geist von der Arbeit des Körpers trennen – eine Tatsache, die verheerende Auswirkungen auf die Effizienz beim Laufen haben kann.

Es ist vielleicht eine schöne Vorstellung, dass Sie Ihren Körper auf Autopilot stellen können und weiterhin perfekt laufen, während Sie Ihre Gedanken schweifen lassen – nur leider funktioniert das so nicht. Meistens wandern unsere Gedanken während eines langen Laufes in die Zukunft. Ihr Körper ist bei Kilometer zehn, aber Ihr Geist malt sich dabei aus, was auf dem Weg bis Kilometer 42 alles passieren kann. Anstatt die momentane Arbeit des Körpers zu kontrollieren, baut sich der Geist ein ganzes System von Vermutungen darüber auf, ob der Körper wirklich bereit ist, mit guter Form durch den ganzen Marathon zu kommen. Indem Sie weit voraus bis zur Ziellinie denken, manifestiert sich in Ihrem Geist eine handfeste Angst vor der Zukunft, während Ihre physiologischen und biomechanischen Prozesse, die Ihr Bewusstsein unbeaufsichtigt bei Kilometer zehn zurückgelassen hat, langsam zusammenbrechen.

Wenn der Geist von seiner Reise in die Zukunft zurückkehrt, findet er tatsächlich das Chaos vor, das er sich ausgemalt hat. Der Beginn allen Übels ist die Besorgnis über die körperliche Fähigkeit, es bis zur Ziellinie zu schaffen, während in der Gegenwart die Dinge bereits auseinanderfallen, lange bevor sie überhaupt in Sicht ist. An diesem Punkt ist es meistens schon zu spät dafür, eine gute Leistung zu erreichen. Die Signale, die der Körper jetzt an das Gehirn sendet, sind bereits Zeichen der Bedrängnis: Die Schritte werden schwer und die Muskeln schmerzen. Die Angst vor der Zukunft bestätigt sich, und das nur, weil unser Geist die Gegenwart zu einem Ausflug in die Zukunft verlassen hat.

Das Training des Geistes ist also genauso wichtig wie das des Körpers. Wenn Sie diese beiden Komponenten in Ihrem Lauftraining integrieren, können Sie den Zenit erreichen und Rennen bestreiten, die spirituellen Erfahrungen nahekommen.

Wie schon erwähnt, fühlen sich Spitzenleistungen meistens nicht sehr schwer an. Im Gegenteil – alles wirkt sehr natürlich. In diesem Zustand sind Sie voller Selbstvertrauen, Körper und Geist arbeiten harmonisch zusammen. Jede Bewegung scheint perfekt zu sein und ist Ausdruck höchster Konzentration. Egal, ob Sie es »Zen« oder »Flow« nennen wollen, an diesem Punkt gibt es keine Zweifel, kein Zögern und keine mentalen Ausflüge. Sie haben eine Herausforderung angenommen und nutzen den Moment. Wenn der Körper gut vorbereitet und der Geist klar und konzentriert ist, sind Spitzenleistungen das Ergebnis. Sie sind kein Zufall und passieren auch nicht jeden Tag.

Spitzenleistungen sind das Resultat perfekter Lauftechnik, langer, sorgfältiger Vorbereitung und vollkommener geistiger Präsenz. Wenn Sie weiter in Ihrer Entwicklung als Pose-Läufer voranschreiten, müssen Sie immer daran arbeiten, alle Komponenten zusammenzubringen. So können Sie die Angst hinter sich lassen und Ihre beste Leistung abrufen, wenn Sie es am meisten wollen.

Im Kern spiegelt die Angst Ihre persönliche Unsicherheit wider. Das, worüber wir nichts oder nur sehr wenig wissen, hinterlässt eine emotionale Lücke in unserem Bewusstsein. Wenn wir laufen und uns gleichzeitig mit der Unsicherheit auseinandersetzen, füllt sich diese Lücke schnell mit Angst – Angst davor, zu schnell zu laufen oder nicht schnell genug zu sein, Angst vor Verletzungen, Angst vor dem Erfolg und Angst vor dem Versagen.

Zum Glück lässt sich die Angst vor dem Laufen zumindest in der Theorie sehr leicht überwinden: Füllen Sie die Lücke der Unsicherheit mit Wissen. Lernen Sie, wie man läuft, wie man Fehler erkennt und korrigieren kann, im Training wie im Wettkampf. Genau wie die physischen Elemente der Lauftechnik ist auch das Überwinden der Angst vor dem Laufen ein Lernprozess. Erfolge über Nacht gibt es dabei leider nicht.

Während Sie die einzelnen Schritte meistern, um die Pose-Methode zu Ihrer »natürlichen« Lauftechnik zu machen, legen Sie gleichzeitig die Grundlagen, um die Angst vor dem Laufen zu überwinden. Durch die Perfektionierung Ihrer Lauftechnik entwickeln Sie auch ein neues Selbstvertrauen, das Ihre Leistungen maßgeblich beeinflussen wird.

Wenn Sie erst einmal verstanden haben, wie man läuft und wie man maximalen Nutzen aus der allgegenwärtigen Schwerkraft zieht, wird Ihnen das Laufen sehr viel einfacher vorkommen. Betrachten Sie es nicht mehr länger als quälende physische Übung, sondern als angenehme und stimulierende Anstrengung. Sie werden bei Weitem nicht in so großem Umfang trainieren müssen, um schneller und weiter zu laufen als jemals zuvor.

Durch das Zusammenspiel von guter Lauftechnik und erhöhter Aufmerksamkeit für Ihre physischen und mentalen Fähigkeiten können Sie Ihre Leistung auf eine neue Ebene bringen. In gewisser Weise wird es nicht mehr derselbe Sport sein, den Sie viele Jahre gehasst oder geliebt haben. Sie werden frei sein fürs Laufen – frei von Verletzungen, frei von Zweifeln und frei von Angst.

EPILOG

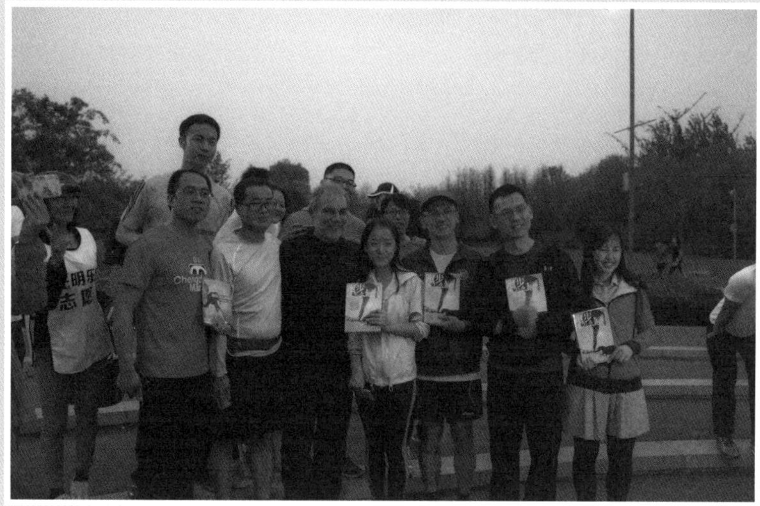

DIE FÜNF HÄUFIGSTEN FEHLER

»Der schlimmste aller Fehler ist, sich keines solchen bewusst zu sein.«
Thomas Carlyle

Sie haben jetzt viele Drills der Pose-Methode kennengelernt. Bei der praktischen Umsetzung entstehen aus meiner Erfahrung im Wesentlichen fünf Probleme, die Sie vermeiden sollten.

Experimentieren

Viele Läufer versuchen, den Weg zur Pose-Methode abzukürzen. Lassen Sie keine Schritte aus dem Leitfaden aus. Konzentrieren Sie sich auf die Übungen für Anfänger und experimentieren Sie nicht mit einzelnen Elementen der Pose-Methode herum. Manche Läufer versuchen zum Beispiel, nur das Fallen oder den Fußaufsatz auf dem Fußballen in ihre Lauftechnik zu integrieren. Aber die Pose-Methode ist ein zusammenhängendes System. Wenn Sie nur einzelne Teile herausnehmen, werden Sie nicht den erhofften Erfolg haben – im Gegenteil: Es steigt sogar die Gefahr, sich zu verletzen oder zu überlasten.

Unmittelbare Ergebnisse erwarten

Erwarten Sie nicht, morgen Ihr bestes Rennen zu laufen, wenn Sie heute erst mit der Pose-Methode begonnen haben. Geben Sie sich Zeit und lernen Sie geduldig mit einem offenen Geist. Es kann drei bis vier Monate dauern, bis sich die Pose-Methode vertraut anfühlt.

Zu viel auf einmal machen

Auch wenn es Ihnen unter den Fingernägeln brennt, Ihre neuen Erkenntnisse in der Praxis auf die Probe zu stellen – seien Sie geduldig. Da die Pose-Methode andere Muskelgruppen beansprucht, als Sie es gewöhnt sind, müssen Sie sich gut vorbereiten. Während der ersten zwei bis vier Wochen könnten Sie Muskelkater in den Waden verspüren, aber wenn diese Probleme länger anhalten, ist das ein klares Zeichen für eine falsche Umsetzung der Pose-Methode. Wenden Sie sich in diesem Fall an einen erfahren Pose-Coach!

Sich in Details verrennen

Ja, die Pose-Methode und Ihre Regeln und Übungen wollen gelernt werden, aber denken Sie nicht zu viel darüber nach und versuchen Sie nicht zu krampfhaft, alles perfekt zu machen. Die Regeln sollen Richtlinien sein und Ihnen helfen, nicht Ihnen Kopfschmerzen bereiten. Die Übungen helfen Ihnen dabei, die richtigen Bewegungen zu lernen und sie zu verinnerlichen. Verrennen Sie sich nicht in Details, vertrauen Sie Ihrem Körper. Er bewegt sich so, wie er es mithilfe der Übungen gelernt hat. Konzentrieren Sie sich auf das Lernen, weniger auf die Ausführung. Machen Sie eine Pause, wenn Sie sich im Kreis drehen und nicht weiterkommen.

Falsche Schuhe tragen

Wenn Sie die Pose-Methode lernen wollen, sollten Sie sich ein Paar flache/dünne Laufschuhe besorgen. Ihre alten, stark gedämpften Laufschuhe mit dicken Sohlen und hohem Aufbau unter der Ferse sind für die Pose-Methode wenig geeignet. Sie können sogar zu Verletzungen und Überlastungen beitragen. Beim Lernen der Pose-Methode

- zwingt Sie der hohe Aufbau unter der Ferse dazu, zu weit vorn auf den Fußballen zu laufen und vor allem Ihre Ferse weniger abzusenken, als es notwendig wäre. Das kann zu Problemen in den Füßen und Unterschenkeln führen.
- verhindern dicke Sohlen und Dämpfungselemente die präzise Wahrnehmung des Körpergewichts auf Ihren Füßen.
- wird die richtige Ausführung der Lauftechnik durch das erhöhte Zusatzgewicht schwerer Laufschuhe unnötig gestört.

Konzentrieren Sie sich auf die Übungen für Anfänger, um Ihre Füße zu kräftigen und an die neue Belastung zu gewöhnen. Trainieren Sie auch öfter mal barfuß auf Rasen, Sand oder einer Matte (oder einem anderen sicheren Untergrund), um die natürliche Funktion Ihrer Füße (wieder) zu entwickeln.

FEHLER ERKENNEN UND KORRIGIEREN

»Der Weg zu Weisheit? Er ist eigentlich ganz einfach. Irren, irren und noch mal irren, aber immer weniger und weniger.«
Piet Hein

Die Pose-Methode definiert im Gegensatz zum vorherrschenden Paradigma im Laufsport einen klaren Standard der idealen Lauftechnik. Erst hierdurch wird eine Fehlerkorrektur überhaupt möglich: Ein Fehler ist eine Abweichung von diesem Standard. Damit haben Sie ein Werkzeug an der Hand, um Ihre Lauftechnik zu analysieren, Fehler zu erkennen und zu korrigieren.

Wenn die drei Elemente der Pose-Methode – Pose, Fall, Pull – im richtigen Verhältnis und Timing zueinander stehen, passt alles zusammen: Die physische Anstrengung und die Bewegung der einzelnen Körperteile stehen in perfekter Harmonie zur Bewegung des gesamten Körpers. Fehler in der Lauftechnik stören diese Harmonie. Der Läufer gerät aus dem Rhythmus und die Bewegung zerfällt in ihre Einzelteile.

Auf jeden Fall sollten Anzeichen von Überlastung ein Warnsignal dafür sein, Ihre Technik zu überprüfen und aufgetretene Probleme zu korrigieren. Früher haben Sie vielleicht Ihre abgelaufenen Schuhe dafür verantwortlich gemacht – mit einer korrekten Pose-Lauftechnik ist das eher unwahrscheinlich. Viele Verletzungen weisen sehr direkt auf die Ursachen hin.

Wenn Sie den Fehler identifiziert haben, sollten Sie zuerst überprüfen, ob Sie die Theorie der Pose-Methode in diesem Punkt richtig verstanden haben. Dann machen Sie sich eine Vorstellung der korrekten Bewegung vor Ihrem geistigen Auge und schulen die Wahrnehmung Ihrer Eindrücke mit spezifischen Drills. Außerdem sollten Sie weiter an Ihrer Beweglichkeit/Flexibilität und Ihren spezifischen Kraftvoraussetzungen arbeiten. Nur so können Sie nötige Veränderungen vornehmen, um die Elemente der Pose-Methode korrekt auszuführen.

Ohne die zugrunde liegende Logik des Problems zu verstehen, wird die Veränderung einer Bewegung

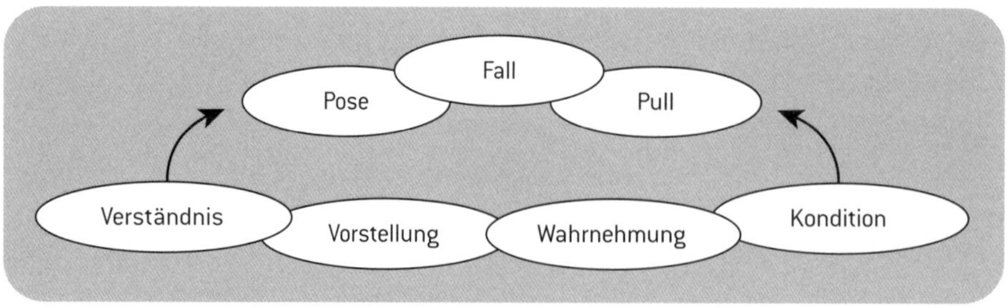

Faktoren, die zu Fehlern in den drei Elementen der Pose-Methode und damit zu Verletzungen führen können

meist nur kurzfristig helfen. Die Probleme kehren zurück, sobald Sie Ihr gewohntes Training wieder aufnehmen. Die Korrektur eines Fehlers ist nicht mit einem schnellen Handgriff getan. Sie sollten Ihre Wahrnehmung für die richtige Bewegung neu kalibrieren. Nur wenn Sie das Problem an der Wurzel packen, werden Sie es auf lange Sicht lösen.

Denken Sie immer daran, dass die Antwort auf die meisten Probleme sehr einfach ist: Erinnern Sie sich an das »Nichtstun-Prinzip«? Fast ausnahmslos besteht die Ursache darin, dass Sie überflüssige Bewegungen machen und zu viel Kraft und Anstrengung investieren. Entspannen Sie sich und überlassen Sie der Schwerkraft die Arbeit.

Fehler in der Laufpose

Im Moment des Fußaufsatzes sollte die Position Ihres Körpers der Pose so nahe wie möglich sein. Fehler entstehen dann, wenn Sie in diesem Moment noch zu weit davon entfernt sind. In diese Fehlerkategorie fallen:

1. Fußaufsatz vor dem Körperschwerpunkt
2. Fußaufsatz auf der Ferse
3. Aktiver Fußaufsatz, wobei der Fuß vor dem Bodenkontakt aktiv nach unten beschleunigt wird

Die modernen, stark gedämpften Laufschuhe verschleiern die Schmerzen und das so wichtige Feedback, die Ihnen eine schlechte Lauftechnik eigentlich bescheren würde – aber dadurch wird die Lauftechnik selbst nicht besser. Wenn Sie vor dem Körper oder sogar auf der Ferse landen, steigt die Belastung der Gelenke, Bänder und Sehnen gewaltig. Gleichzeitig verlängert sich Ihre Bodenkontaktzeit und die Schrittfrequenz wird im Gegenzug deutlich niedriger. Die Vorwärtsbewegung wird gebremst, da die Schwerkraft aus der Gleichung für den Vortrieb herausfällt. Alles in allem ist es ein schlechtes Geschäft, auch wenn es Ihnen nicht so wehtut, wie es eigentlich sollte.

Je weiter Sie die Füße vor dem Körperschwerpunkt aufsetzen (was Sie mit Sicherheit tun, wenn Sie auf der Ferse landen), desto länger brauchen Sie, bis Sie die Laufpose erreichen. Wie Sie wissen, ist die Pose die einzige Position, aus der Sie vorwärtsfallen können. Mit anderen Worten: Sie können nichts anderes tun als warten, bis Ihr Körperschwerpunkt den Fuß vor Ihnen eingeholt hat. Das bremst Sie mit jedem Schritt aus.

Bei einem aktiven Fußaufsatz beschleunigen Sie die Füße vor jedem Bodenkontakt aktiv nach unten. Aus der Perspektive der Pose-Methode ist dies eine Abweichung zum Standard, da der Fuß bereits von der Schwerkraft nach unten beschleunigt wird. Jeder zusätzliche Muskeleinsatz vergrößert die Belastung, die der Fuß/Körper beim Aufsatz auf dem Boden verkraften muss. Wieso also Energie verschwenden, wenn sich der Fuß schon ganz von allein dorthin bewegt, wo Sie ihn haben wollen?

Um diese Fehler zu korrigieren, müssen Sie die richtige Wahrnehmung für den Fußaufsatz unter dem Körperschwerpunkt und für das entspannte Fallenlassen des Fußes bekommen. Es gibt nur einen Weg, wie Sie Ihre Wahrnehmung diesbezüglich schulen können: mit spezifischen Drills. Hierfür eignen sich besonders:

- Change of Support (siehe Seite 61)

- Pony (siehe Seite 61)

- Jumps/Sprungübungen (siehe Seite 81ff.)

- Rope Jumps/Seilspringen (siehe Seite 90f.)

All diese Übungen können Sie zusätzlich mit Widerstandsbändern von den Fußgelenken bis hoch zur Hüfte oder teilweise auch über Kopf haltend ausführen. Um Ihre Wahrnehmung weiter zu schärfen, trainieren Sie barfuß auf Rasen oder Sand.

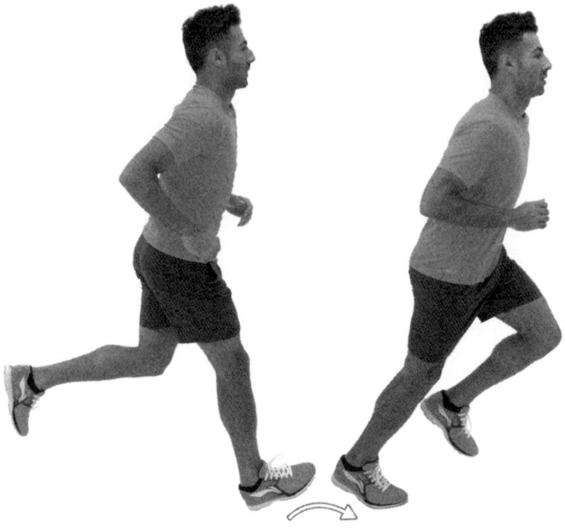

Fußaufsatz auf der Ferse

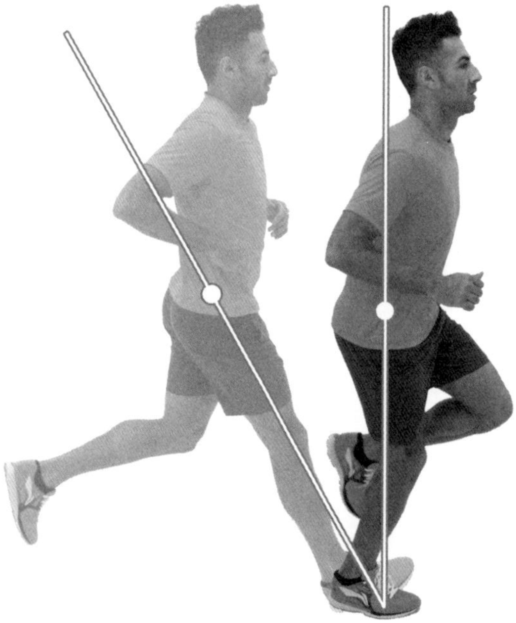

Fußaufsatz vor dem Körperschwerpunkt

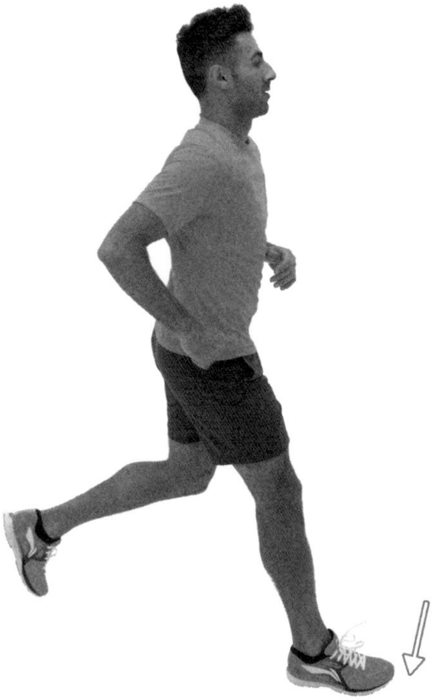

Aktiver Fußaufsatz

Fehler beim Fallen

Der schwerere, obere Teil Ihres Körpers macht das Fallen einfach, aber Sie müssen dieses Gewicht auch kontrollieren können. Um effizient zu fallen, sollte Ihr Oberkörper stark sein und eine entspannte, aufrechte Haltung ohne Ermüdung beibehalten können. Gleichzeitig muss er elastisch sein, um Stöße zu dämpfen.

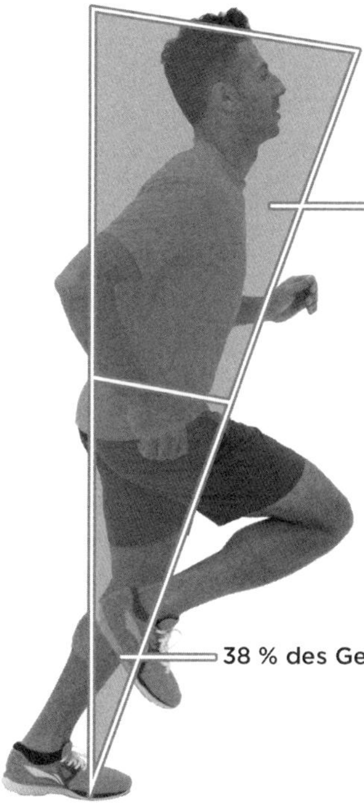

Es gibt zwei Hauptfehler, die ein effizientes Fallen behindern. Der erste Fehler ist das Nach-vorn-Beugen des Oberkörpers: Sie knicken in der Hüfte ab. Das kann entweder eine Folge von Ermüdung sein oder Sie haben eine falsche Vorstellung davon beziehungsweise eine falsche Wahrnehmung dafür, was es bedeutet, die Schwerkraft zu nutzen und mit dem Körperschwerpunkt voranzufallen. In der Pose-Methode bedeutet das Nach-vorn-Lehnen (Fall) immer eine Neigung des ganzen Körpers aus dem Fußgelenk heraus (stellen Sie sich einen Besenstil vor, der umfällt). Wenn Sie nur den Oberkörper vorbeugen, erhöht sich die Spannung in Ihrer Rückenmuskulatur, der Körperschwerpunkt (GCM – General Center of Mass) bleibt fast an der gleichen Stelle über dem Support. Damit erfolgt keine Verschiebung zwischen GCM und Support, um den Fallwinkel für die Beschleunigung zu erhöhen und Ihre Füße setzen viel weiter vor dem Körperschwerpunkt auf, um das Ungleichgewicht des abgeknickten Oberkörpers zu kompensieren.

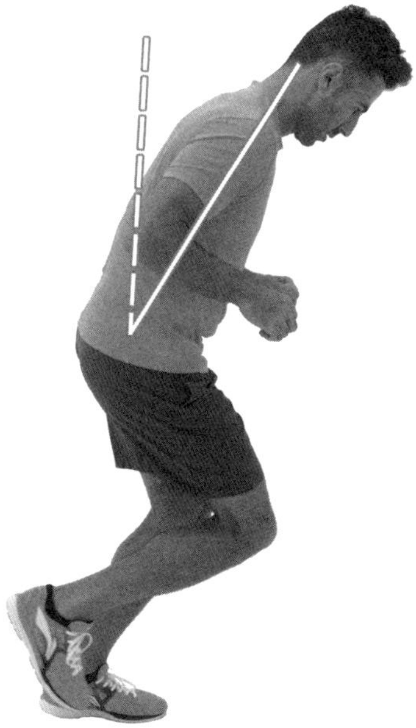

Vorbeugen des Oberkörpers beziehungsweise Abknicken in der Hüfte

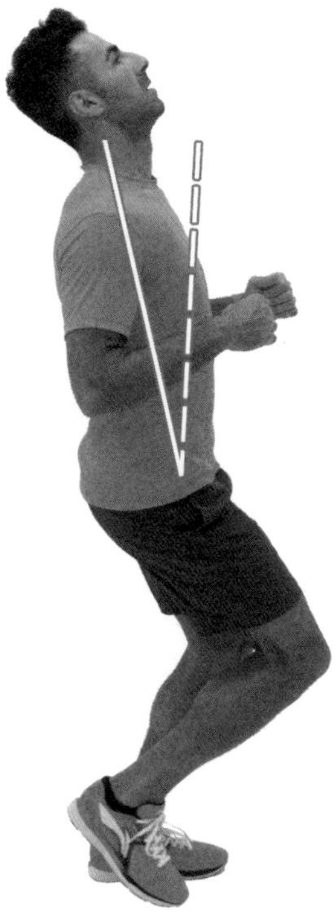

Rücklage des Oberkörpers

Der zweite Fehler besteht darin, den Oberkörper nach hinten zu lehnen. Diese Haltung ist meist eine psychologische Reaktion auf Ihre Ermüdung oder die Geschwindigkeit, der Sie sich noch nicht gewachsen fühlen. Sie lehnen sich unbewusst nach hinten, um auf die Bremse zu steigen. Aber anstatt der erhofften Erleichterung wird Ihre Vorwärtsbewegung dadurch nur noch schwerer. Sie setzen die Füße zu weit vor dem Körperschwerpunkt auf und nehmen der Schwerkraft jede Chance, Ihnen zu helfen.

Trainieren Sie die Fall-Übungen für Anfänger, um Ihre Wahrnehmung für die richtige, aufrechte Körperhaltung beim Fallen zu trainieren. Eine gute Möglichkeit zur Selbstkontrolle ist es, vor einem großen Spiegel zu üben, um sicherzugehen, dass Sie nicht in der Hüfte abknicken.

Fehler beim Ziehen (Pulling)

Die Praxis hat gezeigt, dass die einfache Anweisung, den Fuß gerade unter der Hüfte hochzuziehen, manchmal nicht so einfach umzusetzen ist, wie sie klingt. Folgende Fehler sollten Sie dabei vermeiden:

1. Zu spät ziehen (Late Pulling)

2. Zu stark ziehen (Over Pulling)

3. Abdrücken, anstatt zu ziehen (Push-off)

4. Das Knie hochziehen (Knee Drive)

Wenn Sie den Fuß zu spät hochziehen, bleibt er zu weit hinter dem sich nach vorn weiter bewegenden Körperschwerpunkt zurück; Knie und Fußgelenk sind vollständig gestreckt. Das vordere Bein kommt dadurch zu weit vor den Körperschwerpunkt, um das Gleichgewicht zu halten. Außerdem wird die Arbeit der Hamstrings aus dieser Position schwieriger und die Hüftbeuger müssen aushelfen, den Fuß zurück unter die Hüfte zu bringen. All das erzeugt viel zu viel unnötige Muskelspannung und bremst die Bewegung tatsächlich ab. Um diesen Fehler zu korrigieren, sollten Sie Ihre ganze Aufmerksamkeit auf das Hochziehen des Fußes mit den Hamstrings lenken. Fast alle Pulling-Übungen, die Sie bis jetzt kennengelernt haben, schulen genau diesen Aspekt.

Behalten Sie dabei immer im Hinterkopf, dass sie damit Ihre Wahrnehmung der richtigen Bewegung schulen. Es ist kein physisches Training, sondern ein geistiges. Folgende Übungen sind besonders zur Korrektur dieses Fehlers geeignet:

- Tapping (siehe Seite 60)
- Tapping with stretch cordz (siehe Seite 62)
- Partner-Run (siehe Seite 63)
- Stretch cordz in front (siehe Seite 63)
- Running with stretch cordz (siehe Seite 70)
- Running uphill (siehe Seite 67)
- Running stairs (siehe Seite 67)

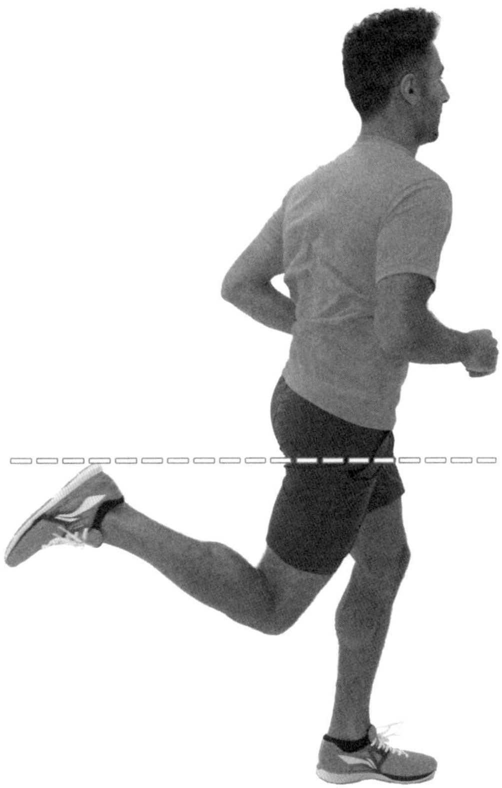

Ziehen Sie den Fuß nicht zu weit hoch (Over-Pulling).

Wenn Sie den Fuß zu stark hochziehen, gelangt er zu weit nach oben, manchmal sogar hinter/über die Hüfte. Das passiert, wenn Ihre Hamstrings weiterarbeiten, obwohl der Fuß den Boden bereits verlassen hat. Je länger Sie den Fuß aktiv hochziehen, desto höher kommt er und desto länger bleibt er hinter Ihrem Körper zurück: Solange die Hamstrings arbeiten, kann er nicht nach vorn schwingen und unter die Hüfte gelangen. Dieser Fehler kommt häufiger zu Beginn des Lernens vor und er kann Ihnen unnötigen Muskelkater und sogar Verletzungen bescheren.

Der erste Schritt zur Korrektur dieses Fehlers ist die richtige Vorstellung davon, wie die Bewegung eigentlich aussehen sollte und wie die Hamstrings dabei arbeiten. Denken Sie an die Kolben eines Automotors. Hier gibt es keine lange, geführte Zug- oder Druckbewegung, welche die Kolben auf und ab bewegt – nur einen kurzen Impuls durch die Zündung. Die Energie, die dabei freigesetzt wird, reicht aus, um die Pleuelstange nach oben zu treiben.

Der Fußaufsatz ist das Signal für Ihre Hamstrings zu »zünden«. Eine kurze Kontraktion der Hamstrings ist genug, um den Fuß wieder vom Boden zu lösen. Die weitere Bewegung passiert passiv und entspannt mit der Energie dieses Impulses. Die Hamstrings haben ihre Arbeit bereits getan, wenn der Fuß den Boden verlassen hat. Folgende Übungen sind in besonderem Maße dazu prädestiniert, das richtige Bewegungsgefühl zu bekommen:

- Stretch cordz in front (siehe Seite 63)
- Change of Support with stretch cordz (siehe Seite 64)
- Self-elastic run (siehe Seite 70)

Der häufigste Fehler, sich abzudrücken, anstatt den Fuß hochzuziehen, geschieht meist aus alter Gewohnheit. Sie arbeiten mehr gegen die Schwerkraft, als Sie zu Ihrem Vorteil zu nutzen. Drücken Sie sich nicht ab, strecken Sie nicht das Knie und arbeiten Sie nicht mit dem Fußgelenk oder den Zehen.

Mit welchen Übungen können Sie das lernen? Mit allen! Alle Drills, die Sie bis hierhin kennengelernt haben, helfen Ihnen dabei, eine entspannte Haltung anzunehmen und die Füße unter der Hüfte hochzuziehen, anstatt sich vom Boden abzudrücken. Lassen Sie sich von der Schwerkraft helfen!

Wenn Sie anstatt des Fußes das Knie hochziehen, müssen Sie mit jedem Schritt die schweren Oberschenkel anheben. Aber die Energieverschwendung ist dabei nur das halbe Problem, denn währenddessen fällt der Körperschwerpunkt bereits unter dem Einfluss der Schwerkraft nach unten. Das Bein, das viel zu hoch angehoben wurde, muss jetzt schnell nach unten beschleunigt werden, um den Moment des Bodenkontaktes mit der Abwärtsbewegung des Körpers zu synchronisieren. Der aktive Kniehub führt somit nur zu einer erhöhten Stoßbelastung beim Bodenkontakt, was unangenehme Folgen haben kann, und bremst die Vorwärtsbewegung außerdem noch ab. Dazu kommt, dass die Aufwärtsbewegung des Oberschenkels die Hamstrings unnötig blockiert. Diese Muskelgruppe hat ihre Arbeit bereits getan und sollte sich jetzt entspannen, stattdessen muss sie nun auch noch die Aufwärtsbewegung des Oberschenkels bremsen und ihn nach unten beschleunigen. Das Resultat ist also nicht nur eine erhöhte Stoßbelastung für Ihren Körper, die Quadrizepse und Hüftbeuger müssen zudem viel mehr arbeiten als eigentlich nötig. Diesen Fehler können Sie am besten mit all den Übungen korrigieren, welche die Bewegung des Schwungbeins nach vorn beschränken:

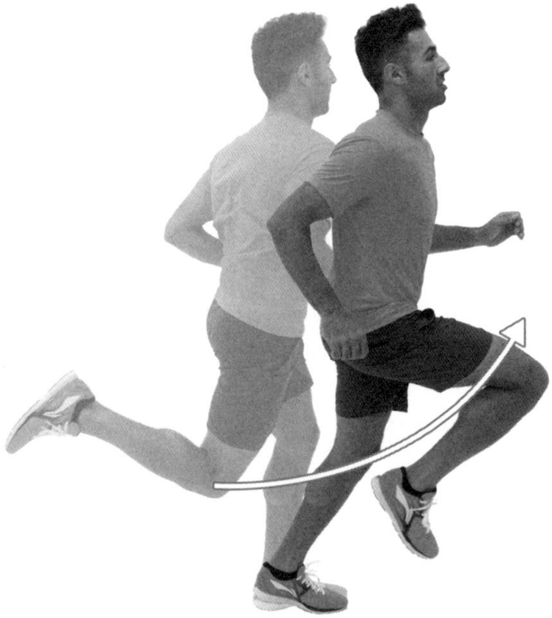

Aktiver Kniehub

- Running behind Partner (siehe Seite 64)
- Hands clasped behind (siehe Seite 67)
- Running with stretch cordz (siehe Seite 70)

Behalten Sie immer die folgenden Regeln für die richtige Ausführung des Ziehens im Gedächtnis:

- Ziehen Sie den Fuß in dem Moment nach oben, wenn er den Boden berührt.
- Leiten Sie die Bewegung mit einem kurzen Impuls der Hamstrings ein.
- Ziehen Sie den Fuß in einer geraden Linie unterhalb der Hüfte hoch.
- Die Hüftbeuger und die vordere Oberschenkelmuskulatur bleiben entspannt.

Fehler bei der Bewegung der Arme

Die Bewegung der Arme sollte beim Laufen perfekt mit der Bewegung der Beine synchronisiert sein. Ihr Körper funktioniert als eine zusammenhängende und ausbalancierte mechanische Einheit, in der die Bewegung der Beine der entscheidende Faktor dafür ist, was der Rest Ihres Körpers macht. Alles, was nicht mit der Bewegung der Beine synchronisiert ist, bringt Sie zwangsläufig aus dem Rhythmus.

In erster Linie ist es eine mentale Aufgabe, die Arbeit der Arme im Gleichgewicht mit den Erfordernissen der Beine zu halten. Viele Läufer haben das Bild im Kopf, dass Sie aktiv mit den Armen arbeiten müssen und dass die Armbewegung die Beinbewegung steuert. Aber genauso, wie Probleme entstehen, wenn Sie versuchen, Ihren Schritt aktiv zu verlängern, führt jeder Versuch, die Arme aktiv für den Vortrieb zu nutzen, unweigerlich zur Beeinträchtigung der idealen Lauftechnik, die wir mit so viel Hingabe zu erreichen versuchen.

Das beste Beispiel dafür sind die Sprintversuche am Ende von Mittelstreckenrennen. Wild entschlossen, das Letzte aus sich herauszuholen, forcieren die Läufer die Armbewegung für den letzten »Kick«. Und was passiert? Als Erstes verursacht der übermäßige Armeinsatz eine Abweichung von der geraden Linie zum Ziel. Als Zweites wird dringend benötigte Energie von den Beinen zu den Armen abgezogen, die jetzt mehr verbrauchen als eigentlich nötig. Drittens werden die Arme innerhalb von wenigen Sekunden schwer wie Stein, da der hohe Energiebedarf die Milchsäure dorthin schießen lässt. Diese Schmerzen sind eine klare Botschaft an das Gehirn: alle Systeme herunterfahren – und zwar sofort!

Der entschlossene, aber leider nicht sehr kluge Läufer hat das Gleichgewicht verloren. Zuerst das physische: Die übertriebene Armbewegung führte zu einer verstärkten Rotation der Hüfte, sodass der ganze Körper darum kämpfen musste, aufrecht zu bleiben und weiter in einer geraden Linie zum Ziel zu laufen. Zweitens wurde das wichtige Gleichgewicht der Energiereserven des Körpers zerstört – und zwar in dem Moment, in dem sie am meisten gebraucht wurden. Anstatt alles den Beinen zur Verfügung stellen zu können, mussten große Energiemengen nicht nur für die Arme, sondern für alle Teile des Körpers abgezweigt werden, die darum kämpfen, geradeaus zu laufen.

Zuletzt zerstören der Zerfall der Technik und die resultierenden Schmerzen die wichtigste Komponente der Leistung des Läufers: das mentale Gleichgewicht. Ein ruhiger Körper erlaubt einem ruhigen Geist, die Arbeit erfolgreich zu vollenden. Stattdessen haben die übertriebenen Bewegungen den Geist nun im Chaos zurückgelassen. Ein Haufen unangenehmer Informationen und Schmerzen müssen verarbeitet und ertragen werden – die Konzentration geht verloren und negative Gedanken breiten sich aus.

Sie können solche Bilder sogar bei den Olympischen Spielen beobachten: Der Läufer scheint auf dem Weg zur Ziellinie jegliche Koordination zu verlieren. Anstatt sich ihr flüssig zu nähern, bewegt er sich krampfhaft und ruckartig, völlig außer Kontrolle. Die Zuschauer klatschen begeistert für die Tapferkeit und die Entschlossenheit des Athleten. Aber die Realität ist eine andere: Der Versuch, sich zu sehr anzustrengen, und das auch noch falsch, hat den Wettkampf des Läufers ruiniert. Es ist wirklich kein schöner Anblick.

Natürlich ist die Versuchung groß, alles Menschenmögliche für das beste Resultat zu tun. Aber wenn Sie alles dafür tun wollen, dann müssen Sie auch das Richtige tun und das Falsche vermeiden.

Lassen Sie mich auf das Modell des Läufers als zusammenhängendes mechanisches System zurückkommen. In diesem System sind die Beine das dominierende Element, der Rest des Körpers ordnet sich ihrer Bewegung unter. Um beim Wechsel des Supports von einem Bein auf das andere das Gleichgewicht zu halten, reagiert der Körper mit einer leichten Vorwärtsrotation der Schulter auf der gegenüberliegenden Seite des Beines, das nach oben gezogen wird. Die Rotation des Schultergürtels an sich trägt nichts zur Vorwärtsbewegung bei, sie reflektiert nur die Bewegung der Beine. Die Bewegung der Arme reflektiert wiederum die Rotation des Schultergürtels.

In dieser Abfolge befinden sich die Arme ganz am Ende der Kette; ihre Bewegung sollte so klein wie möglich sein, damit das Gleichgewicht aufrechterhalten werden kann. Die Armhaltung sollte frei und entspannt sein, sodass die Arme auf die Beine und den Rest des Körpers »hören« können und bereit dazu sind, sich Änderungen in deren Aktivität anzupassen.

Die einfachste Möglichkeit herauszufinden, ob sich Ihr Schultergürtel zu viel bewegt, ist folgende: Strecken Sie beim Laufen beide Arme gerade nach vorn aus, die Hände sind zur Faust geballt und liegen aneinander. In dieser Position werden Sie jede überflüssige Bewegung sofort zu spüren bekommen. Die gleiche Übung können Sie auch mit den Händen hinter dem Körper machen.

EMPFOHLENE LITERATUR

Philosophie

Aristotle: *De Anima. Selections.* By Terence Irwin and Gail Fine. Indianapolis/Cambridge: Hackett Publishing Company, Inc., 1995: S. 169

Aristotle: *De Anima. [Perception]. Selections.* By Terence Irwin and Gail Fine. Indianapolis/Cambridge: Hackett Publishing Company, Inc., 1995: S. 188

Aristotle: *De Anima. [Desire and Action]. Selections.* By Terence Irwin and Gail Fine. Indianapolis/Cambridge: Hackett Publishing Company, Inc., 1995: S. 202

Aristotle: *De Motu Animalium (On the Movement of Animals). Selections.* By Terence Irwin and Gail Fine. Indianapolis/Cambridge: Hackett Publishing Company, Inc., 1995: S. 218

Aristotle: *Movement of Animals. The Complete Work of Aristotle.* Edited by Jonathan Barnes, Volume 1. Princeton University Press, 1995: S. 1087, 1097–1110

Aurelius, Marcus: *Meditations.* A New Translation by Gregory Hays. Phoenix, 1995

da Vinci, Leonardo: *The Notebooks of Leonardo da Vinci.* Selected and Edited by Irma A. Richter. Oxford University Press, 1998

da Vinci, Leonardo: *The Wisdom of Leonardo da Vinci.* Translated by Wade Baskins. New York: Barnes & Noble Books, 2004

Gonzales, L.: *Deep Survival.* New York, London: W. W. Norton & Company, 2004

Machiavelli, Niccolo: *The Art of War: a new translation.* Shambhala Publications, Inc. Horticultural Hall, 2001

Millman, D.: *Way of the Peaceful Warrior. A Book that Changes Lives.* H.J. Kramer, Inc., 1984

Tolle, Eckhart: *The Power of NOW: a guide to spiritual enlightenment.* New World Library, 1999

Biomechanik und Physik

Abernethy, B.; Kippers, V.; Mackintosh, L. T.; Neal, R. J.; Hanrahan, S.: *The Biophysical Foundations of Human Movement.* Human Kinetics, 1997

Bueshe, F.: *Principles of Physics.* Forth Edition. New York: McGraw-Hill Company, 1982

Carr, G.: *Mechanics of sport: a practitioner's guide.* Human Kinetics, 1997

Cavanagh, Peter (Hrsg.): *Biomechanics of Distance Running.* Human Kinetics, 1990

Dobson, Ken; Grace, David; Lovett, David: *Physics. Forces, movement and materials.* Collins, 2001: S. 6–168

Dyson, Geoffrey H. G.: *The Mechanics of Athletics.* London: University of London Press, 1967

Ecker, Tom: *Basic Track and Field Biomechanics.* Los Altos, CA: Tafnews Press, 1985

Hamill, J.; Knutzen, M. Kathleen: *Biomechanical Basis of Human Movement.* Second Edition. Lippincott Williams & Wilkins, 2003

Hay, James G.: *The Biomechanics of Sport Techniques.* Third edition. Prentice-Hall International, 1985

Hill, A. V.: *Muscular Movement in Man.* New York: McGraw-Hill Book Co., 1927: S. 51

Housden, F.: »Mechanical Analysis of the Running Movement«, in: *Run, Run, Run.* Editor F. Wilt. Los Altos, CA: Track and Field News Inc., 1964: S. 240–241

Margaria, R.: *Biomechanics and Energetics of Muscular Exercise.* Oxford University Press, 1976

McNeil, Alexander R.: *The Human Machine.* Columbia University Press, 1992

Whittle, Michael W.: *Gait Analysis.* Second Edition, Butterworth Heinemann, 2000: S.8

Wilmore (Hrsg.): *Exercise and Sport Science Reviews.* Volume 1–3. New York: Academic Press, 1973–1975

Laufen, Leichtathletik

Anderson, O.: *Running Science.* Human Kinetics, 2013

Benyo, Richard, Henderson, Joe: *Running Encyclopedia.* Human Kinetics, 2002

Doherty, J. K.: *Modern Track & Field.* Englewood Cliff, N.J.: Prentice-Hall, Inc., 1963

Lawson, Gerald: *World Record Breakers in Track & Field Athletics.* Human Kinetics, 1997

Lydiard, Arthur: *Running to the Top.* Meyer & Meyer Sport, 1998

Newton, A. F. H.: *Commonsense Athletics.* London: G. Berridge, 1947

Newton, A. F. H.: *Races and Training.* London: G. Berridge, 1949

Newton, A. F. H.: *Running.* London: H. F. & G. Witherby, 1935

Noakes, T.: *Lore of Running.* Fourth Edition. Oxford University Press, 2001

Tanser, Toby: *Train Hard, Win Easy. The Kenyan Way.* Tafnews Press, 1997

Wilt, F. (Hrsg): *Run, Run, Run.* Los Altos, CA: Track & Field News Inc., 1964

Generelle Wissenschaft

Ashby, W. R.: *An Introduction to Cybernetics.* London: Chapman and Hall, 1956. Abrufbar unter http://pcp.vub.ac.be/books/ introCyb.pdf

Batson, Gregory: *Mind and Nature. A Necessary unity.* Bantam New Age Books, 1980

De Rosnay, J.: *The Macroscope: A New World Scientific System.* NY: Harper & Row, Publishers, Inc., 1979

QUELLEN

1 Lydiard, A.: Gilmour, G.: *Run to the Top.* London: Herbert Jenkins, 1962

2 Benyo, R.: *The Masters of the Marathon.* New York: Atheneum, 1983

3 Clayton, D.: *Running to the Top.* New York: Macmillan, 1980, S. 63

4 Nitro, A.: »What is Correct Technique?«, in: *Track Technique, Vol. 100.* 1987, S. 3195–3205

5 Krissoff, W. B; Ferris, W. D.: »Runner's Injuries«, in: *Physician Sports Med. (7).* 1979, S. 55–64

6 Guten, N. G. (Hrsg.): *Running Injuries.* Philadelphia: W.B. Saunders Company, 1997, S. 61–65

7 Van Mechelen, W.: »Running injuries: A review of the epidemiological literature«, in: *Sports Medicine, Vol. 14 (5),* 1992, S. 320–335

8 MacIntyre, S. G. et al. »Running Injuries: a clinical study of 4173 cases«, in: *Clinical Journal of Sports Medicine, Vol. 2.* New York, 1991, S. 81–87

9 James, S. L.; Jones, D. C.; Cavanagh, P. (Hrsg.): *Biomechanical Aspects of Distance Running.* Champaign, IL: Human Kinetics, 1990, S. 249–269

10 Guten, N. G. (Hrsg.): *Running Injuries.* Philadelphia: W.B. Saunders Company, 1997, S. 61–65

11 Wilmore, J. H.; Costill, D. L.: *Physiology of Sport and Exercise.* Champaign, IL: Human Kinetics, 1994, S. 110f.

12 Van Mechelen, W.: »Running injuries: A review of the epidemiological literature«, in: *Sports Medicine, Vol. 14 (5).* 1992, S. 320–335

13 Keele, K. D.: *Leonardo da Vinci's Elements of the Science of Man.* New York: Academic Press, 1983, S. 173–175

14 »Labiles Gleichgewicht« ist ein Begriff aus der Physik und sozusagen das Gegenteil des stabilen Gleichgewichts. Wird ein Körper im stabilen Gleichgewicht aus der Gleichgewichtslage ausgelenkt, kommt er von selbst wieder in die stabile Lage zurück. Beim labilen Gleichgewicht dagegen führt jede Auslenkung zur Aufgabe der Gleichgewichtslage. Anschaulich gesagt: Eine Pyramide, die mit einer Fläche auf dem Tisch steht, ist im stabilen Gleichgewicht. Steht sie mit der Spitze auf dem Tisch, ist sie im labilen Gleichgewicht.

15 »Hamstrings« ist der englische Begriff für die große Gruppe der hinteren Oberschenkelmuskulatur. Im Deutschen wird hierfür meist der Begriff »ischiocrurale Muskulatur« gebraucht. Die Muskelgruppe besteht aus dem M. semitendinosus, dem M. semimembranosus sowie dem M. biceps femoris. Diese Muskeln haben Ihren Ursprung am Beckenknochen, genauer gesagt an den Sitzbeinhöckern, und ziehen den Oberschenkel entlang bis zum Wadenbeinköpfchen (M. biceps femoris) bzw. Schienbein (M. semitendinosus und M. semimembranosus). Die Hauptfunktion dieser Muskeln ist die Streckung im Hüftgelenk und die Beugung im Kniegelenk.

16 Bernstein, N.: »Some biodynamic data of running of outstanding athletes«, in: *Theory and Practice of Physical Culture, Vol. 4.* 1937, S. 328–341

17 Cavagna, G. A.; Saibene, F. P. und Margaria, R.: »Mechanical work in running«, in: *Journal of Applied Physiology, 19.* 1964, S. 249–256

18 Alexander, A. M.: *Springs as energy stores: running. Elastic mechanisms in animal movement.* Cambridge: Cambridge University Press, 1988, S. 31–50

19 Cavagna, G. A. (1977): »Storage and utilization of elastic energy in skeletal muscle«, in: *Exercise and Sport Science Reviews 5.* 1988, S. 89–129

20 Cavagna, P. R.; La Fortune, M. A.: »Ground reaction forces in distance running«, in: *Journal of Biomechanics 13.* 1980, S. 397–406

21 Daniels, J.: *Daniels' Running Formula.* Champaign, IL: Human Kinetics, 1997, S. 80ff.

22 Margaria, R.: *Biomechanics and Energetics of Muscular Exercise*. Oxford University Press, 1976, S. 105–108

23 Noakes, T.: *Lore of Running – Discover the science and spirit of running*. Champaign, IL: Leisure Press, 1991: S. 29

24 Alberto Salazar, *1958 auf Kuba, emigrierte mit seiner Familie in die USA und gewann 1980 bis 1982 dreimal in Folge den New York City Marathon.

25 Mischel, W.: *Introduction to personality.* 6. Auflage. Fort Worth, TX: Harcourt Brace Jovanovich, 1999

26 Woodall, K. L.; Matthews, K. A.: »Familial environments associated with Type A behaviors and psychophysiological responses to stress in children«, in: *Health psychology, Vol. 8.* 1989, S. 403–426

27 Cavanagh, Peter (Hrsg.): *Biomechanics of Distance Running. Champaign*, IL: Human Kinetics, 1990

28 Bowerman, William, Harris, W. E.: *Jogging.* New York: Grosset & Dunlap, 1967

29 Robbins, S. E.; Hanna, A. M.: »Runningrelated injury prevention through barefoot adaptations«, in: *Med. and Science in Sports and Exercise, Vol. 19.* 1987, S. 148–156

30 Das Wort »Unterbewusstsein« gibt es genau genommen in der Psychologie nicht, deshalb UNBEWUSSTSEIN – wir wenden es umgangssprachlich nur immer wieder an.

ÜBER DEN AUTOR

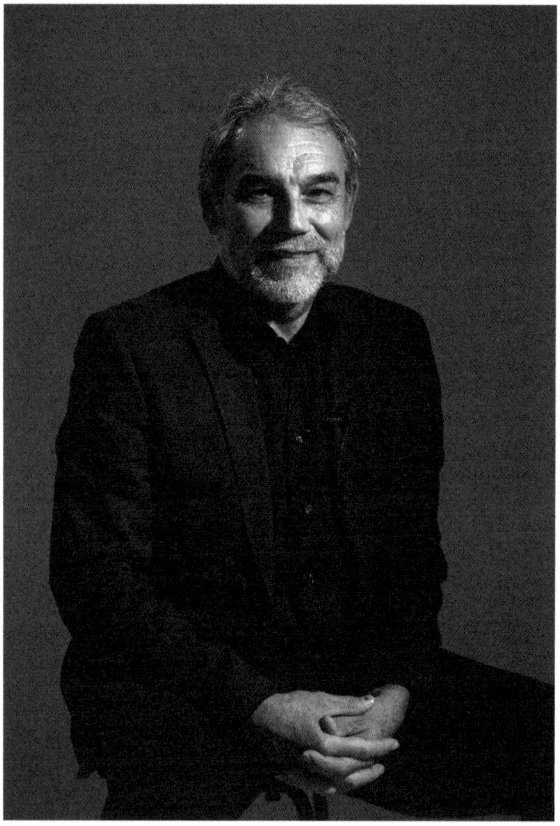

Dr. Nicholas Romanov ist der Entwickler der Pose-Methode und ein weltbekannter Sportwissenschaftler. Er ist außerdem Bestsellerautor von Büchern, die auf der ganzen Welt veröffentlicht und in mehrere Sprachen übersetzt wurden.

Dr. Romanov, ein Mann mit bescheidenen Anfängen, wurde in Russland geboren und ausgebildet. Anfang der 1990er-Jahre siedelte er in die Vereinigten Staaten über. Er wurde ein Leichtathletikstar, ein Champion mit mehreren Rekorden im Hochsprung, die viele Jahre unerreicht blieben. Er trainierte Weltmeister, führte bedeutende wissenschaftliche Forschung durch, schrieb zwei bahnbrechende Bücher über Technik und Training, veröffentlichte zahlreiche wissenschaftliche Artikel und begann eine Revolution, indem er die Schwerkraft als führende Kraft in der menschlichen Bewegung hervorhob.

Im Jahr 2002 führte Dr. Romanov zusammen mit Prof. Tim Noakes und anderen Wissenschaftlern eine bahnbrechende wissenschaftliche Studie durch (veröffentlicht in *Medicine & Science in Sports & Exercises*), die demonstrierte, wie man die Auswirkungen auf die Knie beim Laufen um fast 50 Prozent reduzieren kann. Bis heute ist die Pose-Methode des Laufens die einzige Methode, die dies von sich behaupten kann. Derzeit gibt es weltweit über 30 wissenschaftliche Arbeiten und fünf Dissertationen zum Thema Pose Method®.

Dr. Romanov gründete in den 1990er-Jahren die Romanov Academy of Sports Science, um Trainer auszubilden und zu zertifizieren, die Sporttechnik lehren. Mittlerweile gibt es weltweit Tausende zertifizierte Pose-Method®-Technikspezialisten.

In den letzten Jahrzehnten wurde die Pose-Methode auf institutioneller Ebene in großen Organisationen wie dem US-Militär, bei CrossFit und professionellen Sportprogrammen einschließlich der nationalen Triathlonteams in Großbritannien, den USA, Mexiko und Russland eingesetzt.

Dr. Romanov arbeitet auch mit medizinischen Fachspezialisten einschließlich Physiotherapeuten, Podiatern und orthopädischen Chirurgen. Er reist um die ganze Welt, forscht und berät professionelle Sportorganisationen und ist außerdem Referent.

Als zweifacher Olympiacoach, Autor und weltbekannter Sportwissenschaftler mit einer über 40-jährigen Karriere ist Dr. Romanov spezialisiert auf:

- Sport-Biomechanik
- Sportartspezifische Techniken
- Kinesiologie
- Sporttrainingstheorie und Sportunterricht
- Trainingsplanentwicklung von Elite- bis Amateursportler
- Sportphysiologie
- Verletzungsdiagnose, Prävention und Bewegungsrehabilitation

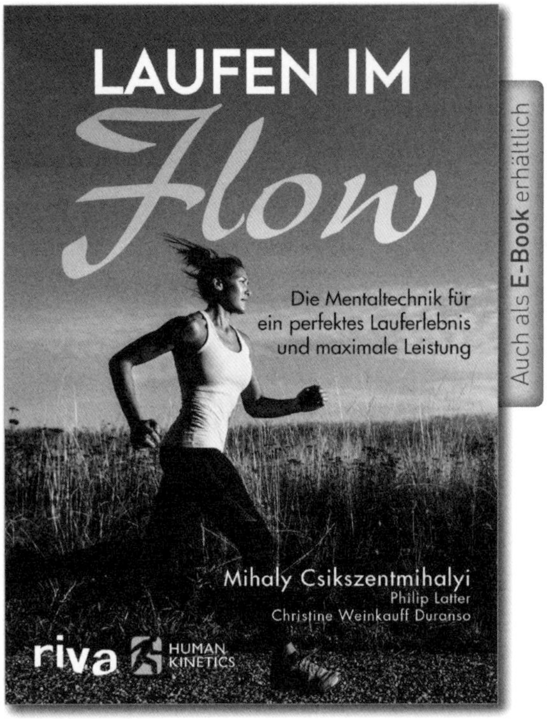

200 Seiten
19,99 € (D) | 20,60 € (A)
ISBN 978-3-7423-0302-8

Mihaly Csikszentmihalyi

Laufen im Flow

Die Mentaltechnik für
ein perfektes Lauferlebnis
und maximale Leistung

Mental fit zu sein ist eine der Grundvoraussetzungen für sportlichen Erfolg – das bestätigt jeder Läufer, der seinen Sport ernst nimmt. Wenn der Geist einen bestimmten Zustand erreicht, können quasi mühelos Spitzenleistungen erbracht werden und der Sportler über sich hinauswachsen. Dr. Mihaly Csikszentmihalyi, weltbekannter Wissenschaftler und Bestsellerautor, erforscht seit vielen Jahren die Fähigkeit des Menschen, den Geist in einen Flow-Zustand zu versetzen. In diesem Buch geht Csikszentmihalyi zusammen mit der Psychologin Christine Weinkauff Duranso und dem Laufjournalisten und Trainer Philip Latter diesem Thema auf den Grund. Es ist das erste Buch, das sich voll und ganz damit beschäftigt, wie Läufer in Wettkampf und Training in den Flow-Zustand gelangen können. Dieses Buch wird Läufern nicht nur zu einer besseren Leistung verhelfen, sondern auch das Laufen an sich zu einer gesünderen und genussvolleren Erfahrung machen.

riva

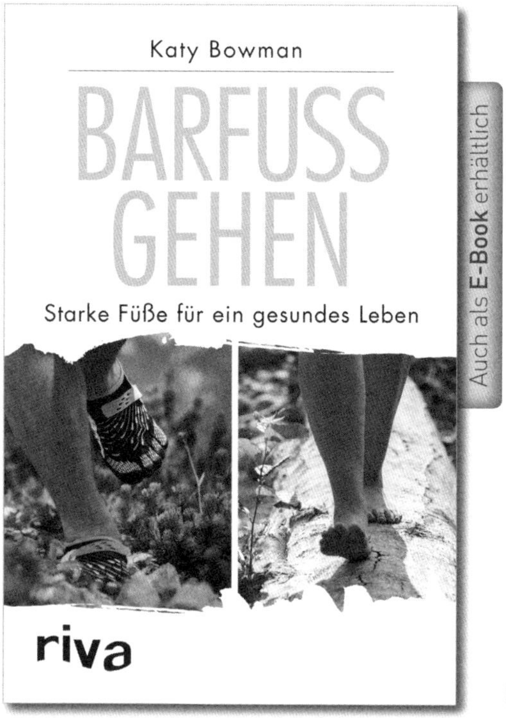

160 Seiten
12,99 € (D) | 13,40 € (A)
ISBN 978-3-7423-0339-4

Katy Bowman

Barfuß gehen

Starke Füße für ein gesundes Leben

Eine natürliche Bewegungsweise ist die Grundlage für ein ganzkörperlich gesundes Leben. Trägt man falsche Schuhe, schränkt man nicht nur seine Bewegungsfähigkeit ein, sondern leidet häufig auch unter schmerzhaften Fußproblemen und andere Krankheiten, die darauf zurückgehen. Umso wichtiger ist es, dass wir wieder lernen, barfuß zu gehen oder uns diesem Ideal mit Barfußschuhen annähern. Die Mobility-Expertin Katy Bowman zeigt in ihrem Buch, was es zu beachten gilt, wenn man von konventionellen Schuhen auf Minimalschuhwerk umstellen will. Will man nämlich keine Verletzungen oder Zerrungen riskieren, sollte der Übergang schrittweise erfolgen. Barfuß ist der perfekte Guide, damit dieser Übergang ganz einfach und mühelos gelingt und man mit starken Füßen in ein gesünderes und glücklicheres Leben starten kann.

riva